21 世纪高等院校创新课程规划教材

物流管理综合实验

印 玺 周艳春 主 编

郝 丽 副主编

中国财经出版传媒集团

经济科学出版社

Economic Science Press

图书在版编目（CIP）数据

物流管理综合实验／印玺，周艳春主编．—北京：
经济科学出版社，2021.11
21 世纪高等院校创新课程规划教材
ISBN 978 - 7 - 5218 - 2721 - 7

Ⅰ.①物… Ⅱ.①印… ②周… Ⅲ.①物流管理 -
实验 - 高等学校 - 教材 Ⅳ.①F252 - 33

中国版本图书馆 CIP 数据核字（2021）第 142985 号

责任编辑：周胜婷
责任校对：隗立娜
责任印制：张佳裕

物流管理综合实验

印 玺 周艳春 主 编
郝 丽 副主编
经济科学出版社出版、发行 新华书店经销
社址：北京市海淀区阜成路甲 28 号 邮编：100142
总编部电话：010 - 88191217 发行部电话：010 - 88191522
网址：www. esp. com. cn
电子邮箱：esp@ esp. com. cn
天猫网店：经济科学出版社旗舰店
网址：http://jjkxcbs. tmall. com
固安华明印业有限公司印装
787 × 1092 16 开 16.5 印张 430000 字
2022 年 1 月第 1 版 2022 年 1 月第 1 次印刷
ISBN 978 - 7 - 5218 - 2721 - 7 定价：52.00 元
（图书出现印装问题，本社负责调换。电话：010 - 88191510）
（版权所有 侵权必究 打击盗版 举报热线：010 - 88191661
QQ：2242791300 营销中心电话：010 - 88191537
电子邮箱：dbts@ esp. com. cn）

前　言

物流管理专业是综合性和交叉性较强的专业，同时伴随着现代物流管理的迅速发展，企业对物流人才也提出了更高的要求。因此，我们在培养学生的过程中，一方面要关注学生将所学专业知识方法应用于实践，训练其发现、分析和解决问题的能力；另一方面需要培养其团队合作和灵活应变的决策能力，以更好地适应未来多变的市场环境需求。如何将物流管理理论基础和基本方法应用于实践，提升物流管理人才的培养质量，同时引导其分析解决问题的能力，已成为本科院校物流管理专业面临的重要课题。因此，本书以提升学生应用创新能力为导向，旨在通过实验实践以及仿真训练，提高物流专业学生的综合能力，以期更好地适应未来企业和职业定位的发展需求。

本书从实际应用角度出发，以物流管理专业主干课程为载体，围绕专业课程实验实践环节的设计与实施，重点训练了学生的应用能力和解决问题能力。实验以运输、仓储业务为基本切入点，涉及配送、供应链、物流仿真、物流信息管理等环境的综合应用。本教材融入了基础业务理论要点、运营模拟、方案规划和仿真训练等环节，通过任务驱动、要点讲授和实验实施等环节的设计，让学生在实操中掌握理论要点，同时训练其自主分析与综合应用能力。

本书由物流管理专业教师共同组织编写，全书由印玺和周艳春担任主编，负责全书的总体方案策划和组织工作，郝丽为副主编。其中印玺主要负责第 1~4 章、第 9 章的编写工作，郝丽完成了本书第 5~8 章、第 10 章的编写工作。此外本书的编写工作得到了何焱、王健、张慧玉、黄军仓的大力协助，再次表示衷心的感谢。

本书的出版得到了西安财经大学 2020 年校级规划教材出版资助，在此表示感谢！此外，本书在编写的过程中，参考、吸收了现有的有关专著、教材实验实训案例，在此向相关教材的作者一并表示衷心的感谢。

本书由于实验环节模拟场景需要，所设计的企业名称与事件均为虚构，如有雷同纯属巧合。由于编者水平有限，在本书编写过程中尚存在不够细致和深入的地方，不妥之处在所难免，恳请专家和广大读者批评指正！

编者

2021 年 4 月

目 录

基 础 篇

综 合 篇

基础篇 →

第 1 章

运输作业方案设计

📖 **本章学习目标**

- 掌握运输方式、运作模式及运输线路等优化的基本原则。
- 掌握公路运输方案的优化设计的主要思路。
- 掌握业务流程分析的主要方法，并能够对运输业务流程展开优化分析设计。

1.1 运输方案的选择

（独立完成本设计，并提交书面实验报告。建议学时：4 学时。）

1.1.1 任务描述

大运通物流公司与广州海纳汽车配件有限公司签订了长期合作合同，合同中约定运输方式为公路运输，且不与其他货物同车装运。现接到广州海纳汽车配件的一批运输订单，需分析设计其车辆配载、调度及运输路线的方案，完善运输的作业流程，优化运输方案。

作为运营部门的主要负责人，请设计正确合理的运输作业计划，保证后续工作顺利进行。其托运的货物种类、数量、流向及相关要求如表 1-1 ~ 表 1-5 所示。

表 1-1　　　　　　　　　　　　客户托运货物记录表 1

托运客户	海纳汽车配件成重庆公司		发货城市	重庆	地址	重庆市星辰路 11 号	
收货客户	南昌恒顺汽配城		收货城市	南昌	地址	南昌市金沙大道 2377 号	
服务类型	普通运输	成本报价	7000 元		期限要求	3 天	
物料名称	数量	长（cm）	宽（cm）	高（cm）	重量（kg）	形态	物料属性
起动机	16	75	75	75	240	件	无
空调压缩机	9	120	100	130	870	托盘	无

表 1-2 客户托运货物记录 2

托运客户	海纳汽车配件南昌分公司		发货城市	南昌	地址		南昌市大市场东路 1 号
收货客户	南京海纳汽车备件库		收货城市	南京	地址		南京市王子楼西 108 号
服务类型	普通运输	成本报价	1500 元		期限要求		2 天
物料名称	数量	长 (cm)	宽 (cm)	高 (cm)	重量 (kg)	形态	物料属性
刹车灯	140	10	10	80	10	箱	无
刹车盘	120	30	30	30	10	件	无

表 1-3 客户托运货物记录表 3

托运客户	海纳汽车配件广州分公司		发货城市	广州	地址		广州市恒福路 1 号
收货客户	南京恒驰汽配城		收货城市	南京	地址		南京市软件大道 8 号
服务类型	普通运输	成本报价	4800 元		期限要求		4 天
物料名称	数量	长 (cm)	宽 (cm)	高 (cm)	单重量 (kg)	形态	物料属性
轮胎	40	75	75	75	250	件	

表 1-4 客户托运货物记录表 4

托运客户	海纳汽车配件重庆分公司		发货城市	重庆	地址		重庆市星辰路 11 号
收货客户	南昌海纳汽车备件库		收货城市	南昌	地址		南昌市船山路 6 号
服务类型	普通运输	成本报价	1200 元		期限要求		2.5 天
物料名称	数量	长 (cm)	宽 (cm)	高 (cm)	单重量 (kg)	形态	物料属性
助力泵	6	120	100	130	560	托盘	无

表 1-5 客户托运货物记录表 5

托运客户	海纳汽车配件重庆分公司		发货城市	重庆	地址		重庆市星辰路 11 号
收货客户	南京达顺汽配城		收货城市	南京	地址		南京银泉路 7 号
服务类型	普通运输	成本报价	4800 元		期限要求		3.5 天
物料名称	数量	长 (cm)	宽 (cm)	高 (cm)	单重量 (kg)	形态	物料属性
空调空滤	4	120	100	130	225	托盘	无
轮胎	25	75	75	75	210	件	无

根据任务背景,要求明确客户需求设计此次运输的主要作业流程;根据任务背景资料和货物属性等因素,选择合适运输工具;根据选择的运输工具,优化货物的运输方案;根据方案设计的结果,计算整个运输过程中的行程利用率和实载率。

1.1.2 相关知识

1.1.2.1 运输优化的概述

1. 运输优化的含义

所谓物流运输优化,是从物流系统的总体目标出发,运用系统理论和系统工程原理和方法，充分利用各种运输方式优点，以运筹学等数量经济方法建立模型与图表，选择和规划合理的运输路线和运输工具，以最短的路径、最少的环节、最快的速度和最少的费用组织好物质产品的运输活动，避免不合理运输的出现。

而运输优化是指按物质产品自然流向，组织其合理运输的活动。它直接决定着产品物流的效率与结果，合理的、优化的产品运输不仅能节约物流成本、提高产品运动的速度，还能有效地连接生产和消费，从而有利于物流服务和产品价值的实现，有效地促进生产商的按需生产，真正使供应链物流的管理建立在实际需要的经营基础上。要实现产品的运输优化并了解其内容和作用，必须在满足经济发展和顾客需求的前提下，保证生产和流通的社会劳动耗费最小。

2. 运输优化的作用

物流运输优化，即运输合理化的重要作用可归结如下：

（1）合理组织产品的运输，有利于加速社会再生产的进程，促进国民经济持续、稳定、协调地发展。通过合理化组织运输活动，可以使物质产品迅速地从生产地向消费地转移，加速资金周转，促进社会再生产过程的顺利进行，降低国民经济的流通成本，提高国民经济运行效益。

（2）合理运输有利于节约运输费用，降低物流成本，提高企业利润。通过合理化组织运输活动，可以缩短运输里程，提高运输工具的运用效率，从而达到节约运输费用、降低物流成本和优化运输方案的目的。

（3）合理的运输有利于缩短运输时间，增强物流运输企业的竞争力。通过合理化组织运输活动，可以使被运输的货物在途时间尽可能缩短，实现及时到货，从而降低库存商品的数量，节约资金占用，相应地提高社会物质产品的使用效率，实现加快物流速度的目标。

（4）运输合理化可以节约运力，缓解运力紧张的状况，还有利于减少能源消耗，降低污染，保护环境。通过合理化组织运输活动，可以减少行驶里程数和车辆废气排放，缓减了道路拥挤，降低了运输中的能源消耗，提高能源利用率，对于缓解我国运输能源紧张和运力不足等情况具有现实意义。

1.1.2.2　运输优化的内容

1. 合理运输

合理运输是指在实现货物从生产地到消费地转移的过程中，充分有效地运用各种运输工具的运输能力，以最少的人、财、物消耗，及时、准确、经济、安全地完成运输任务。

运输合理化的影响因素很多，起决定性作用的有以下五方面，称为合理运输的"五要素"。

（1）运输距离。在运输过程中，运输时间、运输费用等一系列技术经济指标都与运输距离有一定的比例关系，运输距离长短是运输合理与否的一个最基本的因素。

（2）运输环节。每增加一个运输环节，势必要增加运输的附属活动，如装卸、包装等，各项技术经济指标也会因此发生变化。所以，减少运输环节将对合理运输有一定的促进作用。

（3）运输工具。各种运输工具都有其优势领域，对运输工具进行优化选择，最大限度地发挥运输工具的优越性和作用，是运输合理化的重要一环。

（4）运输时间。在全部物流时间中，运输时间占绝大部分，尤其是远程运输。因此，运输时间的缩短对整个流通时间的缩短有决定性的作用。此外，运输时间的缩短还有利于加速运输工具的周转，充分发挥运力效能，提高运输线路通过能力，一定程度地改善不合理运输。

（5）运输费用。运输费用在全部物流费用中所占的比例很大，可以说，运费高低在很大程度上决定着整个物流系统的竞争能力。实际上，运费的相对高低无论对货主还是对物流企业都是运输合理化的一个重要标志，同时也是各种合理化措施是否行之有效的最终判断依据之一。

2. 运输方案优化设计

运输方案优化设计是针对客户的需求，按照运输合理化"五要素"的内涵，寻找运输成本最低、企业效益最大化的决策过程。运输方案优化设计是综合合理应用数学方法和运输优化原则的过程。在运输方案优化设计中要回答以下问题：

（1）运输方式的选择。各种运输方式有其特点，不能绝对地说哪种运输方式好，应该视客户的价值理念和对运输效益的追求而定。例如，对于1.1.1节"任务描述"中的被托运货物，从运输的距离以及收发货地点初步判断可以采用公路或者铁路运输方式，但从货物的形式及运输时间来看并不符合铁路运输，此外货物的性质及数量上也不适合采用航空运输与集装箱运输方式。因此，在做运输方案时，可以先查看可以采用哪几种运输方式，然后，再逐条分析限制条件，最后，排列出最合适的运输方式。运输方式选择也可以采用定量的计算方法得出。

（2）运输的运作模式。运输的运作模式主要有两种：自行组织运输以及委外运输。在本项目设计中的运输公司拥有从事运输的资源和能力，显然选择外包运输业务的模式不恰当。当然如果该公司的运输能力不足，或者某些线路的运作还不够成熟，可以选择将部分业务外包的模式。

运输业务是自营还是委外运输，主要基于企业运输管理能力和外包是否能提高企业的经济效益。当运量小，企业自营运输成本较高时，就可以将运输外包给第三方公司；若运量较大、客户服务类型水平高、该运输对企业有较大影响时，可以采用自营运输。

（3）车辆的配置。车辆的配置主要考虑货物的性质、货物的质量、运输距离的远近。牙刷、毛绒玩具等日用品均属于纸箱包装的轻泡货，因此适合选择装载容积大的厢式车；原木及钢板属于重货，可以考虑使用平板车。

（4）运输路线的选择。货物配载技术、积载方式、返程是否带货等影响运输路线的选择。例如，本项目设计中运输目的地涉及南京、南昌，始发地涉及广州和重庆，可以考虑线路的沿途性，并结合车辆的容积进行配载。

（5）运输时间安排。运输起运时间要考虑客户要求的到达时间，也要考虑车辆在途中的行驶时间，提高运输的准时率。

（6）运输成本核算。运输成本始终是运输决策者要考虑的因素，上述（1）~（5）条的安排都要基于运输成本而做出决策。

1.1.3 任务实施

1.1.3.1 运输作业优化的作业流程

运输作业优化是针对客户的运输需求，运用系统理论和运输管理的原理和方法，从运输线路、车辆调度和车辆配载等具体环节进行优化。运输作业优化的作业流程如图 1-1 所示。可以围绕以下步骤开展运输优化设计。

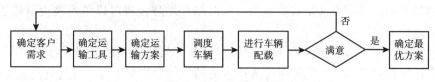

图 1-1 运输作业优化方案设计内容与流程

1.1.3.2 确定客户需求

根据背景资料可知，客户通用汽车配件在合同中约定运输方式为公路运输，且不与其他货物同车装运。

1.1.3.3 确定运输工具

由于客户在合同中已经约定了运输方式为公路运输，因此此次运输只选择公路运输。在公路干线运输中主要可选的运输工具有：厢式货车、集装箱车、油罐货车、危险货车、冷藏货车和超限低平板车等。结合货物的性质，可以选择合适的车辆类型。例如，根据查询货车类型可知，最常见的厢式货车类型有 $2.5t/12m^3$、$3.5t/30m^3$、$8 \sim 10t/45m^3$（冷藏车）、$25t/60m^3$、$28t/80m^3$ 等。

1.1.3.4 确定运输方案

运输优化的内容是避免不合理运输的出现，因为不合理运输是在现有条件下没有达到应有的运输水平而造成运力浪费、运费超支和运输时间增加等问题的运输组织形式。

在组织货物运输的过程中，一定要避免出现起程或返程空驶、对流运输、迂回运输和重复运输等不合理运输，因此，组织货物运输的过程中需要采用定性与定量相结合的方法对运输的各个环节和总体进行分析研究。下面从运输里程、运输成本方面进行运输线路优化。

按照案例，可以先调研此次任务数据（见表 1-6）。

表 1-6 　　　　　　　　　　　　　　　　　　　　　**任务数据**

发货城市	收货城市	重量（t）	体积（m³）
重庆	南昌	11.67	20.79
南昌	南京	2.6	4.36
广州	南京	……	……
重庆	南昌	……	……
重庆	南京	……	……

根据所学的公路运输的方式可知，所有的托运单据可以划分为整车直达、零担直达和零担中转。通过分析托运单中货物的重量、体积、托运城市和收货城市，可知重庆发货的有三

个托运单，从南昌和广州分别发货的有两个托运单，收货城市目的地只有南昌和南京。

1. 方案设计

由于南昌既是发货城市又是收货城市，同时结合地理位置可以考虑是否需要进行中转，则产生以下几种方案：

（1）方案一。广州到南京并在南昌中转，计算广州至南京的运费。查询广州至南昌的距离，结合车辆估算其运费，同时考虑重庆发货的三单货物其中有一单货物是从重庆到南京的，此车可以在南昌进行中转，其中根据重庆到南昌的距离估算运费。

如果以上两单货物都在南昌进行中转，从南昌到南京需要运输三单货物，考虑其货运总重量和总体积，以及南昌到南京的距离，核算运费。

因此，需要计算此方案的干线运输部分调度的车辆及其运行里程，并估算其产生的运费。

（2）方案二。广州到南京如果不走中转，进行整车直达运输，需要调度一辆货车，根据距离估算运费。重庆发货的三单货物需要调度一辆货车，但其中有一单货物是从重庆到南昌的，剩余的两单是从重庆到南昌的，考虑此车需要在南昌进行中转。

（3）方案三。全部都不中转。广州到南京不中转，进行整车直达运输，估算运费；重庆到南京不中转，进行整车直达运输，估算运费；重庆到南昌直达运输，调度车辆并计算运费。

（4）其他组合方案（略）。

2. 选择运输方案

总结以上方案，如表1-7所示。

表1-7　　　　　　　　　　　　　　　　　方案汇总

方案名称	车辆数量	运输距离	运输费
方案一	一辆×吨车、两辆×车	……	……
方案二	一辆×吨车、一辆×吨车、一辆×吨车、	……	……
方案三	……	……	……
方案四	……	……	……

选择运输方案时，要根据运费、车辆数量等综合考虑，并要考虑是否会出现车辆调度数多、车辆实载率低等不合理的现象。

1.1.3.5　统计指标分析

为避免出现车辆实载率低的现象，要对干线运输车辆进行统计分析。首先调研使用的干线运输车辆的额定载重量和体积；再调研每辆车实际的运输距离和装载量；最后进行指标分析计算。例如，根据公式"吨位利用率=实际载重量/额定载重量×100%"，计算选择方案的车辆吨位利用率。

1.2　公路整车运输作业设计

（独立完成本设计，并提交书面实验报告。建议学时：4 学时。）

1.2.1　任务描述

20××年 7 月 17 日，山东济宁荣华化工有限公司找到大运通物流公司，要求组织汽车将 25 吨聚丙烯从济宁运往厦门，需要在规定的时间内完成货物的运输作业。已知需运输的货物前一天已经完成出库，等待运输。作为运营部门的主要负责人，请设计正确合理的运输作业计划。

其托运的货物种类、数量、流向及相关要求如表 1-8 所示。

表 1-8　　　　　　　　　　　客户托运货物记录

托运客户	济宁荣华化工有限公司	托运城市	济宁	地址	济宁任城区接贾路 4 号		
收货客户	厦门南兴塑料制品有限公司	收货城市	厦门	地址	厦门市南海三路 18 号		
服务类型	普通运输	成本报价	6330 元		期限要求	1.5 天	
物料名称	数量	长（cm）	宽（cm）	高（cm）	单重量（kg）	物料形态	物料属性
聚丙烯	1000	70	12	45	25	件	无

请根据任务数据，设计此次整车直达运输的作业流程；并根据货物的体积、重量及其有关数据，填写物品清单；根据货物包装、体积和重量，确定送货车辆的车型；根据托运、收货城市及调度车辆，确定运输的线路；根据出货清单，对货物包装、数量和重量进行清点后，安排装车，绘制车辆配载示意图；根据托运和收货城市、运价及货物的重量和体积，计算整批货物的运费。

1.2.2　相关知识

整车货物运输是公路运输作业中一种常用的货物组织方式，在处理自然灾害、突发事件和应急物资的运输中整车运输起到了十分重要的作用，整车运输因它自身特有的优势成为大批量货物运输的首选方式之一。

1.2.2.1　整车货物运输概述

1. 整车货物运输的概念

所谓整车货物运输是指从接货、承运直到送达收货人整个运送过程，需要整辆汽车载运一批托运货物的运输，在此期间货物不需经过分拣拼装的运输组织方式。根据公路货物运输的规定，托运人一次托运货物重量在 3 吨以上，或不足 3 吨但其性质、体积和形状需要一辆汽车运输的运输方式称为整车运输。以下货物必须按整车运输：

（1）鲜活货物，如冻肉、冻鱼、鲜鱼，活的羊、牛、兔、蜂等货物。

（2）需要专车运输的货物，如石油、烧碱等危险货物，粮食、粉剂类散装货等。

（3）易于污染其他货物的不洁货物，如炭黑、皮毛、垃圾等。

（4）不能与其他货物拼装运输的危险品。

（5）不易计数的散装货物，如煤、焦炭、矿石、矿砂等。

整车货物运输没有货站的装卸分拣作业，一般是将整车货物从起点直接运到终点，它对生产服务设施的要求不高，只要拥有一台运输车辆即可从事整车运输。因此，整车运输通常是由大量分散的小型运输企业甚至个体车辆来完成。

2. 整车货物运输业务的特点

便于明确运输责任。整车货物运输通常是一车一张货票、一个发货人。当一个托运人托运整车货物的重量低于车辆额定载重量时，可以拼装另一托运人托运的货物，但货物总重量不得超过车辆额定载重量。

整车货物可多点装卸，按全程合计最大载重量计算，最大载重量不足车辆额定载重量时，按车辆额定载重量计算。

托运整车货物由托运人自理装车，未装足车辆标注载重量时，按车辆标注载重量核收运费。整车货物运输一般不需中间环节或中间环节很少，送达时间短，相应的货运集散成本较低。涉及城市间或过境贸易的长途运输与集散通常以整车为基本单位签订贸易合同，以便快速、方便、经济地利用整车货物运输。

1.2.2.2 整车运输作业的组织结构

1. 整车运输作业组织原则

整车运输按照货物载重标准吨数和运输里程向托运单位收费，起运站和到达站均只有一个站点。整车运输作业组织的原则如表 1-9 所示。

表 1-9　　　　　　　　　　　　　　　　整车直达运输组织原则

序号	组织原则	解释说明
1	连续性	整车运输过程各个环节在时间上要能够紧密衔接，要把握好货源的充足，以保证整车运输连续进行
2	协调性	整车运输过程各个环节在时间上尽可能保持平衡关系，在各项作业之间保持生产能力的比例关系
3	均衡性	整车运输过程各个生产环节在同一时期内完成大致相等的工作量或稳步递增的工作量，避免出现时松时紧，前松后紧等情况。整车运输还有其特殊性，主要在于保持货源合理分配，以保证运力的合理使用

2. 整车运输作业的组织模式

货物运输作业的组织方式有多种，但就货物运输过程中货主与承运企业之间的委托承运关系，可把货运业务的组织模式分为两类：货主直接托运制和运输承包发运制。

货主直接托运制是由货主与掌握运输工具的运输企业直接发生托运与承运关系的货运业

务组织模式。我国除联运方式的货物运输外，其他方式运输的货物基本上都采用这种业务组织模式。由于这种模式是货主直接向运输企业办理托运手续，且一家运输企业往往只承担一种运输方式的运输业务，所以当一票货物需要经过多种运输方式才能到达目的地时，货主就要向多个运输企业办理托运手续，这必将会给货主带来诸多不变。

运输承包发运制是指货主与运输承包人发生托运与承运关系，并由承运人组织实现货物运输过程的运输业务组织形式。通常通过联运服务公司介入货物运输过程，联运服务公司在货主与掌握运输工具的承运企业中起到中间桥梁的作用。

3. 整车货物运输组织流程

公路整车运输的业务流程主要由发送站、途中站和到达站组成，在这三个站点分别进行受理托运、组织装车、途中作业、到达作业和应急处理等多环节的作业，如图 1-2 所示。

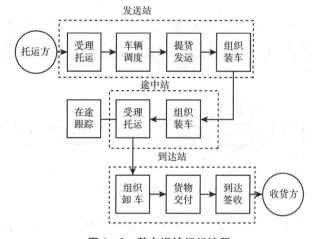

图 1-2　整车运输组织流程

（1）整车货物运输的发送站务工作。货物在始发站的各项货运作业统称为发送站务工作，发送站务工作主要由受理托运、车辆调度、提货发运和组织装车组成。

受理托运：根据受理货物数量、运距以及车站作业能力采用不同的受理制度和方法，在受理托运作业时必须要做好货物包装、重量确定和单据办理等。

车辆调度：根据送货方向、重量和体积来统筹安排车辆，填写运输计划，并确认提货时间等。

提货发运：按时到达客户提货仓库，检查车辆情况、办理提货手续、提货、盖好车棚、锁好箱门和办好出厂手续，还需要电话通知收货方预达时间等。

组织装车：车辆到达发货站时，填写托运单内容和发货人信息，并确定运输方式；货物装车前，检查货物包装有无破损、渗漏、污染等情况；装车时要注意码放货物，努力改进装载技术，在严格执行货物装载规定的前提下，充分利用车辆的车载质量和体积；装车完成后，应严格检查货物的装载情况是否符合规定的技术条件。

（2）整车货物运输的途中站务工作。货物在运送途中发生的各项货运作业统称为途中站务工作，途中站务工作主要包括途中货物交接、货物整理或换装等内容。途中站务工作都需要及时跟踪，跟踪的内容包括：司机在送货途中反馈的信息；跟车员/监控调度员建立的收货客户档案；填写的跟踪记录；异常情况及时联系客户记录；等等。

（3）整车货物运输的到达站务工作。货物在到达站发生的各项货运作业统称为到达站务工作，到达站务工作主要由组织卸车、货物交付和到达签收组成。

组织卸车：车辆装运货物抵达卸车地点后，收货人或车站货运员应组织卸车。卸车时，对卸下货物的品名、件数、包装和货物状态等应做必要的检查。

货物交付：整车货物一般直接卸在收货人仓库或货场内，并由收货人自理。收货人确认卸下的货物无误，并在货票上签收后，货物交付即完毕。货物在到达地向收货人办完交付手续后，才算完成该批货物的全部运输过程。

到达签收：跟踪人员及时确认到达时间，司机将回单用快递或传真反馈回公司，并签收运输单等。

1.2.2.3 整车货物运输作业流程

整车货物运输宜采用"门到门"的运输，承运人按托运客户的要求或根据运输协议派车完成运输任务。整车货物运输受理工作完成后，开始具体的货物运送任务，即承运、装运前的准备工作、装车、运送、卸车、保管和交付等作业（见图1-3）。

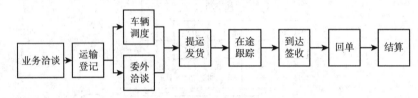

图1-3 整车运输作业流程

在公路整车运输作业中，设计运输环节的关键是节约运输成本，合理准确地组织货物运输是整车运输流程的总体目标。为了控制运输成本，尽量选择专线直线、费用最低的方案。运输企业可以根据企业自身拥有车辆资源的情况，选择采用自有车运输或委外运输方式。

在实际运输过程中，判断一批货物是否是整车运输的依据不完全取决于货物数量、体积或形状的大小，还应考虑货物的性质、货物价值对运费的负担能力等因素，对于特种货物（包括集装箱货物），无论数量、体积、形状如何，承运人通常均按整车承运。

1.2.2.4 货物运输费用计算

货物运输费用以补偿货物承运方从事货物运输过程中所耗费的社会必要劳动，具体指的是货物托运方和承运方在托运货物过程中所支出的费用。

对承运方来说，货物运输运费主要包括固定费用、可变费用和损失性费用。

对托运方来说，货物运输费用主要包括运费和杂费。

货物受理人员在审核货物托运单的内容后，关键是确定货物运输的计费里程和货物的运杂费。货主向运输单位支付托运货物的基本费用即为运费，运输部门向货主收取运费以外的其他费用称为杂费，运费和杂费总称为运杂费。

1. 整车货物运输的计价标准

运输费用的计算要依据具体情况而定，主要依据运价、载重量、运输里程来计算。整车运价一般适用于一批按重量、体积或形状要求，需要以一辆车装载，按整车托运的货物。一般要经过以下几个步骤：

（1）确定货物运价。一般整批货物运价是以整批普通货物在等级公路上运输的每吨千米（元/吨·千米）计价，主要通过查阅运输公司的《汽车运价率表》确定货物运价。

（2）确定计费重量。货物质量一般以起运地计量为准，如果起运地不能或不便计量的货物由承运和托运双方协商确定计费重量。一般整批货物均按毛重（以吨计）计算，吨以下计至 100 千克，尾数不足 100 千克的四舍五入；每立方米质量不足 333 千克的货物通常是轻泡货物，它的长、宽、高以不超过有关道路交通安全规定为限度，按车辆标记吨位计算质量。

（3）确定计费里程。货物运输的计费里程按装货地至卸货地的营运里程计算，一般以千米为单位，不足 1 千米的四舍五入。货物运输的营运里程按交通运输部核发的《中国公路营运里程图集》确定，《中国公路营运里程图集》未核定的由承运和托运双方共同测定或协商确定，通常按照车辆实际运行里程计算，其他特殊情况由有关部门的核定确定或按实际行驶里程计算。

（4）其他杂费。公路货物运输部门向货主收取除运费以外的其他杂费有调车费、装货（箱）落空损失费、运输变更手续费和装卸费等。

2. 整车货物运输的运费计算

整车货物一般直接卸在收货人仓库或货场内，并由收货人自理，收货人确认所卸货物与货票上无误后，在货票上签收，货物交付完毕。整车货物运费在货物托运、起运时一次结清，也可按照合同采用预付费用的方式随运随结或运后结清。

一般情况下，运杂费的核算可按图 1-4 所示的程序进行。

图 1-4　运杂费核算程序

零担货物运费（按吨公里计费）＝运价×计费重量×计费里程
整批货物运费（按吨公里计费）＝吨次费×计费重量＋整批货物运价×计费重量×计费里程
＋货物其他运费

1.2.3　任务实施

1.2.3.1　整车直达运输的作业流程

在整车直达运输作业中，设计作业流程的关键是节约运输成本，合理准确地组织货物运输。为了控制运输成本，首先要明确整车直达运输的作业流程，可以参考图 1-3。总体来说，就是受理托运、运输登记、车辆调度、提运发货、在途管理、到达签收、运费结算等。

1.2.3.2　运输登记

公路整车运输登记包括接单和制单，接到客户发送的运输计划后，需要进行货物运输信息核对、登记，填制整车货物运输托运单。货物的托运单一般由托运人填写，也可委托他人填写，并应在托运单上加盖与托运人名称相符的印章，填写时必须逐日顺号收齐，按月装订成册。常见的托运单式样见表 1–10。

表 1–10　　　　　　　　　　　货物运输托运单

托运单位		托运人		电话		装货地址	
收货单位		收货人		电话		卸货地址	
承认单位		承运人		电话		承运地址	

付款人		地址		电话	
约定起运时间		约定达到时间		车种	

货物名称	货物等级	件数	体积（长×宽×高）	计费重量（t）	计费里程（km）	运价	运费

合计（总费用）		结算方式			
托运人记载事项	付款人银行账号	承运人记载事项	承运人银行账号		
注意事项	货物名称应填写具体品名，如货物品名过多、不能在运单内逐一填写需要另附物品清单；保险或保价户，在相应价格栏内填写货物声明价格。	托运单位（公章）： 年　月　日	承运单位（公章）： 年　月　日		

【说明】内容准确完整，字迹清楚，不得涂改，如有涂改，应由托运人在涂改处盖章证明。托运单位、收货单位和承运单位的名称和地址应填写全称。本托运单一式三联：第一联作为受理存根，第二联作为托运回执，第三联随货物。

1.2.3.3　承运验货（审核订单）

验货阶段主要环节涉及核对订单和检查货物包装。

1.2.3.4　车辆调度

通过分析托运单服务类型，考察货物的类型。然后根据托运性质选择运输方式（整车或集装箱），结合货物信息，选择车辆类型，填写车辆调度详细信息表（见表 1–11）。

表 1–11　　　　　　　　　　　车辆调度信息表

用车时间	运单单号	车辆类型	车牌号	司机	始发地	目的地

1.2.3.5 提运发货

1. 派车

在车辆派车时,产生行车路单。行车路单是整车货物运输条件下车辆据以从事运输生产的凭证,是整车货物运输生产中一项最重要的原始记录。行车路单具有工作指令、原始记录的作用,还在各专业公路货物运输企业之间的有关费用结算方面发挥作用。

车辆完成任务回到车队后,司机将行车路单交车队调度员审核,经审核无误的行车路单,才能交车队统计员复核、统计,并计入统计台账。行车路单的格式如表 1 - 12 所示。

表 1 - 12 行车路单

年 月 日 车牌号:

起点	发车时间	终点	到达时间	货物名称	件数	运量(吨)	行驶里程(千米)	
							总行程	空驶行程
备注:								

路单签发人: 审核: 调度员: 司机:

2. 装车

司机与随车理货员按约定时间到达客户集货点开始进行装车。货物装车前,司机或随车理货员与客户应按物品交接清单点件交接,查看货物包装情况,按照货物装车顺序和积载要求进行装车。货物交接装车完毕,双方应在物品交接清单上签字确认。物品清单如表 1 - 13 所示。

表 1 - 13 物品清单

起运地点: 运单号码:

编号	货物名称及规格	包装形式	件数	新旧程度	体积(长×宽×高)	重量(t)	保险/保价价格
备注							

托运人签章: 承运人签章:

年 月 日 年 月 日

1.2.3.6 车辆线路

在地图中查询本次运输"发货点（济宁）→收货点（厦门）"的具体运输线路，并确定线路最短、高速优先等不同策略下的线路。

1.2.3.7 运输成本核算

根据线路距离和车辆运费计算方法核算运费。

最后，以运输成本最低化、运输距离最短化为前提，在最优运输方案的基础上，完成运输线路与作业流程的方案设计。

1.3 公路整车运输实施

（独立完成本实施内容，并提交书面实验报告。建议学时：4 学时。）

1.3.1 任务描述

根据上两节的托运任务，熟悉运输系统中主要业务流程，完成运输订单的录入、车辆调度，并完成回车登记等主要业务环节。总结完成系统中的主要业务流程，尝试绘制业务流程图，并对现有业务流程做出优化。

1.3.2 相关知识

1.3.2.1 运输业务流程优化设计概述

为了给运输项目管理提供规范化的工作程序与量化标准，建立正常的工作规则和工作秩序，可能需要优化运输作业的业务流程。由于运输项目的内容、客户需求和企业条件不同，运输业务流程也不尽相同，科学合理的流程设计可以提高运输绩效，进而提高企业的运行效率和经济效益。

流程是把一项工作中的若干个作业项目或若干个工作环节，及它们的负责人和责任人之间的相互工作关系表述出来，是为了特定的顾客或市场所精心设计的一系列活动。在流程设计时，应当以顾客为导向、以流程为中心，坚持以人为本。只有掌握了这些原则才能设计出适合本企业、适应市场竞争的流程，流程式管理才可能落到实处。

1.3.2.2 业务流程图的绘制方法

关于业务流程图的画法，目前尚不太统一，但大同小异，只是在一些具体的规定和所用的图形符号方面有些不同，准确明了地反映业务流程的目标是非常一致的。

业务流程图（transaction flow diagram，TFD）是用规定的基本图符直观描述业务具体的实现过程，其基本图符如图 1-5 所示。业务流程图既能够反映出系统内各部门、人员、业务之间的关系，又能体现出作业顺序及信息的流动。

图1-5 业务流程图基本图符

外部实体　内部实体　业务处理　表格　文件存档　业务流

（1）内部实体：系统内业务处理者，可以是部门或人员。

（2）外部实体：独立于系统外且与系统有联系的对象，可以是单位、人员或其他系统，如银行的储户、酒店的客人、企业的客户等。

（3）业务处理：业务人员所从事的具体工作内容，如审核、讨论、批准、制表、统计等。

（4）表格：系统内所处理的数据对象，可标注份数，如各种票据、凭证、报表等。

（5）文件存档：数据暂时存储或永久保存的物理地点或介质，如各种账簿、档案等。

（6）业务流：表示作业的先后顺序。

业务流程图基本上按照业务的实际处理步骤和过程绘制；业务过程中所涉及的各种报表、票据、凭证、账册都要重点关注并表示在业务流程图中。不同系统开发的业务流程图的绘制方法不一样，但同一项目中要求必须一致。其宗旨是要能将业务的实现过程及其细节反映清楚。图1-6为某项进销存业务的管理流程。

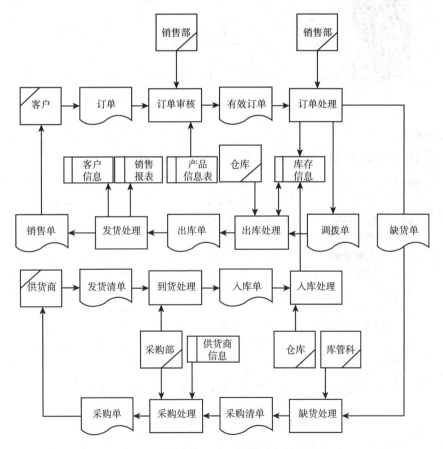

图1-6 一个典型的进销存业务管理流程

1.3.3 任务实施

1.3.3.1 业务基本操作步骤

本环节以货运管理运输系统（试用版）为例，根据其主要环节完成业务流程的优化设计。首先完成如图1-7所示的一次托运业务的基本操作。

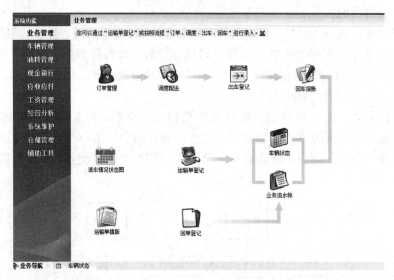

图1-7 运输业务系统业务主要环节

1. 订单录入

将客户的订单首先进行订单登记，点击图1-8中的【新建】。

图1-8 运输业务系统订单录入

根据运单信息，完成托运方、收货方、运输线路，货物等基本信息的填写。装货、卸货地址根据预先设置好的地址进行选择。运输线路根据预先设定，选择本单的运输线路。运费单价自动读取线路名称信息中预先设置好的运费单价，用户在使用前可以预先设置。运费单价及运费在订单被保存后可以根据权限做出修改，填写完毕后选择【保存】，保存当前填写的订单信息。

2. 调度配送

在调度订单时，可以根据流向及车辆情况将订单进行拆分：假如有一张订单30吨，可以将其自由拆成分别10吨、6吨、14吨分别运输。

车辆安排：调度员根据车辆的在库状态来安排车辆，即只能选择待命的车辆，已经派出的车辆将不能选择。

司机安排：根据车辆设置好的司机。

完成车辆调度后，点击【保存】后进入已调度的订单状态，不可再进行修改（如图1-9所示）。

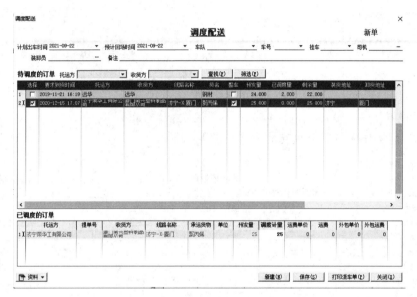

图1-9 运输业务系统车辆调度

3. 出车登记

车辆出车时操作人员进行登记，需要填写司机出车的预支款以及实际的货物出车量，如图1-10所示。

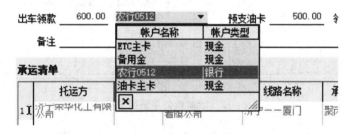

图1-10 运输业务系统出车预支款项信息填写

【保存】后完成（见图1-11），同时可打印生成派车单。

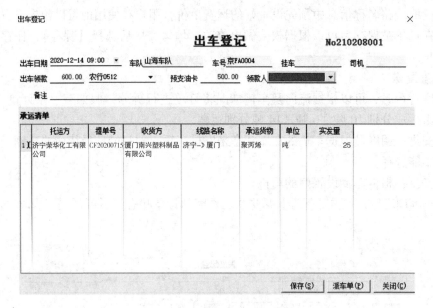

图 1-11 运输业务系统出车登记

4. 回车报账

车辆回厂后操作人员登记收支情况（见图 1-12）。

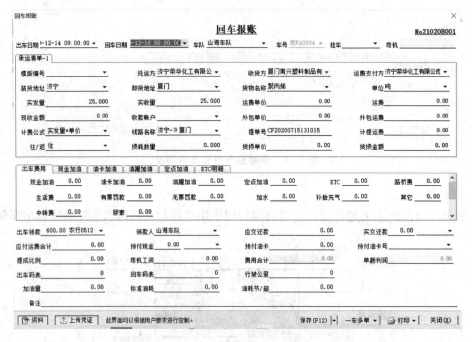

图 1-12 运输业务系统回车报账

出车费用：填写出车费用，如加油费、路桥费、罚款、过磅费等，出车费用项目可以操作人员自定义。出车费用与单趟利润、回车交款的金额进行关联计算。

加油情况：填写该趟车的加油明细。

1.3.3.2　完成相应的业务流程图绘制

参照流程图绘制图例，可以从运输业务整车组织流程出发，并考虑整车/零担/集装箱业务差异，对现有业务流程进行再造和优化调整。

1.4　铁路集装箱运输作业设计

（独立完成本设计，并提交书面实验报告。建议学时：2 学时。）

1.4.1　任务描述

现接到上海琦化化工材料有限公司运输至南京日鑫化工有限公司的托运订单，订单显示要托运硅油和聚丙烯。已经知道该单货物年运量 D 为 70 万件，每件产品的价格 C 为 30 元，每年的存货成本 I 为产品价格的 30%。公司希望选择总成本最小的运输方式。据估计，运输时间每减少一天，平均库存水平可以减少 1%。因此公司需要制订一个详细的运输计划，以满足客户的需求。已知各种运输服务的有关参数如表 1 – 14 所示。

表 1 – 14　　　　　　　　　　各种运输服务有关参数

运输方式	每件运送费用 R（元/件）	运输时间 T（天）	每年运输批次	平均存货量 Q/2（件）
水路运输	0.07	21	10	100000
铁路运输	0.15	14	20	50000×0.93
公路运输	0.80	5	20	50000×0.84
航空运输	1.40	2	40	25000×0.81

本次运输作业托运的货物种类、数量、流向及相关要求如表 1 – 15 所示。

表 1 – 15　　　　　　　　　　客户托运货物记录

托运客户	上海琦化化工材料有限公司		托运城市	上海	地址	上海新华路 3 号
收货客户	南京日鑫化工有限公司		收货城市	南京	地址	南京市微矿路 7 号
服务类型	集装箱运输	成本报价	10500 元		期限要求	5 天
物料名称	数量（件）	长（cm）	宽（cm）	高（cm）	单重量（kg）	物料形态	物料属性
硅油	380	50	40	30	40	件	无
聚丙烯	320	60	30	60	50	件	无

根据任务数据，设计此次集装箱运输的作业流程；根据运输地点和运输距离等，选择合理的运输方式；选择合适的集装箱，做好集装箱装载计划；明确托运和承运的装车和卸车流程；根据选择的集装箱，完成市内配送调度，确定合适调度车辆；根据客户的期限要求，判断是否逾期，并计算集装箱货物的运费。

1.4.2　相关知识

1.4.2.1　集装箱概述

集装箱（container）是一种货物运输设备，具有一定强度、刚度和规格，便于使用机械装卸，是可长期反复使用的大型装货容器，也称为"货箱"或"货柜"。使用集装箱转运货物，可直接在发货人的仓库装货，运到收货人的仓库卸货，中途更换车船时，无须将货物从箱内取出换装。

（1）集装箱的分类。集装箱的种类繁多，按不同用途，一般可以分为干货集装箱、散货集装箱、冷藏集装箱、开顶集装箱、框架集装箱、牲畜集装箱、罐式集装箱、通风集装箱、平台集装箱、挂式集装箱和汽车集装箱等。

（2）集装箱标志。为了便于在运输过程中识别管理、编制运输文件和信息的传输和处理，必须在集装箱箱体上标打标志。国内使用的集装箱按照国家标准标记，国际上使用的集装箱按国际标准 ISO6346 - 1995 标记。主要标志有以下几种：

箱主代号：这是表示集装箱所有人的代号，用 4 个大写拉丁字母表示，前三位由箱主自己规定，第四个字母规定用"U"。箱主在使用集装箱前向国际或本国主管部门注册登记以避免重号，比如我国铁路集装箱箱主代号是 TBJU，T——铁路，B——部，J——集装箱，U——国际标准中海运集装箱代号。

顺序号和核对数字：顺序号又称集装箱的箱号，用 6 位阿拉伯数字表示，如不足六位时在数字前加 0。核对数字是为了防止箱号在记录时发生差错，由一位阿拉伯数字表示，在六位箱号之后，置于方框之中。核对数字具体的换算步骤如下：

首先，将表示箱主代码的四位字母转化成相应的等效数字（见表 1 - 16）。然后，将前 4 个字母对应的等效数字和后面顺序号的数字（共 10 个）采用加权系数法进行计算求和 S。最后，以和 S 除以模数 11，求取其余数，即得核对数。

表 1 - 16　　　　　　核对数计算中箱主代码字母的等效数字

字母	A	B	C	D	E	F	G	H	I	J	K	L	M
数字	10	12	13	14	15	16	17	18	19	20	21	23	24
字母	N	O	P	Q	R	S	T	U	V	W	X	Y	Z
数字	25	26	27	28	29	30	31	32	34	35	36	37	38

注：从表中可以看出，去掉了 11 及其倍数的数字，因为后面的计算将把 11 作为模数。

例如：TRLU166324 $\boxed{2}$ （T = 31，R = 29，L = 23，U = 32），则 S = $31 \times 2^0 + 29 \times 2^1 + 23 \times 2^2 + 32 \times 2^3 + 1 \times 2^4 + 6 \times 2^5 + 6 \times 2^6 + 3 \times 2^7 + 2 \times 2^8 + 4 \times 2^{10}$

S/11 的余数为 2，即得核对数为 2。

尺寸和类型代号：国际标准化组织规定尺寸和类型代号由 4 位阿拉伯数字组成，前两位表示尺寸的特性，后两位表示集装箱的类型。尺寸特性中的第一位数字表示集装箱的长度，第二位数字表示集装箱的高度和有无鹅颈槽（单数为有鹅颈槽，双数为无鹅颈槽）。例如，

20RF 为 20 英尺冷藏箱。

额定重量和空箱重量：最大重量用"MAXGROSS：×××××（千克）"表示，是集装箱的自重与最大载货量之和，任何类型的集装箱载重都不能超过这一重量。箱重用"TARE×××（千克）"表示，是指集装箱的空箱重量。集装箱的额定重量和空箱重量应标于箱门上，两者均以"千克"和"磅"同时标记。

1.4.2.2 铁路集装箱运输的概述

铁路集装箱运输是指使用国际标准或国家与部门标准的集装箱装载货物，然后通过一种或几种交通运输工具的联合，进行货物运输的一种先进的运输方式。能装入箱内且适于运输的精密、贵重、易损货物，不对集装箱造成损坏和污染的货物，以及可按集装箱运输的危险货物，均可按集装箱办理。

为了鼓励使用集装箱，一般实行四优先原则：优先管理、优先配装、优先进站、优先装车，而且不受停装和限装的限制。因此，集装箱运输货物发送快、到达快，深受客户的欢迎。

1. 铁路集装箱货物运输要求

铁路集装箱货物运输要求如下：应在铁路集装箱办理站办理运输业务；必须符合一批办理的条件；由发货人、收货人负责装拆箱；必须由收货人确定重量。

2. 铁路集装箱种类

铁路集装箱所装货物应适合集装箱的要求，不得腐蚀、损坏箱体。铁路运输的集装箱种类丰富，常见的集装箱种类如表 1 – 17 所示。

表 1 – 17　　　　　　　　　　　铁路运输的集装箱种类

集装箱划分依据	集装箱类别
按重量和尺寸	1 吨箱、5 吨箱、10 吨箱、20 英尺箱、40 英尺箱以及经铁道部批准运输的其他重量和尺寸的集装箱
按集装箱来源	铁路箱和自备箱，其中铁路箱是承运人提供的集装箱，自备箱是托运人自有或租用的集装箱
按所装货物种类和箱体结构	普通货物箱和特种货物箱。普通货物箱分为通用箱和专用箱，专用箱包括封闭式通风箱、敞顶箱、台架箱和平台箱等；特种货物箱包括保温箱、罐式箱、干散货箱和按货物命名的集装箱
按是否符合国家或铁道行业标准	标准箱和非标箱

3. 铁路集装箱运输方式

随着铁路集装箱运输和拖车式集装箱运输的发展，铁路集装箱运输组织工作也获得新的发展。铁路集装箱运输主要包括集装箱定期直达列车、集装箱专用列车和双层集装箱列车。

集装箱定期直达列车：集装箱定期直达列车主要用于处理整列的集装箱货源，它通常采用固定车皮的编排，定点、定线、定期运行，发货人需要预约箱位，准时发出集装箱，卸货后循环装货，不轻易拆开重新编组。

集装箱专运列车：集装箱专运列车用于处理整列的集装箱货源，它与定期直达车的相同之处在于在铁路运行图上有专门的运行线，不同之处在于专运列车不是定期发车，一般运程较长，主要用于处理货源不均衡与船期不稳定的问题。

普通快运货物列车：对于整车的集装箱货源，通常难以编入定期直达列车或专用列车，而是在集装箱办理站装车后在铁路编组站编入普通的快运货物列车。

普通的货运列车：对于整箱的集装箱货源与拼箱的集装箱货源，通常编入普通的货运列车装运，它的装运速度与到站后的装卸效率远不如直达列车与专运列车。

双层集装箱列车：又称为铁路双层集装箱运输，它是集装箱运输史上的一次革命，我国铁路双层集装箱运输的运营还处于初始阶段。

1.4.2.3 铁路集装箱运输的作业流程

1. 铁路集装箱运输的运行管理

（1）确定集装箱承运日期表。铁路集装箱承运日期表由铁路集装箱办理站制定，目的是使发货人明确装往某一方向的集装箱列车的装箱时间，以便发货人准备好短途运输手段，按时送货装箱，做好集装箱货物的运输计划。

（2）集装箱货物托运受理。集装箱货物托运受理主要通过货运公司集中受理、驻点受理和电话受理，最常用的就是货运公司集中受理，目前大多数铁路集装箱办理站采用这种受理的方式，这种方式的处理程序是由货运公司受理发货人托运，然后由货运公司审批运单。

（3）空箱发放和装箱。受理货运员在受理发货人的货物运单后，将货物运单交给发送货运员，由发送货运员按货物运单向发货人发放铁路专用集装箱空箱。在发放空箱时，双方明确交接责任，共同检查集装箱状况，避免事后的责任纠纷。

（4）铁路专用集装箱货物的接收和承运。发货人将铅封后的集装箱送到铁路集装箱办理站的发送箱区，发送货运员应逐箱检查。承运是从发货人将托运人的集装箱货物交给铁路办理站，到目的地铁路办理站将集装箱货物交给收货人为止的全部过程。

（5）装车。在铁路始发集装箱办理站，装车货运员按照配装计划确定装车顺序，然后在装卸线上装车。装车前，应检查列车的基本情况；装车时，做好监装、检查待装的集装箱与货物票据是否相符；装车后，检查集装箱的装载情况，填写货车装载清单、货运票据等。

（6）到达目的地铁路办理站卸车。集装箱列车经铁路运输，到达目的地铁路办理站装卸线。卸车前，首先将货运票据、装载清单等与货票核对，确定卸货地点和到达箱区的箱位，与此同时，应做好货运检查。再对篷车进行启封，做好监卸和卸货报告。最后要做好复查记录，根据货票填写集装箱到达登记簿和卸货卡片。

（7）集装箱货物交付。目的地铁路集装箱办理站在卸箱后，交箱货运员接到转来的卸货卡片和有关单据，应认真核对车号、集装箱铅封号和标签，然后通知交货。交货时，交箱货运员应向收货人当面点交，收货人收到箱子后核对铅封，在有关单据上签章交回，然后交箱货运员在运单上盖"付讫"章。

2. 铁路集装箱站作业流程

中心站基本作业分为集装箱作业、站内作业和装卸作业，到达集装箱列车进站抵达车站装卸线后，先卸载到达箱、装发送箱，然后在装卸线上完成发车作业。

铁路集装箱中心站作业包括到达集装箱作业、发送集装箱作业、中转集装箱站内作业流程。

（1）站内作业流程。集装箱站内作业包括：中转箱的发送；重箱返回；备用箱以及经清洗、消毒、检修后的空箱门到门装箱的作业。其主要流程如图 1-13 所示。

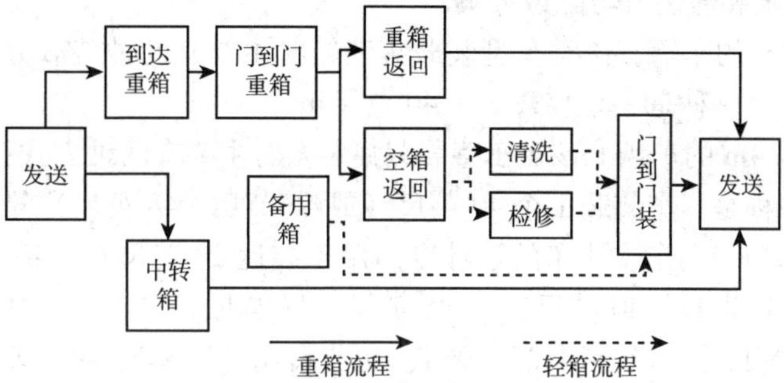

图 1 – 13　集装箱站内作业流程

（2）装卸作业流程。根据功能区划分，中心站装卸作业主要有装卸线箱区（含发送、到达及中转箱区）和辅助箱区的作业。根据中心站的装卸作业流程和作业内容画出集装箱装卸作业流程图。装卸作业流程的设计是为了减少集装箱在中心站的作业次数，提高装卸机械作业效率及利用率，降低集装箱装卸的综合作业成本，从而满足集装箱堆存的要求。

1.4.2.4　铁路集装箱的装载与配载

1. 铁路集装箱运输的装运方式

利用铁路平车装载集装箱担当陆上较长运距的集装箱运输服务，是一种所谓驮背运输的作业方式。根据集装箱的装载情况不同，它又可分为平车载运拖车和平车载运集装箱两种装运方式。

（1）平车载运拖车。将集装箱同载运拖车一起固定于铁路平车上，作长距离运送服务，到达目的站以后，用拖车将集装箱直接送往收货人处。

（2）平车载运集装箱。利用机具将集装箱直接固定于铁路平车上，待运抵目的站后，再用机具将集装箱卸放到拖车的车架上送抵收货人货仓，这种运输方式是较为常见的。随着双层集装箱列车的出现，使得铁路集装箱运输的经济效益有了进一步的提高。

2. 铁路集装箱装车的基本要求和技术条件

（1）装车前。检查车种、车型、标重，根据集装箱总重，确定使用车辆和装载部位。要认真检查使用车辆，确认车辆技术状态良好，锁头、配件齐全良好，并清扫干净车地板。对技术状况不良、影响运输安全的车、箱，一律不得装车。

（2）装车时。装卸作业人员要按章作业，爱车、爱箱，杜绝野蛮装卸，避免撞击损坏车辆和集装箱。

使用集装箱专用车和共用车装载时，要确认集装箱角件与车辆锁头完全入位，落锁严密。

使用敞车装载时，车底板清扫干净，箱体与车辆端侧板距离应一致，必须采取有效措施保证运输全程车辆不偏载、偏重。

集装箱装车时应采用衡器对每箱计量称重，确认集装箱总重不超过其标记载重；一车装载两个 20 英尺集装箱时，两箱吨差大于 10 吨的，不得配装一车。有箱门的 20 英尺集装箱使用平车装运时，箱门须朝向车内相邻集装箱。

特种集装箱（如折叠式台架集装箱、板架式集装箱、50 英尺双层汽车集装箱、弧型罐箱、水泥罐箱）运输需依据自身特点，制定相应的运用技术条件。

3. 典型车辆的集装箱装载与配载方案

（1）使用长 13m 的车辆。该类车型装载集装箱时主要有两种装载方式：一种是一车装载 2 个 20 英尺箱；另一种是一车装载 1 个 40 英尺箱。

（2）使用长 15.4m 的车辆。该类车型装载集装箱时主要有两种方式：一种是一车装载 2 个 20 英尺箱；另一种是一车装载 1 个 40 英尺（或 45 英尺、48 英尺）箱。

（3）使用 X4K 型专用车。该车的设计专门用于装运 20 英尺箱、40 英尺（或 45 英尺、48 英尺）箱。比如装载 1 个 40 英尺（或 45 英尺、48 英尺）箱，这种情况下，无论集装箱是空箱还是重箱，都应装在车辆中部；装载 20 英尺箱，当集装箱全部为空箱时，可装载 1~3 个空箱，装在任意箱位上。

1.4.3 实施步骤

1.4.3.1 描述铁路集装箱运输的作业流程

由于集装箱运输的清洁、低损耗、安全和"门到门"等优势，降低了综合物流成本，对提高企业效率和效能发挥着重要作用。从提高铁路集装箱运输作业效率的角度出发，根据铁路集装箱运输的功能特点设计的作业流程如图 1-14 所示。

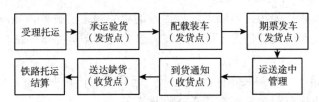

图 1-14　铁路集装箱运输的作业流程

1.4.3.2 确定运输方式

由于各种运载工具、线路设备、营运管理和服务水平等方面具有不同的技术经济特征，作为运输需求的主体对运输方式有必要作出挑选。各运输方式及其运费如表 1-12 所示。如果选择速度慢、可靠性差的运输服务，物流运输过程中就会需要更多的库存。然而，库存增多可能会使成本增加，抵消了选择运输服务水平降低的成本。因此，最佳的运输服务方案既能满足客户的需要，又能使总成本最低。

计算结果如表 1-18 所示，在四种运输方式中，铁路运输方式的总成本最低，因此，该公司应选择铁路运输方式运送货物。

表 1-18　　　　　　　　　　　　四种运输方式成本比较　　　　　　　　　　　　单位：元

成本类型	计算方法	运输方式			
		铁路	水运	公路	航空
运输费用	$R \cdot D$	105000	49000	560000	1680000
在途存货	$I \cdot C \cdot D \cdot T/365$	86301	138082	51781	34521

续表

成本类型	计算方法	运输方式			
		铁路	水运	公路	航空
工厂存货	$I \cdot C \cdot Q/2$	418500	900000	378000	182250
仓库存货	$I \cdot (C+R) \cdot Q/2$	420593	902100	380520	190755
总成本		1030394	1989182	1370301	2087526

1.4.3.3　选择集装箱

根据货物的物理和化学特性，可知此批货物属于普通运输，那么综合各种集装箱的类型，比如通用干货集装箱、保温集装箱（冷藏集装箱、隔热集装箱、通风集装箱等），此批货物的运输选择通用干货集装箱。

通过分析托运单服务类型，可知此托运单属于集装箱运输。而托运单包括两种货物硅油和聚丙烯，这两种货物不能放在一起，因此需要两个集装箱。这两种货物中硅油的重量是 15.2t，体积是 22.8m³，聚丙烯的重量是 16t，体积是 34.56m³。通过调研集装箱参数可知，20 英尺集装箱的一般容积为 24~26m³，配货毛重一般为 17.5t，40 英尺集装箱的配货毛重一般为 22t，容积为 54m³，因此此次运输选用一个 20 英尺的集装箱和一个 40 英尺的集装箱。

1.4.3.4　市内配送调度方案

因为采用集装箱运输，市内配送车辆也需要选择相应的集装箱车辆。选择合适的车辆类型完成调度。由于此次任务选用了 40 英尺和 20 英尺的集装箱，因此市内配送调度的车辆选用两辆集装箱车，到发货点进行装车、发运，送至上海火车站。同理，南京的市内配送调度的车辆也选用两辆集装箱车，到火车站进行装车、发运，送至收货点。

这里需要根据载重和容积选择相应的集装箱车辆类型。

1.4.3.5　运输期限

查询铁路运输的运价里程，计算该批货物的运到期限。运到期限的基本计算公式为：

$$T_{实} = T_{发} + T_{运} + T_{特}$$

已知发到站间铁路运输的运价里程为 303km，若采用铁路运输，则规定该批物质总的运输时间为 5 天，成本报价为 10500 元，试计算该批货物的运到期限和违约金。计算思路：

（1）货物发送期间：$T_{发} = 1$（天）。

（2）货物运输期间：一般情况下，普通运输每 250km 或未满 250km 的距离，运输时间折算为 1 天，因此 $T_{运} = 303/250 \approx 2$（天）。

（3）特殊作业时间：运价里程超过 250 公里的集装箱货物另加 2 天，即 $T_{特} = 2$（天）。

（4）运到期限为：$T_{实} = T_{发} + T_{运} + T_{特} = 5$（天），此时 $T_{实} = T_{规}$，即此次承运的货物没有逾期。

1.4.3.6　计算运输费用

查询集装箱货物运价率表（见表 1–19），计算运费。

表 1-19 集装箱运价率参数

集装箱类型	发到基价（元/箱）	运行基价（元/箱·公里）
20 英尺集装箱	440	3.185
40 英尺集装箱	532	3.357

运费 = （发到基价 + 运行基价 × 运价里程）× 箱数

1.5 航空运输作业设计

（独立完成本设计，并提交书面实验报告。建议学时：2 学时。）

1.5.1 任务描述

陕西杨凌华园水果商贸公司需要委托西安长丰物流公司把一批水果从西安和园水果专卖店售往全国，本批商品属时令水果。通常情况下，货运量处于高峰季节时，长丰物流自有运力无法满足运转，公司将一些货运量委托给铁路、水运、航空等其他公司。已知影响此次托运货物运输方式的四个指标（经济性、迅速性、安全性和便利性）系数如表 1-20 所示，通过对托运订单的分析，确定运输方式的选择方法。

表 1-20 评价系数

评价指标	权重	公路运输	铁路运输	水路运输	航空运输
经济性指标（F1）	0.2	0.80	0.77	0.23	1.56
迅速性指标（F2）	0.3	0.25	0.50	1.00	0.25
安全性指标（F3）	0.2	1.20	2.00	2.20	0.60
便利性指标（F4）	0.3	0.80	1.40	2.00	0.20

其托运的货物种类、数量、流向及相关要求整理如表 1-21 所示。

表 1-21 托运信息

托运客户	陕西杨凌华园水果商贸公司		托运城市	西安	地址	西安市辛家庙 10 号	
收货客户	哈尔滨市易鲜果蔬公司		收货城市	哈尔滨	地址	哈尔滨市南岗区学府路	
服务类型	生鲜运输	成本报价	4800 元		期限要求	3 天	
物料名称	数量	长（cm）	宽（cm）	高（cm）	单重量（kg）	物料形态	物料属性
猕猴桃	4	80	50	80	50	箱	禁止倒置
柿子	4	80	70	80	80	箱	禁止倒置

根据指标评分，选择合理的运输方式；根据订单托运信息，设计此次航空货物运输的作

业流程；根据任务基础数据，核算运输货物的重量和体积，并完成市内配送选择合适的调度车辆；根据货物数据、收货城市和货物运价率表，计算此次货物的运费。

1.5.2 相关知识

1.5.2.1 航空货物运输的基本概念

航空货物运输是使用飞机或其他航空器进行货物运输的一种形式，运输工具主要是飞机。航空最适合承担运量较少、距离大、对时间要求紧、运费负担能力较高的任务。

航空运输方式主要有班机运输、包机运输、集中托运和航空快递业务。

班机运输：是指有固定开航时间、航线和停靠航站的飞机。通常是客货混合型飞机，舱容量较小，运价较贵，但航期固定，有利于客户安排鲜活商品或急需商品的运送。

包机运输：是指航空公司按照约定的条件和费率，将整架飞机租给一个或若干个包机人（包机人是发货人或航空货运代理公司），从一个或几个航空站装运货物至指定目的地。包机运输适合于大宗货物运输，费率低于班机，但运送时间则比班机要长些。

集中托运：是指航空货运代理公司将若干批单独发运的货物集中成一批，采用班机或包机运输方式向航空公司办理托运，填写一份总运单送至同一目的地，然后由其委托当地的代理人负责分发给各个实际收货人。这种托运方式，可降低运费，是航空货运代理的主要业务之一。

提供集中托运业务的企业，在欧美被称为集中托运商，简称集运商。而其在目的站的代理人，被称为分拨代理商。在我国，航空代理人做的工作本身就含有集中托运和分拨代理的项目，因此统称为航空代理人。

航空快递业务：是指航空快递企业利用航空运输收取收件人托运的快件，并在承诺的时间将其送交指定点或者收件人的门到门速递服务。

1.5.2.2 航空货物运输的服务过程

航空货物运输的服务过程是将一个或多个托运人的货物集中起来作为一票货物交付给承运人（货物代理），用较低的运价运输货物。货物到达目的站，由分拨代理商统一办理手续后，再分别将货物交付给不同的收货人。其服务过程如图1–15所示。

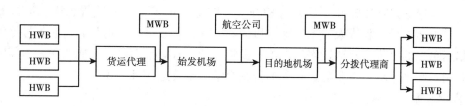

图1–15 航空货物运输的服务过程

注：HWB指航空分运单；MWB指航空总运单。

航空货物运输除了提供货运销售代理人提供的服务内容外，还可承担其他多项服务：货物出港时，将待运状态的散装货物直接或装入集装器后交付给承运人，负责集中托运货物的组装，负责货物信息的追踪；对于跨境业务，货物进港时，办理清关手续并交付货物，准备再出口的文件，办理国内中转货的转关监管手续。

1.5.2.3 航空货物运输业务流程

航空货物运输业务流程图如图 1-16 所示。

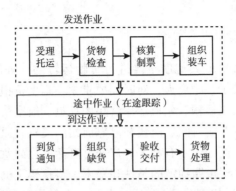

图 1-16 航空货物运输业务流程

1. 委托运输

货物托运书的填写：托运货物凭本人居民身份证或其他有效身份证件，填写货物托运书，向承运人或其代理人办理托运手续。托运人对填写货物托运书内容的真实性、准确性负责，并在托运书上签字或者盖章。对运输条件不同或者因货物性质不能在一起运输的货物，应当分别填写货物托运书。

签订委托合同：代理人接到托运人的货物托运书后，对所托运的货物进行检查，对所运货物的重量和体积尺寸进行检查后，双方签订《货物托运合同》，合同签订后，货运代理人与托运人就明确了双方在该批货物运输过程中的权利、义务与责任。

2. 货物收运

收运货物查验：承运人收运货物时，应当查验托运人的有效身份证件。承运人应当检查托运人托运货物的包装，不符合航空运输要求的货物包装，需经托运人改善包装后方可办理收运。承运人对收运的货物应当进行安全检查。对收运后 24 小时内装机运输的货物，一律实行开箱检查或者通过安检仪器检测。

航空货运单交接：货物卸下后，将货物存入航空公司或机场的监管仓库，进行舱单录入，将舱单上运单号、收货人、始发地、目的站、件数、数量、货物品名、航班号等信息留存。根据运单上的收货人及地址寄发取单、提货通知。若运单上收货人或通知人为某航空货运代理公司，则把运输单据及与之相关的货物交给航空货运代理公司。

3. 货物运输

运送顺序：根据货物的性质，承运人应当按下列顺序发运货物：①抢险、救灾、急救和政府指定急运的货物；②指定日期、航班和按计件收运的货物；③有时限、贵重和零星小件物品；④国际和国内中转联程货物；⑤一般货物按收运的先后顺序发运。

装卸作业：承运人按装机单、卸机单准确装卸货物，精心组织承运货物的装卸作业，严格按照货物包装上的储运指示标志作业，防止货物损坏。在运输过程中发现货物包装破损无法续运时，承运人应当做好运输记录，通知托运人或收货人，征求处理意见。

货物仓库：承运人应当根据进出港货物运输量及货物特性，建立不同类别的仓库。货物仓库应当建立健全保管制度，严格交接手续；库内货物应当合理码放、定期清仓；做好防火、防盗、防鼠、防水、防冻等工作，保证进出库货物准确完整。

4. 货物到达和交付

货物到达：货物运至到达站后，除另有约定外，承运人或其代理人应当及时向收货人发出到货通知。从到货通知发出的次日起，货物免费保管 3 日；逾期提取的，承运人或其代理人按规定核收保管费。货物被检查部门扣留或因违章等待处理存放在承运人仓库内，由收货人或托运人承担保管费和其他有关费用。

货物交付：收货人凭到货通知单和本人的有效身份证件提货；委托他人提货时，凭到货通知单、货运单指定收货人及提货人的有效身份证件提货。

承运人应当按货运单列明的货物件数清点后交付收货人，发现货物短缺、损坏时，应同收货人当场查验，必要时填写货物运输事故记录。收货人提货时，对货物外包装状态或重量如有异议，应当场提出查验或者重新过秤核对；未提出异议的，则视为货物已经完好交付。

无法交付货物：货物自发出到货通知的次日起 60 日无人提取又未收到托运人的处理意见时，按无法交付货物处理。对无法交付的货物，应当做好清点、登记和保管工作。

1.5.2.4　货物运费计算

航空货物的航空费用是指将一票货物自始发地机场运输到目的地机场所应收取的航空运输费用。该费用根据每票货物所适用的运价和货物的重量计算而得，不包括其他费用。

计算航空货物运费时主要考虑四个因素：计费重量、运价种类、货物声明价值及其他规定。

1. 计算货物运费的有关概念

运价：又称费率，是指承运人对所运输的每一重量单位货物所收取的自始发地机场至目的地机场的航空费用。在保证飞机的舱位充分的情况下，随着运输重量的增大，费率越来越低。

起码费用：是指一票货物自始发地机场至目的地机场航空运费的最低限额。货物按其适用的航空运价与计费重量计算所得的航空运费，应与货物最低运费相比，取高者。

其他费用：是指承运人、代理或其他部门收取的与航空货物运输有关的费用。

2. 计费重量

计费重量是指计算货物航空运费的重量，货物的计费重量可以是货物的实际毛重，也可以是货物的体积重量，或者是较高重量分界点的重量。

实际毛重：是指一批货物包括货物包装在内的货物重量，通常情况是那些重量大而体积小的货物。

货物净重：是指一批货物去掉外包装的重量。

体积重量：是将货物的体积按一定的比例折合的重量。由于货舱空间体积的限制，体积重量大于实际重量货物，一般是低密度货物，即轻泡货物。

体积重量的计算规则为：不论货物的形状是否规则，均应以最长、最宽、最高的三边的厘米长度计算，且这些长度的小数部分按四舍五入取整。体积重量的折算标准为每 $6000\,\mathrm{cm}^3$ 折合 1 千克，即：

货物的体积重量(kg) = (长×宽×高×件数)/6000

一般地，采用货物的实际毛重与货物的体积重量两者比较取高者。在国内货物运输中，普通货物的实际毛重、体积重量、计费重量均以 1kg 为最小单位，不足 1kg 的四舍五入；贵重物品均以 0.1kg 为最小单位，不足 0.1kg 的四舍五入。但每份航空货运单的货物重量不足 1kg 时，按 1kg 计算。

3. 我国国内航空货物运价

航空货物运价是调节航空货物运输市场的重要经济杠杆，影响着国民经济的各个方面。国内航空货物的运价分为三类，分别是普通货物、等级货物和指定商品三种运价。航空公司公布的航空货物运价有三种：

(1) 普通货物运价（简称 GCR）：指除了指定商品、等级货物以外的一般货物所使用的运价，普通货物运价的数额随运输量的增加而降低。普通货物运价分类如下：

普通货物标准运价：指中国民航局规定的 45kg 以下普通货物所使用的运价，金额以角为单位，运价代码为 N。

重量分界点运价：指中国民航局规定普通货物 45kg 以上（含 45kg）所使用的运价，按照标准运价的 80% 执行。此外航空公司可根据运营航线的特点，建立其他重量分界点运价，如 100kg、300kg、500kg 等多个重量分界点运价，代码为 Q。

(2) 等级货物运价（简称 CCR）：指在规定的业务区内或业务区之间运输指定的等级货物而制定的货物运价。它包括等级运价加价和等级运价减价。等级运价加价是在普通货物运价基础上增加一定的百分比，用"S"表示，适用商品包括动物、贵重物品、尸体、骨灰等。等级运价减价是在普通货物运价基础上减少一定的百分比，用"R"表示，适用商品包括报纸、杂志、书籍等。

(3) 指定商品运价（简称 SCR）：指在特定地区或航线上运输特定品名的货物而制定的货物运价，代码为 C。对于一些批量大、季节性强、单位价值低的货物，航空公司可申请建立指定商品运价，指定商品的种类及代号如表 1 - 22 所示。因为此类运价水平低，在进行运价类别的选用时应优先考虑指定商品运价，且该运价有最低限制重量。

表 1 - 22　　　　　　　　　中国国内航空货物指定商品种类及代号

代号	种　类
0007	水果
0300	鱼（可食用的）、海鲜、海味
0600	肉、肉制品，包括家禽、野味和猎物
1201	皮革和皮制品
1401	花木、幼苗、根茎、种子、植物和鲜花
2195	成包、成卷、成块为进行进一步加工或制造的纱、线、纤维、布、服装和纺织品
6001	化学制品、药品和药材

4. 航空运费的计算方法

航空运费的计算公式为：

航空货物运费 = 计费重量 × 适用运价

在使用货物运价时，首先使用适用指定商品运价，其次是等级货物运价，最后是普通货物运价。无论使用何种运价，当最后计算的运费总额低于规定的起码运费时，按起码运费计收。

1.5.2.5　运输方式综合评价

根据影响运输方式选择的各种因素进行综合评价，也可根据运输成本费用进行比较分析，得出合理的选择结果。综合评价选择法是根据影响运输方式选择的四个因素（经济性、迅速性、安全性和便利性）进行综合评价，然后根据评价结果确定运输方式的选择方法。

1. 综合评价选择法

假设用 $F1$、$F2$、$F3$、$F4$ 分别表示影响运输方式选择的四个因素值，且各因素对运输方式的选择具有同等的重要性（重要性也可不同），那么运输方式的综合评价值 F 为：

$$F = F1 + F2 + F3 + F4$$

由于货物的形状、价格、交货日期、运输批量和收货单位等因素的影响，可对它们赋予不同的权重加以区别。若用 W_1、W_2、W_3、W_4 来表示这些权重，运输方式的综合评价值 F 为：

$$F = W_1 F1 + W_2 F2 + W_3 F3 + W_4 F4$$

式中 $W_1 + W_2 + W_3 + W_4 = 1$。

如果可供选择的运输方式有公路（A）、铁路（B）、水路（C）和航空（D），它们综合评价值分别为 $F(A)$、$F(B)$、$F(C)$、$F(D)$。

2. 评价因素值的确定

对于四个评价因素 $F1$、$F2$、$F3$、$F4$ 的确定，目前还没有绝对行之有效的方法。这里列举如下指标，并以简单算术平均法为例确定。

（1）经济性 F1 的确定：由运费、包装费、装卸费、保险费及运输手续费等有关费用的合计数体现。显然，费用越高，运输方式的经济性就越低；反之越高。设上述四种运输方式所产生的运输费用分别为 $G(A)$、$G(B)$、$G(C)$、$G(D)$，平均值为 G，则四种运输方式的经济性分别为 $F1(A) = G(A)/G$，$F1(B) = G(B)/G$，$F1(C) = G(C)/G$，$F1(D) = G(D)/G$。

（2）迅速性 F2 的确定：用从发货地到收货地所需的时间表示。显然，所需的时间越多，迅速性就越低；反之越高。设上述四种运输方式所需的时间分别为 $T(A)$、$T(B)$、$T(C)$、$T(D)$，平均值为 T，则四种运输方式的迅速性分别为 $F2(A) = T(A)/T$，$F2(B) = T(B)/T$，$F2(C) = T(C)/T$，$F2(D) = T(D)/T$。

（3）安全性 F3 的确定：根据过去一段时间内货物的货损、货差率（有时通过实验数据得到）来表示。显然，货损、货差率越高，运输方式的安全性就越低；反之越高。设上述四种运输方式所需的货损、货差率分别为 $K(A)$、$K(B)$、$K(C)$、$K(D)$，平均值为 K，则四种运输方式的安全性分别为 $F3(A) = K(A)/K$，$F3(B) = K(B)/K$，$F3(C) = K(C)/K$，$F3(D) = K(D)/K$。

（4）便利性 F4 的确定：根据货主把货物最终交付托运人所需要付出的工作量，包括花费的时间来衡量。显然，工作量越大，表明便利性越差；反之越好。设上述四种运输方式所需的时间分别为 $L(A)$、$L(B)$、$L(C)$、$L(D)$，平均值为 L，则四种运输方式的便利性分别为 $F4(A) = L(A)/L$，$F4(B) = L(B)/L$，$F4(C) = L(C)/L$，$F4(D) = L(D)/L$。

由于上述四个因素都与设定目标是相反的，即费用越高经济性越差，运输所需的时间越长迅速性越低，破损率越高安全性越低，货主工作量越大便利性越差，所以，得到：

$$F(A) = -W_1 F1(A) - W_2 F2(A) - W_3 F3(A) - W_4 F4(A)$$
$$F(B) = -W_1 F1(B) - W_2 F2(B) - W_3 F3(B) - W_4 F4(B)$$
$$F(C) = -W_1 F1(C) - W_2 F2(C) - W_3 F3(C) - W_4 F4(C)$$
$$F(D) = -W_1 F1(D) - W_2 F2(D) - W_3 F3(D) - W_4 F4(D)$$

这样就可以得到四种运输方式的综合评价值，按 $F(A)$、$F(B)$、$F(C)$ 和 $F(D)$ 中最大值所对应的方案选取合理的运输方式，并组织货物运输。

1.5.3 实施步骤

1.5.3.1 运输方式选择评价

由于货物的形状、价格、交货日期、运输批量和收货单位等因素的影响，任务数据已经对货物的这些影响因素赋予了不同的权重加以区别，且给出了不同的运输方式对应的评价因素值（见表 1-20），根据综合加权计算即得到综合得分。在实施过程中，

$$F(A) = -W_1 F1(A) - W_2 F2(A) - W_3 F3(A) - W_4 F4(A)$$
$$= -0.2 \times 0.8 - 0.3 \times 0.25 - 0.2 \times 1.2 - 0.3 \times 0.8 = -0.715$$

$$F(B) = -W_1 F1(B) - W_2 F2(B) - W_3 F3(B) - W_4 F4(B)$$
$$= -0.2 \times 0.77 - 0.3 \times 0.5 - 0.2 \times 2 - 0.3 \times 1.4 = -1.124$$

$$F(C) = -W_1 F1(C) - W_2 F2(C) - W_3 F3(C) - W_4 F4(C)$$
$$= -0.2 \times 0.23 - 0.3 \times 1 - 0.2 \times 2.2 - 0.3 \times 2 = -1.386$$

$$F(D) = -W_1 F1(D) - W_2 F2(D) - W_3 F3(D) - W_4 F4(D)$$
$$= -0.2 \times 1.56 - 0.3 \times 0.25 - 0.2 \times 0.6 - 0.3 \times 0.2 = -0.567$$

其中评价值最大的航空运输为合理的选择对象，此次运输采用航空运输的方式。

1.5.3.2 计费重量

此次运输的猕猴桃每箱的长、宽和高分别为 80cm、50cm 和 80cm，共 4 箱，且实际单重量为 50kg。按照体积折重的计算方法可得：

$$货物的体积重量 = \frac{80 \times 50 \times 80 \times 4}{6000} = 213.33 （kg）$$

由于此货物的实际总重量为 $50 \times 4 = 200$ （kg），小于体积重量 213kg，所以此件货物为轻泡货物，货物的计费重量取 213kg。

此次运输的柿子每箱的长、宽和高分别为 80cm、70cm 和 80cm，共 4 箱，且实际单重量为 80kg，共 320kg。按照体积折重的计算方法可得：

货物的体积重量 $= \dfrac{80 \times 70 \times 80 \times 4}{6000} = 298.67$ （kg）

由于此货物的实际总重量为 320kg，大于体积重量 298.67kg，所以此件货物为重货，货物的计费重量取 320kg。故此次运输的计费货物总重为：213 + 320 = 533（kg）。

1.5.3.3　计算航空货物运输费用

根据计费重量与运费等级，计算货物运价，并完成航空运费计算。

1.5.3.4　设计航空货物的托运流程

可以围绕"托运""受理托运""承运验货"三个环节分析流程中的关键环节。

1.5.3.5　市内配送调度方案

围绕客户托运的货物总重和体积，考虑市内配送调度的车辆。车辆调度前，可以首先调研货物包装数量，并进行配载设计，绘制车辆配载示意图。

思　考　题

1. 请思考公路整车运输过程和零担运输的差异，并尝试用流程图表示。
2. 在完成整车运输系统的操作后，思考出入库管理与运输主要环节业务之间的关系。
3. 结合公路集装箱运输过程，试分析其运输流程在现有的运输业务管理系统中应如何体现。
4. 简述铁路集装箱运输中到达作业的步骤。

第2章

运输运营综合模拟实验

本章学习目标

- 掌握团队组建的基本方法，了解公司创建的主要步骤。
- 掌握产业链分析的基本思路，并能够结合运输方式完成运输方案的设定。
- 了解运输模拟运营技巧，并尝试与团队成员展开合作。

2.1　团队成立及公司创建

（完成本任务，并提交书面实验报告。建议学时：2 学时。）

2.1.1　任务描述

组建团队，掌握团队组建的基本方法，为即将成立的物流公司运营管理提供组织保障。熟悉物流公司注册登记的一般步骤，准备相关资料。

2.1.2　相关知识

2.1.2.1　创业团队的建立

1. 创业团队的概念

相对于个人创业，创业团队具备共担责任与目标、互补发展、决策更有效、工作绩效更高、应变能力更快等优势。创业团队是指在新企业创建初期由两个或两个以上才能互补、责任共担、所有权共享、愿为共同的创业目标而奋斗，且处于新企业高层管理位置的人共同组成的有效工作群体。

创业团队具有如下特点：

（1）一个具有新价值创造与创新能力的群体。

（2）树立共同的目标，其根本目标是为顾客创造价值。

（3）团队成员之间才能互补，团队绩效大于个人绩效之和。

（4）团队成员之间共同承担责任，且共同拥有企业的所有权，以及一切成果的分享权。

2. 创业团队的价值

有调查发现：70%以上创业成功的企业，都有多名创始人。其中企业创始人为 2 ~ 3 人的占44%，4人的占17%，5人及以上的占9%。尤其是在高科技领域，团队创业比个体创业多得多[①]。我们可以从两个方面来进一步理解创业团队的价值。

（1）相对个人创业而言，创业团队具有以下突出优势：

①对工作目标及责任共同承担。

②团队成员能力互补、认知共享。

③更有效的决策。

④更高的工作绩效。

⑤更加迅速地应对技术变革的能力。

⑥创业机会的识别、开发和利用能力大大提高。

（2）相对于一般群体而言，创业团队同样具有明显的优势。团队本身是一个群体，但是又不完全等同于群体，二者的区别如下：

①所做的贡献不一样。团队中成员所做的贡献是互补性的，而群体中成员之间的工作在很大程度上是互换性的。

②所承担的责任不同。团队中成员共同承担团队目标成败责任的同时承担个人责任，而群体成员一般只承担个人成败的责任。

③绩效评估标准存在差异。团队的绩效评估主要以团队的整体表现为依据，群体的绩效评估则是以个人表现为依据。

④目标实现方式完全不同。团队的目标实现需要成员之间彼此协调且相互依存，群体的目标实现则不一定需要成员间的相互依存性。

3. 创业团队运作

狭义的创业团队是指追求共同目的、共享创业收益、共担创业风险的一群创建新企业的人；广义的创业团队则不仅包括狭义的创业团队，还包括与创业过程有关的各种利益相关者，如风险投资人、专家顾问等。

一般而言，按照其成员所起的作用，我们可以将广义的创业团队成员分为以下四类。

（1）初始创建者：通常指企业的发起人。

（2）核心员工：通常指新企业成立后引进的骨干员工，主要来源包括招聘、熟人介绍等。

（3）董事会：主要指利益相关者，其主要作用是提供指导、增加资信等。

（4）专业顾问：主要指部分与新企业保持紧密联系的外围专家，以及利益相关者，包括顾问委员会、投资人和贷款方、咨询师等。

从成员的角色分工来看，成功团队中应该具备9种角色类型。

业界被誉为"团队角色理论之父"的英国团队管理专家梅雷迪思·贝尔宾在观察与分析成功团队时发现，一个结构合理的团队应该由3大类、9种不同的角色组成，依据成员所表现出来的个性及行为划分，这9种角色分别是完成者、执行者、塑造者、协调者、资源调查者、协作者、创新者、专家、监控评估者。他们分别负责行动导向（执行团队任务）、人际导向（协调内外部人际关系）、谋略导向（发现创意）三类任务。这就是著名的"贝尔宾团队角色理论"[②]。

---

① 陈晓暾，陈李彬，等. 创新创业教育入门与实战［M］. 北京：清华大学出版社，2017：94.

② R. 梅雷迪思·贝尔宾. 团队管理：成败启示录［M］. 袁征，李和庆，蔺红云，译. 北京：机械工业出版社，2017.

世界上没有完美的个人，但是可以有完美的团队。该理论可以帮助创业者在建构团队时，确保每个职位的逻辑性与完整性，并帮助团队成员正确分析自我能力与特质，找准自己在团队中的定位，同时不断优化自己的能力，形成优势互补，从而实现"1+1>2"，以此来塑造出一个完美的创业团队。

2.1.2.2　成立公司

选择合适的企业形式是创业过程中非常重要的一环，不同的企业意味着不同的启动条件和资金。我国经营主体的主要法律组织形式包括个体工商户、个人独资企业、合伙企业、有限责任公司、股份有限公司等。下面主要以有限责任公司为例说明其设立条件与步骤。

1. 有限责任公司成立的条件

（1）股东符合法定人数。法定人数是《中华人民共和国公司法》（以下简称《公司法》）规定的注册有限责任公司的股东人数。除一人有限责任公司外，《公司法》对有限责任公司的股东限定为2个以上50个以下，包括参与公司设立的原始股东，也包括公司设立后由于资本增加、股权变动、公司合并等原因新增加的股东。

（2）股东共同制定公司章程。包括两层含义：一是有限责任制企业需要有公司章程；二是公司章程有企业的全体股东参与意见，是全体股东共同决定的结果。有限责任公司的章程应当载明下列事项：公司名称和住所；公司经营范围；公司注册资本；股东的姓名或者名称；股东的出资方式、出资额和出资时间；公司的机构及其产生办法、职权、议事规则；公司法定代表人；股东会会议认为需要规定的其他事项。股东应当在公司章程上签名、盖章，以示同意。

（3）应有符合公司章程规定的全体股东认缴的出资额。

（4）有公司名称、建立符合有限责任公司要求的组织机构。应建立符合有限责任公司要求的组织架构。我国工商行政管理机关对企业名称采取分级登记管理。公司的正常运行要求企业有合理的组织架构。

（5）有公司住所。公司需要有相应的办公场所。

2. 设立程序

（1）股东缴纳出资。实行注册资本认缴登记制。公司股东认缴的出资总额或者发起人认购的股本总额（即公司注册资本）应当在工商行政管理机关登记。公司股东（发起人）应当对其认缴出资额、出资方式、出资期限等自主约定，并记载于公司章程。有限责任公司的股东以其认缴的出资额为限对公司承担责任，股份有限公司的股东以其认购的股份为限对公司承担责任。公司应当将股东认缴出资额或者发起人认购股份、出资方式、出资期限、缴纳情况通过市场主体信用信息公示系统向社会公示。公司股东（发起人）对缴纳出资情况的真实性、合法性负责。

除法律、行政法规以及国务院决定对特定行业注册资本最低限额另有规定的外，取消有限责任公司最低注册资本3万元、一人有限责任公司最低注册资本10万元、股份有限公司最低注册资本500万元的限制。不再限制公司设立时全体股东（发起人）的首次出资比例，不再限制公司全体股东（发起人）的货币出资金额占注册资本的比例，不再规定公司股东（发起人）缴足出资的期限。

（2）设立登记。由全体股东指定的代表或者共同委托的代理人向公司登记机关报送登记申请书、公司章程、董事、监事、经理任职等文件，申请设立登记。登记机关对符合条件的，予以登记，发给营业执照。自执照签发之日起公司成立。

（3）设立材料。设立材料包括：《公司登记（备案）申请书》；公司章程（有限责任公司由全体股东签署，股份有限公司由全体发起人签署）；股东、发起人的主体资格证明或自然人身份证明。对于"股东、发起人的主体资格证明或自然人身份证明"的具体规定是：

①股东、发起人为企业的，提交营业执照复印件。

②股东、发起人为事业法人的，提交事业法人登记证书复印件。

③股东、发起人为社团法人的，提交社团法人登记证复印件。

④股东、发起人为民办非企业单位的，提交民办非企业单位证书复印件。

⑤股东、发起人为自然人的，提交身份证件复印件。

⑥其他股东、发起人的，提交有关法律法规规定的资格证明复印件。

（4）法定代表人、董事、监事和经理的任职文件。根据《公司法》和公司章程的规定，有限责任公司提交股东决定或股东会决议，发起设立的股份有限公司提交股东大会会议记录（募集设立的股份有限公司提交创立大会会议记录）。对《公司法》和章程规定公司组织机构人员任职须经董事会、监事会等形式产生的，还需提交董事签字的董事会决议、监事签字的监事会决议等相关材料。

（5）住所使用证明。

2.1.3　实施步骤

（1）建立团队。本实践项目与实际团队建立有一定区别，建议同学们在实践时可以自由组合，模拟公司运营初期的团队创立。在组建团队时，尽量遵循团队组建原则，这会为下一个阶段的学习带来意想不到的乐趣。建议团队以 3 ~ 5 人为一组，团队中须同时有男女同学。

（2）建立好团队后，分工团队角色，并通过互联网及当地工商行政管理局网站了解公司注册登记需要哪些材料。如果资料中涉及需要相关部门提供证明的材料，请列出清单用文字描述代替。

需要注意的是，在实际工作中，公司往往会根据发展阶段，对管理团队进行调整，以适应公司发展的需求。

2.2　运输产业链分析与资源配置

（完成本任务，并提交书面实验报告。建议学时：4 学时。）

2.2.1　任务描述

认识不同场景条件下的物流链，为即将开始的模拟公司运营奠定基础。

完成某地区的物流链分析与绘制工作，分析该地区的产业、资源及产业链情况，撰写分析说明。

2.2.2　相关知识

2.2.2.1　OpenTTD 软件概述

物流运营综合实验教学采用 OpenTTD 软件。它是一款基于 C ++ 语言编写的开放源代码软件，可以从互联网下载免费使用，建议在 OpenTTD 官方网站（www. openttd. org）下载，如图 2 - 1 所示。OpenTTD 在下载时务必注意与所使用的操作系统相一致。

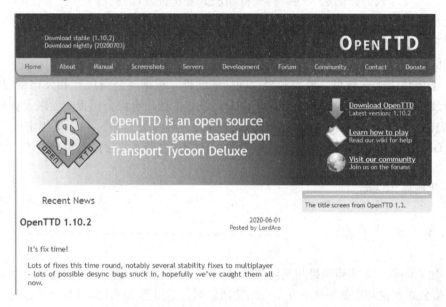

图 2 - 1　OpenTTD 下载网站

和传统的教学相比，使用 OpenTTD 来开展模拟运营有非常突出的特点：

（1）拓展设计问题，综合运用方案。根据 OpenTTD 的功能与特点，可以将现实中的许多物流问题设计到教学场景中，并形象地以地图呈现出来，让学生通过观察发现问题，然后提出解决问题的措施、办法和方案，并通过模拟实施对提出的方案进行验证。在传统教学方式下，一般是通过文字描述让学生发现问题，提出的方案是否切合实际也无法验证；或者是通过案例教学，学生也只能够提供改进的方案。传统的实验环节大多涉及验证性环节，但是通过 OpenTTD 模拟，可以以场景的形式直观地呈现给学生，让学生观察然后发现问题，通过实施并提出解决方案，最后验证方案是否恰当，综合性较高。

（2）情景易创，环境可控。OpenTTD 能够随机生成场景地图。同时它提供了许多高级设置，为设计不同的教学情景提供了方便。用同一张场景地图，通过调整难易程度和经济、地形等指标，可以让学生感受到不同的环境变化，进而要求在模拟运营中针对这些变化调整公司的运营决策。

2.2.2.2　场景建立

在分析产业链环节任务中，为了有更加直观的体会并能够运输运营结合，首先需要安装并进入 OpenTTD 程序。点击"新游戏",进入地图生成器菜单界面,如图 2 - 2 所示。场景类型选择"温带",地图规模选择"256×256",生成地形选"新算法",城镇数量选"一般",工业数量选"一般",地形特点选"平整",海洋面积选"适中",生成树木选"没有",其他选项随意选,然后点击"生成"按钮进入场景。

图 2 - 2　地图生成器界面

场景界面由三部分组成(见图 2 - 3):上面是快捷工具菜单栏,中间是场景区域,下面是状态栏。将鼠标放在工具栏或状态栏,点击鼠标右键,能够查看简要说明。

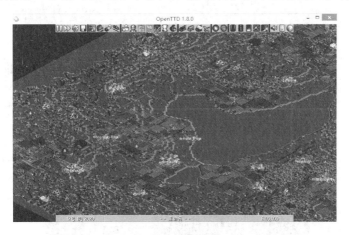

图 2 - 3　地图界面说明

2.2.2.3　产业链分析

点选地图上已生成的任意产业,出现图 2 - 4 的详细说明,右下角点击显示产业链,出现该煤矿产业的产业链如图 2 - 4 所示。以此点选地图上其他产业,分析其他产品及产业链。

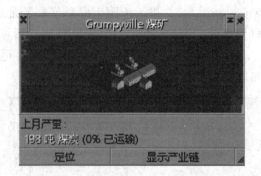

图 2-4 某地区煤矿产业详细说明

图 2-5 显示了某地区炼油厂及工厂的产业链。可以看到炼油厂上游为油田和海上钻井平台供给的原油，通过炼油厂加工，提供成品货物给城市。钢铁厂生产的钢材以及农场生产的牲畜及谷物，通过工厂加工成货物供应给城市。

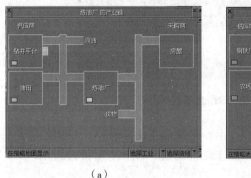

（a）

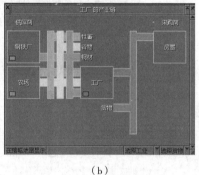

（b）

图 2-5 某地区产业链上下游

打开"地图 - 工业"（见图 2-6），可以显示本地图中已有的所有产业信息，其中以不同的颜色进行了区分。

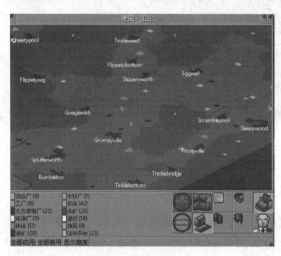

图 2-6 工业分布

根据图 2 - 6 所示所有产业，分析并整理产业链统计表，如表 2 - 1 所示。该统计表统计了地图上出现的已有资源产业和它们的上下游产业信息。由于地图随机产生，因此每一幅地图的产业链地区分布有一定差异，在完成运输任务满足当地的供给需求时，就要结合产业链与地形，同时考虑运输成本、效率，合理完成运营任务。

表 2 - 1　　　　　　　　　　　　　　　　产业链统计示例

产业	工业	接受（资源）	产出（资源）
采矿业	煤矿 铁矿 油田 钻井平台	—— —— —— ——	煤炭 铁矿石 原油 原油
电力业	发电厂	煤炭	——
制造业	炼油厂 钢铁厂	原油 铁矿石	货物 钢材
……	……	……	……

根据产业链的基本统计情况，观察其在工业地图中的位置，并思考关联其上下游在地图中所处的位置，为下一步运输运营做好规划准备。

在实际工作中，产业和行业的产业链和物流链非常复杂，任何企业由于资源条件的制约，不可能为所有的产业或行业提供该物流服务，因此必须根据公司自身的定位情况有选择地提供物流服务。

2.2.3　实施步骤

（1）小组团队进入 OpenTTD 运营模拟软件，建立实验场景，进入该地区，分析研究产业链。

（2）撰写分析说明文档。在分析说明中，用表格统计产业链涉及的物资种类，并直接在工业地图中画出产业链条的流向（见图 2 - 7）。

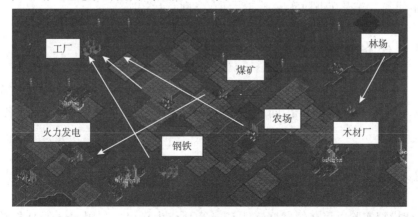

图 2 - 7　工业分布地图

根据随机产生的地图，开展产业分析。如图2-7所示，农场给食品加工厂提供谷物和牲畜；铁矿为钢铁厂提供铁矿石；钢铁厂为工厂提供钢材，工厂对钢材进行加工转换成成品；煤矿为火力发电厂提供燃料；工厂为房屋提供生活用品和食物；林场为木材厂提供原材料。本随机地图产业链如表2-2所示。

表2-2　　　　　　　　　　　　　　产业链统计

产业	工业	接受（资源）	产出（资源）
采矿业	煤矿 铁矿 油田	— — —	煤炭 铁矿石 原油
电力业	火力发电厂	煤炭	—
制造业	木材厂 钢铁厂 工厂	木材 铁矿石 谷物，牲畜，钢材	货物 钢材 货物
农贸业	林场 农场	— —	木材 谷物，牲畜

（3）结合地形与地貌、货物资源数量性质及距离，思考上述产业链条在运输运营时线路规划的主要策略和依据。

在图2-7中，首先根据距离考虑发展较近的林场到木材厂产业链，根据产量可以考虑使用公路或者铁路运输方式，其次根据产业链分布，可以采用铁路环线运输方式，建立"火力发电厂—钢铁厂—煤矿厂—工厂"的环形铁路运输线路，满足沿线货运需求。最后，根据地形、货运量估计站台和轨道的数量。

2.3　运输运营模拟实施

（完成本任务，并提交书面实验报告。建议学时：4学时。）

2.3.1　任务描述

以模拟公司的名义，通过运营完成10~15年物流公司的模拟运营活动。运营成功的公司可以进入对抗竞争模式，在同一场景中相互竞争，在竞争环境下开展各自的经营活动。

2.3.2　相关知识

运输运营模拟实验以策略经营型软件OpenTTD作为平台，利用OpenTTD能够编辑场景地图的特点，通过模拟与现实的社会经济发展、资源产出与分布、地形地貌、交通条件等相近或相似的经营环境，设计出与现实的物流运输公司经营管理活动过程相近或相似的场景地图。物流运营管理模拟实践的教学目的和教学效果能否最终实现，关键在于教学内容的设计、教学过程的组织和学习成绩的评价。

2.3.2.1　物流运营管理模拟实践教学设计指导思想

根据运输运营模拟实验教学的目的与要求，结合 OpenTTD 模拟软件的特点，我们采用"仿真现实，角色扮演，模拟实施"的教学思想来指导教学内容的设计、教学过程的组织和学习成绩的评价。

1. 仿真现实

仿真现实就是通过设计与现实社会、经济、企业相近或相似的 OpenTTD 场景地图，将现实的社会经济发展、资源产出与分布、地形地貌、交通条件等，以及物流公司在经营管理活动过程中碰到的典型现象和典型问题等仿真地呈现出来，形成让学生能够观察现象、观察问题、发现问题的学习情景或环境。我们可以设计仿真现实地区如长三角、珠三角、环渤海经济区的场景地图，甚至中国的场景地图等，让学生的学习过程形象直观。

2. 角色扮演

角色扮演就是通过组建学习小组（团队），小组（团队）成员各自扮演公司经营管理中的不同角色（如总经理、财务经理、业务经营、运营调度等），在 OpenTTD 模拟教学系统的场景中经营管理一家物流公司。在该物流公司中，部门成员需要分工合作、交流沟通，管理者需要拍板决策等。

3. 模拟实施

模拟实施就是将制定的公司经营计划、公司经营战略、公司发展战略等运用 OpenTTD 物流运营管理模拟实践教学系统实施，比如，公司面临的外部环境，认识公司自身的经营能力，寻找公司进入的目标市场，制订公司的经营计划，进行经营管理决策，制订公司发展战略方案等。通过模拟实施，检验所制订的方案是否科学合理，是否适合公司，从而能够让学生深入分析方案不科学、不合理的原因，并寻找更合理、更优化的解决方案。情景模拟要结合学生运用知识能力的培养和锻炼，同时也要考虑实践任务的目的与要求，当然，具体到实际的教学内容设计时，还应尽可能地结合 OpenTTD 的特点进行设计。

2.3.2.2　教学内容设计

OpenTTD 运输运营模拟教学的内容设计概括起来主要包括以下方面：

1. 模拟所熟悉的地区

根据 OpenTTD 能够编辑场景地图的特点，设计仿真现实的场景地图，如长三角经济区场景、珠三角经济区场景、成渝经济区场景、环渤海经济区场景、中国经济区场景、亚太经济区场景等。或者设计学校所在地区的场景，这样的场景会让学生非常亲切，能够极大地调动学习热情。

2. 模拟有限资金运用

根据 OpenTTD 能够调整参数的特点，将模拟经营开业资金设定到较低水平，让学生模拟经营 10~15 年，并通过经营收入评价公司的收益，从而让学生通过模拟经营去体会和感受当公司面临许多商机，而手中无资金的纠结感；去体会和感受通过运筹帷幄让公司从小到大、由弱到强的成就感。

3. 模拟多种绩效目标

根据 OpenTTD 以多种经营指标反映模拟经营者的水平的特点，在实践项目设计中针对性地提出模拟实践的经营目标，让学生体会和感受在不同的公司经营绩效考核指标条件下，如何做出经营决策。

4. 模拟系统分析思维

根据 OpenTTD 设施和线路共享版能够让市场中不同的模拟公司共享机场、铁路站台、汽车站台、码头以及铁路、公路的特点，设计让学生模拟一个地区的政府管理和公司经营行为的实践教学，从而让学生体会和感受系统观念和思维、地区物流系统资源的共享和整合以及协同管理和全局观念等。

5. 模拟市场经营行为

根据 OpenTTD 能够进行联机的特点，在实践项目设计中提出对抗要求，让多家公司在同一场景中开展经营活动，模拟市场竞争。如果再结合仿真现实的场景地图，将让学生更好地体会和感受在激烈的市场竞争条件下如何做出经营决策，如何制订公司经营计划，如何制定公司未来发展战略等。

2.3.2.3 物流运营管理模拟教学学习成绩评价

"运输运营模拟"学习成绩评定办法可以采用 OpenTTD 模拟系统对模拟公司经营业绩进行评价和课堂学习评价两部分结合的方法。

1. OpenTTD 运营指标

OpenTTD 运输运营实验对模拟公司经营进行业绩评价主要有三个途径：一是通过 OpenTTD 的年度财务报表评价（见图 2-8），二是通过公司市值评价，三是对公司的总体评价，总体评价即考虑到经营的长期性。OpenTTD 还在综合收入、利润、货运量、运输方式、贷款等因素的基础上（见图 2-9），对模拟公司综合表现打分。

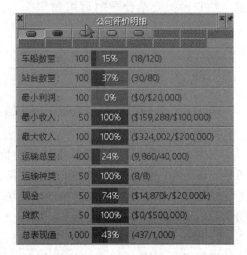

图 2-8　财务报表评价　　　　　　　　图 2-9　公司评价明细

2. 课堂学习评价指标

仅仅采用 OpenTTD 指标有一定的局限性。因此，可以在公司运营绩效成绩的基础上，根据教学要求和需要，设计额外可以反映学生学习过程的评价指标，比如对学习经营方案的分析。这样，在评定总成绩时可以把模拟运营业绩与经营计划方案的成绩取不同权重相加，得到综合成绩作为考核运营模拟的学习成绩。

此外，为了保持较好的课堂学习秩序，实践指导教师可以增加评价课堂学习的指标。如学生出勤、课堂的参与讨论环节等。

2.3.3　实施步骤

2.3.3.1　完成铁路/公路/水路/航空运营任务的基本操作

首先，点击建设铁路按钮，弹出道路建设菜单（见图 2 - 10），点击建造铁路站台按钮，弹出站台的方向菜单，提供给你几种出口方向的站台进行选择。根据站台资源的供给与需求情况考虑站台的规模（见图 2 - 11）以及方向位置，其中轨道数量决定了同时开出的列车组数，月台长度决定了装卸时间与效率。以同样的方法在另一产业资源富集区建设另一处铁路车站站台。

图 2 - 10　道路建设菜单

接着，需要通过购置车库、配置合适的车辆类型完成车辆的设置工作（见图 2 - 12）。

图 2 - 11　火车站站台设置

图 2 - 12　车库购置车辆

2.3.3.2　完成车辆调度

在车库中根据购买的车辆分别制订每辆车的调度计划（见图 2 - 13），通过多车辆组织共享调度计划。并通过联立在一起的公铁联运、水铁联运、公空联运等联运方式，建立联运。运行一段时间后，观察线路是否存在不合理，并进行适当调度整合。

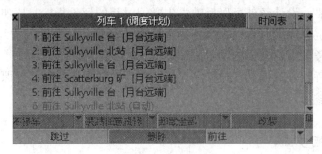

图 2 - 13　车辆调度

在现实中，综合运输是物流运输现代化的重要内容。首先，综合运输是对交通运输系统资源的整体优化，即对交通运输工具、设施、信息等资源进行统一规划、统一管理、统一组织、统一调配，以实现交通运输系统的整体优化，从而充分利用交通运输资源更好地满足人和物的交通运输需求。因此，一个地区或国家不仅要建立起水路、陆路、航空和地下融会贯通的立体交通网络，还要考虑网络中基础设施，交通工具、场站以及人员的优化配置等。此外，综合运输还是运输系统与环境系统的综合，即运输系统在实现自身功能的最大效率的同时，还应与环境协调发展，达到与环境的完美结合。利用 OpenTTD 的联运功能，运用水铁、公铁等不同的联运策略，实现模拟公司的经营战略（见图 2 - 14）。

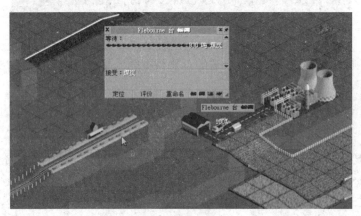

图 2 - 14　公路铁路联运

2.3.3.3　开展 10 ~ 15 年运营活动，形成运营评价文档

在运行过程中围绕运营过程中的财务、利润等信息，观察财务报表，对每 3 ~ 5 年的财务（见图 2 - 15）、利润（见图 2 - 16）等因素开展分析。

在运营良好的基础上，可以增加难度，开展多小组竞争。分析竞争后的运营结果，分析并调整竞争策略下的运营方案，总结并形成实验文档。

Sendingham Transport 财务报表（公司 1）

收入/支出	1990	1991	1992
建设费用	-$16,302	-$25,166	
购置交通工具	-$21,230	-$111,420	
铁路运行费用	-$48,392	-$54,836	-$30,540
汽车运行费用	-$5,084	-$7,990	-$4,072
航空运行费用	-$38,714	-$39,870	-$20,324
船舶运行费用	-$10,660	-$11,000	-$5,562
固定资产维护	-$38,720	-$43,348	-$18,760
铁路运输收入	+$26,466	+$29,218	+$14,604
公路运输收入	+$15,438	+$16,592	+$8,192
航空运输收入	+$238,496	+$182,030	+$133,726
水上运输收入	+$15,604	+$32,568	
贷款利息			
其他费用	-$760	-$784	-$332
总计：	+$116,142	-$34,006	+$76,932
流动资金	$812,170		
已贷款额	$0	最大贷款额度：$800,000	
	$812,170		

贷款 $20,000　还款 $20,000　设施

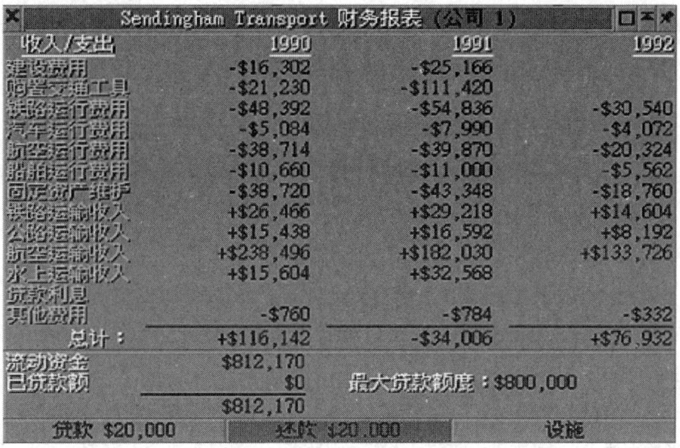

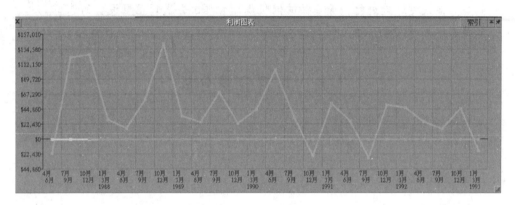

图 2－15　公司财务报表

图 2－16　公司利润

思　考　题

1. 思考在物流运营过程中，调度计划对公司收益的影响。

2. 根据模拟场景中的各场站的评价，分析现有车辆的可靠性、运载能力、运行费用、装卸时间等是否合理，并结合财务分析报表分析单车利润。

3. 根据公司的运营业绩，尝试提出物流设施优化设计和改造的建议。

第3章

仓储规划与设计

📖 **本章学习目标**

- 了解并熟悉仓储选址的基本思路、影响因素、程序，以及场址选择的评价方法。
- 掌握仓库的总平面布置、库房内部布置。
- 熟悉仓储规划，能进行一般商品的储位规划管理，并进行主要设备的选型。
- 了解出入库的对象，熟悉产品出入库业务的流程。

3.1　项目背景分析

（分组完成本任务，并提交书面实验报告。建议学时：3 学时。）

3.1.1　任务描述

请各小组设计一个具体的仓库，并完成该仓库的规划与设计。比如，某销售公司拟在西安南郊成立某仓储管理公司，请以该仓储管理公司的名义，完成该仓库的选址、平面规划、内部布置、业务流程等各项工作。

根据老师发布的任务背景，明确企业客户需求（例如，明确销售公司发展目标、调研仓储量业务量需求），并统计仓储需求；根据任务背景资料和货物储存商品特性等因素，选择合适仓储存储设备。只有充分了解销售公司需求、储存商品特性，才能更好地完成后续工作。

3.1.2　相关知识

利用管理信息系统（management information system，MIS）中学到的知识完成本阶段的任务实施部分。

3.1.2.1　仓库需求分析

根据市场需求，对即将建立的仓库进行需求分析。

（1）必要性、可行性分析：仓库建设是一项系统工程，需要大量投资，因此在建设前必须明确企业建设仓库的必要性，确定待建仓库在企业物流系统中的功能和作用，并对仓库建设的可行性进行详细分析。

（2）制定目标：目标的制定有助于对时间和努力做出合理安排，提高效率，利于资料的收集与后续规划需要。

（3）收集、分析资料：收集备选地址、作业流程、货物类型、订单数量等各种信息，采用 ABC、EIQ 等分析方法对收集到的资料进行系统分析，得到的结果可作为后续规划工作的参考依据。

3.1.2.2　充分了解仓库储存货物特性，完成仓库建设规划

收集资料的目的在于把握现状，根据掌握的资料，认识企业现有的物流状况，进而设计合理的仓储规划。通常需收集的资料如表 3-1 所示。

表 3-1　　　　　　　　　　　　　　　资料类别明细

项目	内　容
物品资料	货物的名称、品种、数量、性质、规格要求、环境要求、包装方式等情况
需求信息资料	订单的数量、交付日期等
储运设施资料	道路需求、货架、站台、车库、周转区等；仓储内使用的各种设备，包括运输机、起重机、升降机或叉车等；各设备的储运单位信息
员工资料	人员配置情况，充分了解现有员工的教育程度、年龄、性别、技能等；各作业单位之间的人事、组织、协调和业务等方面的情况
地理资料	调查备选地址周边的电力、供水、排污、人流、车流等情况；收集备选地址的地形、环境、交通等资料
作业流程资料	常态性物流作业（进货、储存保管、拣货、出货、输配送、仓管）的流程资料；非常态性物流作业（退货、换补货、物流配合）的流程资料
物流资料	生产车间、仓库、转运站和销售地点等的具体位置；运输方式、储运单元、储运速度、储运批量及储运周期等
信息技术资料	信息系统在各物流网点的配置情况；商品条码、RFID 技术的应用情况；条码设备、RFID 设备的数量、类型资料
成本资料	土地建筑成本（租金、地价税等）；设备费用（单价、折旧费、修理费等）；管理费用（员工工资、差旅费、水电费、保险费等）；等等

3.1.3　任务实施

设计一个新仓库，需要获得仓库数据统计与分析，这直接关系到仓库管理工作的水平。数据的统计与分析可以看出一个仓库的效率，可提升空间，有助于进行合理的工作分配和绩效考核，最主要的是能作为后续仓库整改和作业优化的重要依据。

任务实施前要明确仓库的各项设计要求，对仓库进行需求分析，即技术需求分析、功能需求分析、性能需求分析，对市场进行调查，充分了解仓库储存货物特性，这样才能更好地完成货物的储存。

3.2　仓库选址设计

（分组完成本设计，并提交书面实验报告。建议学时：2 学时。）

3.2.1　任务描述

某销售公司由于业务拓展需要库房 5000 m²，该公司仓储部在明确销售公司发展目标、充分了解销售公司储存商品特性后，着手开始仓库选址并完成新建仓库的工作。

规划的合理性将对仓库的设计、施工和运用、仓库作业的质量和安全，以及所处地区或企业的物流合理化产生深远的影响，并对企业长期运营产生持续的影响。

3.2.2　相关知识

合理的仓储规划不仅能有效降低成本，减少企业物流资本的支出，还可以改善物流，提高供货效率和库存水平，进而提升企业的服务水平。

3.2.2.1　场址选择的一般阶段与程序

选址规划程序分为三个阶段，即准备阶段、地区选择阶段和具体地点的选择阶段。

（1）准备阶段。准备阶段的主要工作是对选址目标提出要求，并提出选址所需要的技术经济指标。这些要求主要包括产品、生产规模、运输条件、需要的物料和人力资源等，以及相应于各种要求的各类技术经济指标，如每年需要的供电量、运输量、用水量等。

（2）地区选择阶段。本阶段主要工作是调查研究、收集资料，如走访主管部门和地区规划部门征询选址意见，在可供选择的地区内调查社会、经济、资源、气象、运输、环境等条件，对候选地区做分析比较，提出对地区选择的初步意见。

（3）具体地点选择阶段。在这一阶段，要对地区内若干候选地址进行深入调查和勘测，查阅当地有关气象、地质、地震、水文等部门的调查和研究的历史统计资料，收集供电、通信、给排水、交通运输等资料，研究运输线路以及公用管线的连接问题，收集当地有关建筑施工费用、地方税制、运输费用等各种经济资料，经研究和比较后提出候选场址。

3.2.2.2　场址选择的影响因素

1. 成本因素

（1）土地成本：不同地区的土地租金或征用费用是不同的，通常农业用地和环保用地的征用费用较高，在选址时应该尽量避免。

（2）运输成本：对于大多数制造业厂商和从事物流配送的企业来讲，运输成本在总的物流费用中占有较大的比率。因此，为了降低运输成本，应该尽量选择运输距离短，中间环节少的地区。

（3）人力成本：无论是劳动密集型的仓库作业，还是技术密集型的仓库作业，都需要具有一定素质的人才。不同地区的工人素质不同，工资水平也不尽相同，这些都是仓库选址者需要考虑的问题。

2. 环境因素

（1）地理条件。仓库应选择地势较高、地形平坦之处，在外形上可选择长方形，不宜选择狭长或不规则形状。从面积上来讲，应留有发展余地，以备仓库扩建之需。必须避免建造在地基承载力低、易发生滑坡、易发生洪水灾害的地段。对于山区陡坡地区、地下存有古墓的地段则应该完全避开。

（2）气象条件。气候对于仓库存储和作业人员均产生一定的影响，气温过高或过低都将增加仓库气温调节的费用。因此，在选址时需要考虑温度、风力、降水量、无霜期、冻土深度、年平均蒸发量等气象条件。例如，选址时要避开风口，因为在风口建设会加速露天堆放的商品老化。

（3）水电供应条件。应选择靠近水源、电源的地方，保证方便可靠的水电供应，且场区周围要有污水、固体废物处理能力。

（4）运输条件。仓库的位置必须具备方便的交通运输条件，最好靠近现有的水陆交通运输线，如港口、车站、交通主干道（国、省道）、铁路编组站、机场等，确保有两种运输方式衔接。对于大型仓库还应考虑铺设铁路专用线或建设水运码头。

（5）安全条件。仓库地点的选择要对安全条件进行详细的调查分析。由于仓库是火灾重点防护单位，不宜设在易散发火种的工业设施附近；同时，为了方便消防灭火，仓库周围的建筑物和道路必须保证交通畅通，防止交通阻塞。此外，仓库地点也不宜选择在居民住宅区附近，以避免各种潜在危险。

3. 社会因素

（1）供应因素。将仓库地址定位在供应商附近，不仅能够获得较低的采购价格，降低运输费用，还可以保证货物供应的时效性，减少时间延迟。

（2）客户服务因素。由于现代物流过程中能否实现准时运送是服务水平高低的重要指标，因此，在仓储选址时应该充分考虑客户分布情况、订货量、订货周期等因素，保证客户在任何时候提出需求时均能获得快速满意的服务。

（3）国家政策因素。在进行仓储选址时，需要充分考虑当地的政策、法规等因素。例如，有些地区的政府为鼓励在经济开发区建设仓库，会实行税收优惠、减免的政策，该项政策可以降低企业成本，进而影响企业的仓储选址决策。此外，仓库的选址还要兼顾城市规划用地等其他要素。

3.2.2.3　场址选择的评价方法

1. 根据成本因素的评价方法

根据成本因素的评价方法常见的有盈亏点平衡法、数值分析法、重心法等。下面以重心法为例，介绍其主要步骤。

重心法的基本原理是：设有多个生产地 P 和需求地 M，各自有一定量的货物需要以一定的运输费率运向位置待定的仓库，或从仓库运出，将其抽象成一系列点 i，如图 3 - 1 所示。则求取总运输成本最小点的计算公式为：

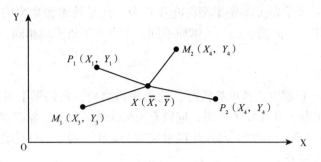

图 3 – 1 单一仓库与多个工厂及客户位置分布

$$\min TC = \sum V_i R_i d_i \tag{3.1}$$

式中，TC 表示总运输成本，V_i 表示 i 点的运输量，R_i 表示到点 i 的运输费率，d_i 表示从位置待定的仓库到点的距离。

设产地和需求地的坐标为 (X_i, Y_i)，位置待定的仓库的坐标为 $(\overline{X}, \overline{Y})$。则距离 d_i 可以由式（3.2）计算得到：

$$d_i = K \sqrt{(X_i - \overline{X})^2 + (Y_i - \overline{Y})^2} \tag{3.2}$$

式中，K 代表度量因子，即将坐标轴上的一单位指标转换为更通用的距离度量单位，如英里或公里。

将式（3.2）代入式（3.1）中，求 TC 对 $\overline{X}$ 和 $\overline{Y}$ 的偏导，令其等于零，解得仓库位置的坐标值：

$$\overline{X} = \frac{\sum\limits_i V_i R_i X_i / d_i}{\sum\limits_i V_i R_i / d_i} \tag{3.3}$$

$$\overline{Y} = \frac{\sum\limits_i V_i R_i Y_i / d_i}{\sum\limits_i V_i R_i / d_i} \tag{3.4}$$

重心法的具体计算步骤如下：

步骤 1：确定各产地和需求地的坐标值 (X_i, Y_i)，同时确定各点货物运输量和直线运输费率。

步骤 2：在不考虑距离因素 d_i 时，用重心法公式估算初始选址点。

$$\overline{X} = \frac{\sum\limits_i V_i R_i X_i}{\sum\limits_i V_i R_i} \tag{3.5}$$

$$\overline{Y} = \frac{\sum\limits_i V_i R_i Y_i}{\sum\limits_i V_i R_i} \tag{3.6}$$

步骤 3：根据得到的 $\overline{X}$ 和 $\overline{Y}$，用式（3.2）计算 d_i（此时，无须使用度量因子）。

步骤 4：将 d_i 代入式（3.3）和式（3.4），解出修正的 $\overline{X}$ 和 $\overline{Y}$。

步骤 5：根据修正的坐标值，再重新计算 d_i。

步骤 6：重复步骤 4 和步骤 5，直至坐标值 $(\overline{X}, \overline{Y})$ 在连续迭代过程中不再变化，或变化很小继续计算没有意义为止。

步骤 7：利用式（3.1）计算最优选址的总成本。

在实际应用中，该方法可以计算出一个合理接近最优解的选址，可以近似地得出最小成本解，而且当各点的位置、货物运输量及相关成本完全对称时，还可得出最优解。但要找出一个更精确的重心解还需要通过其他算法继续求解。

2. 根据综合因素的评价方法

（1）加权评分法。加权评价法是一种定性与定量相结合的方法，以数理统计与概率论为理论基础，主要考察仓库选址的非经济因素影响，并根据各影响因素的重要程度对方案进行评价、打分，以找出最优选址方案的方法。具体步骤是：

第一，假定共有 k 个备选场址，方案集合为 $(a^1, a^2, \cdots, a^k)$。针对场址选择的基本要求列出要考虑的各种非经济因素。

第二，对第 j $(j=1, \cdots, m)$ 个非经济因素赋予权重 w_j，以反映这个因素的相对重要程度。一般可通过决策者或专家打分再求平均值的方法来确定权重。假定有 N 个人对权重发表意见，则权重为：

$$w_j = \frac{1}{N} \sum_{n=1}^{N} w_{nj} \tag{3.7}$$

第三，对所有因素的评分设定一个共同的取值范围，一般是 $1 \sim 10$，或 $1 \sim 100$；然后对第 i $(i=1, \cdots, k)$ 个备选地址的所有因素按设定范围打分，得到第 i 个备选地址的第 j 个非经济因素分数 u_j^i。

第四，用各个非经济因素的得分与其对应的权重相乘，再将各方案的所有因素加权值相加，得到每一个备选地址的最终得分 $u(a^i)$，计算公式如下：

$$u(a^i) = \sum_{j=1}^{m} w_j u_j^i, i = 1, \cdots, k \tag{3.8}$$

第五，选择具有最高总得分的地址作为最佳的地址，即：

$$a^* = \max[u(a^i)], i = 1, \cdots, k \tag{3.9}$$

（2）因次分析法。因次分析法将经济因素和非经济因素按照相对重要程度统一起来，确定各种因素的重要性因子，按重要程度计算各方案的重要性指标，以场址重要性指标最高的方案作为最佳方案。具体方法为：

第一，设经济因素的相对重要性为 A，非经济因素的相对重要性为 B。

第二，确定经济因素的重要性因子 ET^i。

假定共有 k 个备选场址，方案集合为 $(a^1, a^2, \cdots, a^k)$，C^i 为第 i 个 $(i=1, \cdots, k)$ 备选场址方案的经济总成本，则：

$$ET^i = \frac{1/C^i}{\sum_{i=1}^{k} 1/C^i} \tag{3.10}$$

在式（3.10）中，取成本的倒数进行比较是为了和非经济因素进行统一，因为非经济因素越重要其指标应该越大，而经济成本越高，经济性越差，所以取成本的倒数进行比较，计算结果数值大者经济性好。

第三，确定非经济因素的重要性因子 NT^i。

首先，计算单一非经济因素的重要性因子 DT_j^i。假设共有 j 个（$j=1$，$\cdots$，m）非经济因素，对不同备选场址中的某一因素进行两两比较，得到非经济因素 j 的相对比重 G_j^i。将方案 i 中的每一非经济因素比重除以所有方案中的该因素比重之和，得到非经济因素 j 的重要性因子 DT_j^i，计算公式为：

$$DT_j^i = \frac{G_j^i}{\sum\limits_{i=1}^{k} G_j^i} \qquad (3.11)$$

其次，计算各个非经济因素在不同备选场址中的权重 W_j^i，可以用两两比较的方法确定，也可以由专家根据经验确定。

最后，确定非经济因素的重要性因子 NT^i。针对每一方案，求取各个单一非经济因素重要性因子的加权和，得到非经济因素的重要性因子 NT^i，计算公式为：

$$NT^i = \sum\limits_{j=1}^{m} W_j^i \times DT_j^i, i=1,\cdots,k \qquad (3.12)$$

第四，将经济因素的重要性因子和非经济因素的重要性因子按重要程度相加，得到第 i 个方案的重要性指标 $T(a^i)$：

$$T(a^i) = A \times ET^i + B \times NT^i, i=1,\cdots,k \qquad (3.13)$$

第五，选取重要性指标最高的方案作为最佳方案，即：

$$a^* = \max\left[T(a^i) \right], i=1,\cdots,k \qquad (3.14)$$

3.2.3　任务实施

3.2.3.1　需求分析

根据拟建仓库的任务量大小和拟采用的储存技术、作业设备对仓库需占用的土地面积以及所需的最大库存量进行估算。

3.2.3.2　调查资料

实地调查备选方案的交通运输、地质、水文、气象等资料，掌握业务量、土地建筑费用等信息资料，确定多个备选地址方案。

3.2.3.3　初步筛选

了解备选地址的气象地质条件、地面承载能力以及其他环境影响等，在对所取得的资料进行充分整理和定性分析后，运用综合因素评价法、重心法等选址方法确定选址范围，即确定初始候选地点（一般是 3～5 个），并制作候选仓库情况分析表（见表 3 - 2）。

表 3 - 2　　　　　　　　　　　候选仓库情况分析

因素		可选地			
		1 号	2 号	3 号	4 号
自然环境	气象条件	良好			
	地质条件	良好			
	水文条件	远离泛滥河流			
	地形条件	地面平整			
交通运输	距离绕城高速出口	5.3km	2.3km	6.6km	8.7km
候选地	面积（m³）	18000	15000	10000	20000
	形状	近似矩形	近似三角	近似矩形	近似矩形
	位置	保税物流中心	新都物流中心	双流物流中心	龙泉物流中心
	租金	较贵	一般	较	一般
	劳动成本	基本相同			
	道路设施	成灌高速 绕灌高速	物流大道 蓉都大道	大件路 机场路	成华大道 成环路
	公共设施	公共设施基本完善			
	当地受欢迎程度	高	中	高	中

3.2.3.4　定量分析（场址选择的评价方法）

针对不同情况选用不同的方法进行计算，得出结果。如果是对单一仓库进行选址，可采用加权法（见表 3 - 3）、重心法等；如果对多个仓库进行选址，可采用 Kuehn Hamburger 模型、Baumol Wolfe 模型、CELP 法等。

表 3 - 3　　　　　　　　　　候选地评分（采用加权法）

考虑因素		自然条件	交通条件	位置	面积	形状	租金	人力成本	公共设施	当地受欢迎程度	合计
权重数		3	5	8	6	4	6	4	4	7	
各方案的等级及分数	1	E/9	E/15	A/32	E/18	A/16	E/18	E/12	E/12	A/28	160
	2	E/9	A/20	I/16	I/33	I/8	A/24	E/12	E/12	E/21	135
	3	E/9	I/10	A/32	O/6	A/16	E/18	E/12	E/12	A/28	143
	4	E/9	O/5	O/8	A/24	A/16	A/24	E/12	E/12	E/21	139

注：A = 4 分、E = 3 分、I = 2 分、O = 1 分。1 号方案的总得分为：9 + 15 + 32 + 18 + 16 + 18 + 12 + 12 + 28 = 160。

3.2.3.5 结果评价

结合市场条件、资金约束条件等对计算所得结果进行评价，看其是否具有现实意义及可行性。如果评价通过，则计算结果即为最终结果；如果发现计算结果不具备可行性，则返回"3.2.3.3 初步筛选"，重新确定筛选条件，并重新计算，直至得到最终结果为止。

3.2.3.6 确定选址

当计算所得到的结果满足具备现实意义时，即可作为最终的计算结果，如图 3 - 2 所示。需要注意的是，所得解不一定为最优解，可能只是符合条件的满意解。

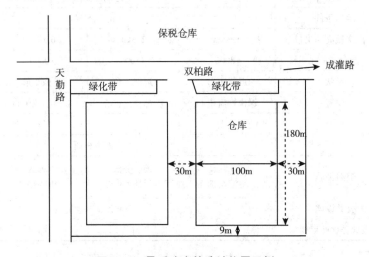

图 3 - 2 最后确定的选址位置示例

3.3 仓库的布局

（分组完成本设计，并提交书面实验报告。建议学时：2 学时。）

3.3.1 任务描述

某销售公司仓储部在确定了新仓库具体建设的地理位置后，着手开始新仓库的建设，包括仓库总平面和内部平面的布局。

仓库的布局关系到后续各项仓储业务活动，根据仓库作业流程完成对库房内部布置有利于仓储业务活动的顺利进行。

3.3.2 相关知识

3.3.2.1 仓库总平面布置

仓库总平面布置不只包括库区的划分以及建筑物、构筑物平面位置的确定，还包括运输线路的组织与布置、库区安全防护以及绿化和环境保护等内容。

　　仓库总平面布置首先是进行功能区分。根据仓库各种建筑物性质、使用要求、运输联系以及安全要求等，将性质相同、功能相近、联系密切、对环境要求一致的建筑物分成若干组，再结合仓库用地内外的具体条件，合理地进行功能分区，在各个区中布置相应的建筑物。

　　仓库总平面划分为仓储作业区、辅助作业区、行政区和院内道路等几个部分（见表 3 - 4）。

表 3 - 4　　　　　　　　　　　　　　　　仓库总平面布置

总平面	功　能	主要建筑物和构筑物
仓储作业区	仓储作业区是仓库的主体。仓库的主要业务和商品的检验、包装、分类、整理等都在这个区域里进行	库房、货场、站台，以及加工、整理、包装场所等
辅助作业区	在辅助作业区内进行的活动是为主要业务提供各项服务	维修加工以及车库、工具设备库、物料库等
行政区	行政区、生活区由办公室和生活场所组成	办公楼、宿舍和食堂等
院内道路	在仓库总面积中需要有库内运输道路。商品出入库和库内搬运要求与外交通相互衔接，并与库内各个区域有效连接	道路
停车场绿化区	在规划各区域时，应遵照相应的法律法规，使不同区域所占面积与仓库总面积保持适当的比例	停车场、绿化区等

3.3.2.2　仓库作业区的布置

　　根据仓库总体设计要求，科学地解决仓库区域的布局问题，包括具体安排主要业务场所、辅助业务场所、生活区的办公室场所、生活场所及其他附属设施的位置。

　　仓库平面作业区布置要适应仓储作业过程的要求，有利于仓储作业的顺利进行，具体有以下几个原则：第一，仓库平面布置的物品流向，应该是单一的流向；第二，最短的搬运距离，力求最短的作业线路，最小的装卸环节，有效地利用时间；第三，最大限度地利用空间。

　　在仓库作业区布局中考虑的优先原则是货品的快速移动原则。货品在仓库中移动时，一般要经过以下 4 个步骤：收货、储存、拣货和发货。依据货品流动方式有 3 种布局方式："直线型""U 型""T 型"（见图 3 - 3）。

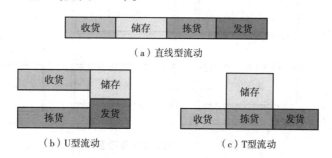

（a）直线型流动

（b）U 型流动　　　　　　（c）T 型流动

图 3 - 3　货品流动方式

（1）直线型。收货和发货区域建筑物的朝向不同。往往被用于使用不同类型车辆来收货和发货的情形。直线型布置受环境和作业特性的限制，比如中国北方不适于直线型布置库房，因为冬季会形成穿堂风，影响作业。

（2）U型。在建筑物一侧有相邻的两个收货站台和发货站台，并具有以下特点：如有必要可以在建筑物的两个方向发展；使用同一个通道供车辆出入；易于控制和安全防范；环境保护问题较小。

（3）T型。在直线型流动的基础上增加了存货区域功能，它可以满足快速流转和储存两个功能，可以根据需求增加储存面积，适用范围较广。

3.3.2.3 仓库内部布置

库房内部布置的主要目的是提高库房内作业的灵活性和有效利用库房内部的空间。

库房内部布置应在保证商品储存需要的前提下，充分考虑到库内作业的合理组织，协调储存和作业的不同需要，合理地利用库房空间。

空间布局的主要形式有物品堆垛、利用货架和采用架上平台三种方式。

3.3.3 任务实施

某销售公司仓储部在确定了新仓库具体建设的地理位置后，便须进一步根据仓库作业的要求，进行布置，确定对采暖、采光、通风、给排水、电力、防火等方面的要求，着手开始新仓库的建设，包括仓库总平面和内部平面的布局。

3.3.3.1 完成仓库的总平面布置

对仓库的主要建筑物、辅助建筑物、构筑物、货场、站台等固定设施和库内运输路线进行总体安排和配置（见图3-4），以便最大限度地提高仓库储存和作业能力，降低各项仓储作业费用，更有效地发挥仓库在物流过程中的作用。

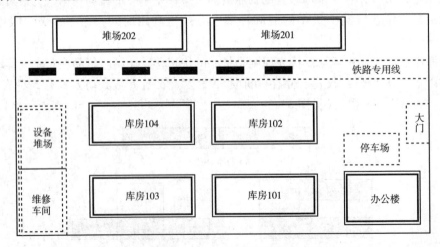

图3-4 仓库的总平面布置

3.3.3.2　仓库作业流程设计

通过对仓库货物出入库流程进行分析，设计出仓库作业流程（见图 3 - 5）。

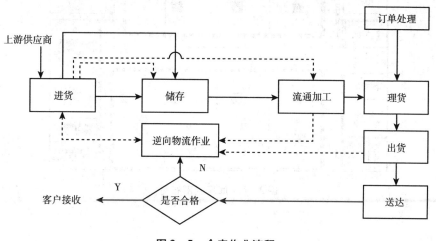

图 3 - 5　仓库作业流程

3.3.3.3　库房内部布置

首先，根据仓库的作业流程确定仓库中各功能区（见表 3 - 5）。

表 3 - 5　　　　　　　　　　　　　　　　**功能区设定**

序号	功能区名称	具体功能
1	进货区	卸货、验收计量、入库、进货暂存
2	仓储区	仓储、保管
3	流通加工区	流通加工、包括零部件组装、产品分割、打印条码、销售包装等
4	理货区	拣选、补货、运输包装、分拣、组配货等
5	出货区	发货暂存、出库检验、装货等
6	逆向物流作业区	对退货、瑕疵品及废品等进行处理及存储
7	办公管理区	综合办公、管理、后勤保卫等
8	辅助作业区	提供能源动力、消防设施和设备停放、车库、停车场等
9	业务服务区	展销、业务洽谈、餐饮住宿，提供金融、工商、税务等配套服务

再根据仓库功能区的设定完成对库房内部布置，对货物进行分类后确定不同类型货物的摆放位置、编号方式、堆垛方式等（见图 3 - 6）。

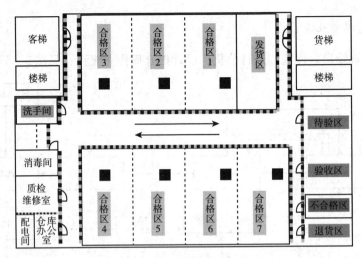

图 3 - 6　库房内部布置

3.4　货物储存

（完成本任务，并提交书面实验报告。建议学课时：2 学时。）

货物储存位置的合理安排可以提高仓库平面和空间利用率；还可以提高货物保管质量（确保货物的储存安全，有利于检查和养护），方便进出库作业，从而降低货物的仓储处理成本。

3.4.1　任务描述

某销售公司仓储部在确定了新仓库的总平面和内部平面布局后，便开始进行货物储存位置的安排，涉及货位布置方式、货物储存堆码设计以及货物储存位置的编号等任务。

3.4.2　相关知识

3.4.2.1　货物分区分类存放的原则

分区是指将性质相似的货物，存放在某一特定的仓库内或其他建筑物的过程。货物的分类是指将库存货物按照其物理化学性质或使用方向进行分类，根据各类货物的存储计划，结合各种库房、货场、设备的具体条件，合理筹划货物的存储方案。这是进行货位管理的前提。

由于仓库的类型、规模、经营范围、用途各不相同，各种仓储商品的性质、养护方法也迥然不同，因而分区分类储存的方法也有很多种，需统筹兼顾，科学规划。

1. 根据货物特性分区存放

根据货物需求，充分满足货位的通风、光照、温度、排水、防风、防雨等条件，如表 3 - 6 所示。同时货位尺度和货物尺度相匹配，注意大件、长件货物的选位空间、装卸空间、容量匹配等。

表 3 – 6 具有不同特性货物的货位选择

货物特性	货位选择
怕潮、易霉、易锈货物	干燥或密封货位
怕光、怕热、易溶货物	低温货位
易燃、易爆、有毒、腐蚀性、放射性的危险品	较偏僻的仓库，且分类存储
性能相互抵触、有挥发性、易串味的货物	避免同区存储
具有不同消防灭火方式的货物	分开存储
同区的货物	考虑外包装含水量过高货物对邻垛商品的安全威胁，以及货物相互间的虫害感染问题等

2. 利于发运

选择货位必须方便货物的进出库，尽可能缩短收货、发货的作业时间。存储时可以有以下原则：

（1）先进先出原则，即：先保存的货物先出库，避免后进货物围堵先进货物，避免长期存放货物围堵短期存放货物。但是在货物种类少、生命周期长、保存时间短、不易破损的情况下，需考虑先进先出原则与管理成本的利益平衡问题。

（2）入库频率与存储周期原则，即：入库频率高、存储时间短的货物存放于靠近出口的货位；入库频率低、存储时间长的货物存放于远离出口的货位。

（3）小票集中与大不围小原则，即：多种小批量货物合用一个货位，或集中于同一货区，并切忌夹杂在大批量货物中。

（4）重近轻远原则，即：重货靠近装卸作业区，且尽量置于货架或货垛下层；轻货远离装卸作业区，可以置于货架或货垛上层。

（5）操作便利原则，即：货位必须保证作业机械直达作业场，利于搬运、堆垛、上架等工作，具有充足的机动作业场与装卸空间。

（6）分布均匀原则，即：避免多业务同线作业，以免相互妨碍；实现多货位同时装卸，以提高效率。

3. 节约仓容

以最小的仓容储存最大限量的货物。在货位负荷量和高度基本固定的情况下，需考虑储存货物所具有的体积重量与货位规格的匹配性。对于轻泡货物，置于负荷量小、空间高的货位；对于实重商品，置于负荷量大、且空间低的货位。同时，在条件允许的情况下，尽可能码高货物，或将货物放置货架高处，以充分利用仓容。同时采用稳固方法加固货物堆垛，避免倒垛、散垛发生。

4. 分类存放

这是货物保管的基本要求与保证货物质量的基本手段。包括：不同类别的货物分类、分库存放；不同规格、批次的货物分位、分堆存放；残损货物与原货分位存放；分拣货物完成分拣后分位存放；不同流向、不同经营方式的货物分类分存。分类存放需要把握以下原则：

（1）物品相关性原则，即：将相关性大的货物放在相邻位置。

（2）货物互补原则，即：将互补性高的货物存放于相邻位置，相容性低的货物相互远离。

（3）货物同一性原则和货物类似性原则，即：将同一货物或相似货物存放在同一保管位置。

5. 搬运灵活

按照货物的搬运灵活性合理摆放货物，即使灵活性高的货物，也应摆放整齐，避免浪费仓容、堵塞通道，以减少作业时间和作业次数，提高仓库周转效率。具体包括：

（1）面向通道原则，即：一方面将垛码和货物正面面向通道，便于查看；另一方面货垛货位必须有一面与通道相连，便于对货物进行作业。

（2）轻不压重原则，即：重物保存在地面上或货架下层，轻物保存在货架上层。

（3）四一致原则，即：货物的属性一致、养护方法一致、作业手段一致、消防方法一致。

总之，在选择和具体使用货位时，根据仓储货物的吞吐频率差异、操作难易有别等特点，将热销与久储货物、操作困难与省力货物，搭配在同一货区储存，在充分发挥仓容使用效能的同时，克服各个储存区域之间忙闲不均的现象。

3.4.2.2 货位布置方式

货位、货架或货垛的排列形式决定了库内平面布置的形式。仓库货位布置方式一般有以下几种：

1. 垂直式布局

垂直式布局指货垛或货架的长度方向与库墙垂直或平行。

（1）横列式布局。货垛或货架的长度方向与仓库的侧墙互相垂直，如图3-7所示。主要优点有：主通道长且宽，副通道短，整齐美观，便于存取查点；如果用于库房布局，还有利于通风和采光。其主要缺点是：主通道占用面积多，仓库面积利用率受到影响。

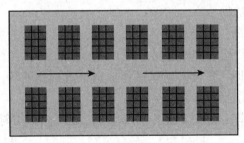

图3-7 横列式布局

（2）纵列式布局。货垛或货架的长度方向与仓库侧墙平行（见图3-8）。主要优点是可以根据库存物品在库时间的不同和进出库的频繁程度安排货位。在库时间短、进出库频繁的物品放置在主通道两侧；在库时间长、进出库不频繁的物品放置在里侧。

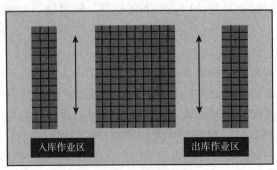

图3-8 纵列式布局

（3）纵横式布局。在同一保管场所内，横列式布局和纵列式布局兼而有之，可以综合利用两种布局的优点（见图3-9）。

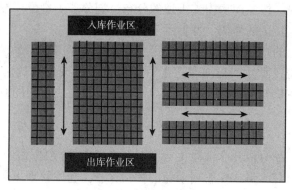

图 3-9 纵横式布局

2. 倾斜式布局

倾斜式布局指货垛或货架与仓库侧墙或主通道成60°、45°或30°夹角。倾斜式布置方式的使用条件有很大的局限性，它只适用于品种单一、批量大、用托盘单元装载、就地码放、使用叉车搬运的货物，对于一般的综合仓库不宜采用。

（1）货垛倾斜式布局（见图3-10）。这是横列式布局的变形，它是为了便于叉车作业、缩小叉车的回转角度、提高作业效率而采用的布局方式。其最大的缺点是造成不少死角，不能充分利用仓库面积。

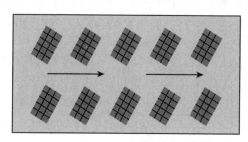

图 3-10 货垛倾斜式布局

（2）通道倾斜式布局（见图3-11）。它是指仓库的通道斜穿储存区，把仓库划分为具有不同作业特点的区域，如大量储存和少量储存的储存区等，以便进行综合利用。在这种布局方式下，仓库形式复杂，货位和进出库路径较多。

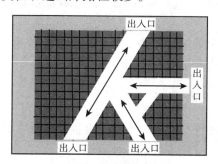

图 3-11 通道倾斜式布局

3.4.2.3 货物储存位置的编号

根据库内业务情况，按照库房内支干道的分布，划分若干货位，按顺序以各种简明符号与数字，来编制货区、货位的号码，并标示于明显处。

在以整个货物进出的仓库里，货架的作用主要是提高库房利用率，货架的货位编号一般都从属段位编号，只需在段号末尾加注"上"字样，即可按位找货。在以拆件发零的仓库里，日常备货要存放在货架夹层或格眼内。为使货位编号适应不同的业务情况，可以选用以下编号方法。

1. 区段法

区段法是把储存区域分成几个区段，然后对每个区段进行编码的一种方式。每个区段代表的储存区域较大，适合大量或保管周期短的货物保管。仓库管理人员在对仓库进行区域划分时，可以根据商品平均流量的大小确定区域大小。对于平均流量大的商品，可以多划分几个区域；对于平均流量比较小的商品，则应该少划分几个区域。

2. 品项群法

把需要储存的货物按照一定的类别区分成几个商品群，对每个商品群进行编码。这种方式适用于容易按照商品群保管的场合和品牌差距大的货品，如服饰群、五金群、食品群。

3. 地址法

地址编码方式是参照建筑物的编号方法，利用保管区域的现成参考单位，例如建筑物第几栋、排、行、层、格等，按照相关顺序来进行编码，如同邮政地址的区、胡同、号一样。"四号定位法"是常用的地址法，采用四个数字号码对库房（货场）、货架（货区）、层次（排次）、货位（货垛）进行统一编码；例如 6 – 7 – 2 – 12 就是指 6 号库房，7 号货架，第 2 层，12 号货位（见图 3 – 12）。

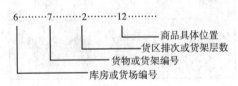

图 3 – 12   四号定位法的编码

4. 坐标法

利用 X、Y、Z 空间概念，采用数学上的坐标方法来编排储位的一种方法。这种编码方式直接对每个货位定位，储位切割较小，在管理上比较复杂，适用于流通率很小且存放时间长的物品。

对于多层库房的编号，常采用"三位数编号""四位数编号""五位数编号"。标号的标识方法一般以字母和阿拉伯数字混合使用。

3.4.2.4 货物储存堆码设计

货物堆码是根据货物的特性、形状、规格、重量及包装质量等情况，同时综合考虑地面的负荷、储存的要求，将货物分别堆叠成各种码垛。

合理的码垛，有利于提高货物的储存保管质量，同时也能够提高仓库的利用率和仓储作业的效率。

1. 货物堆码要求

（1）货物要求。包括货物名称、规格、数量、质量清晰明确；按物流需求已对货物进行编码；货物外包装良好、标示清晰；对不合格货物已恢复或剔除；准备堆码的货物已进行集装单元化。

（2）操作要求。堆码前结合仓储要求进行准备工作，以合理牢固、定量整齐、节约方便为原则，进行货物堆码。

（3）场地要求。堆码场地一般分为库房、货棚、露天三种。库房场地要求平整、坚固、耐磨，货垛在墙/柱基线以外，垛底适当垫高。货棚场地是一种半封闭建筑，要求具有良好的排水系统，以防止雨雪渗漏聚集。露天场地根据货物对地面的承载要求，以坚实平坦、干燥清洁、场地高于四周地面为原则，建立夯实水泥地、砂石块石地或钢筋水泥地等。

（4）货垛要求。货垛应满足"五距"要求，即垛距、墙距、柱距、顶距、灯距。叠垛货物不能依墙、靠柱、碰顶、贴灯等，有些货垛之间需留出空间。具体要求如表 3-7 所示。

表 3-7　货垛"五距"要求

货垛"五距"	作　　用	规　　格
垛距	货垛与货垛之间的距离，方便存取、通风散热、方便消防	库房垛距：0.5~1m 货场垛距：≥1.5m
墙距	防止库房墙壁与货场围墙的潮气对货物产生影响，便于通风消防	库房墙距：内墙距 0.1~0.2m 库房墙距：外墙距 0.3~0.5m 货场墙距：外墙距 0.8~3m
柱距	防止库房柱子的潮气对货物影响，保护仓库建筑物安全	0.1~0.3m
顶距	货垛最大高度与仓库顶端的距离	平方库：0.2~0.5m 人字形库：屋架下弦底为货垛的可堆高度 多层库房：底层与中层 0.2~0.5m 多层库房：≥顶层 0.5m
灯距	货垛与照明等之间的必要距离，适当灯具确保存储货物的安全	≥5m

2. 货物存放方法

在存放货物时，应根据其特性、包装、外形以及保管要求确定存放方式，同时还要兼顾考虑方便作业与节约仓容。

（1）散堆方式。货物堆垛存放方式是指直接利用堆扬机或铲车，从货位后端起，直接将货物堆高；在达到预定货垛高度时，逐步后退堆货，后端先形成立体梯形，最后成垛。整个垛形成立体梯形状。一般适用于两类货物，即：露天存放、无包装的大宗货物，例如煤炭、矿石、沙石等；仓库内少量存放的散装货物，例如谷物、碎料等。

利用散堆法进行作业时，要注意以下几个问题：第一，因为散货具有流动性、散落性，堆货时不能堆到太近垛位四边，以免散落使货物超出预定货位。第二，不能采用"先堆高，后平垛"的方法，以避免堆超高时压坏场地地面。

（2）货架方式。货物货架存放方式是指采用通用或专用货架进行货位堆码的方式。作业时需要橱柜架、悬臂架、U 型架、多层平面货架、托盘货架、多层立体货架等专用货架设备。这种方式一般适用于下列货物：小件货物，品种规格复杂、数量较少；包装简易、脆弱，易损毁，不便于堆垛的货物；价值较高、需经常查数的货物。

（3）成组方式。货物成组存放方式是指采用成组工具使货物堆存单元扩大的方式。常用成组工具包括货板、托盘、网络等，成组垛码一般每垛 3 ~ 4 层。优点是提高仓储利用率和货物流转、实现货物安全搬运和堆存等。

（4）堆垛方式。货物堆垛存放方式是指对有包装的、长件、大件物品进行堆码的方式。堆垛法的特点是可充分利用仓容、货垛整齐、方便作业、利于保管。一般适用于裸装计件货物，也可用于包装货物，包括箱、桶、袋、捆等。常见的堆垛法如表 3 - 8 所示。

表 3 - 8   常见货物堆垛法方式

堆垛法	适用货物	堆垛操作	特 点
重叠式（直堆法）	袋装货物，箱装货物，平板、片式货物	逐渐逐层向上重叠堆码，用一件货物压着另一件货物。堆积到一定层数（例如 5 层）时，或者改变方向继续上堆，或者长宽各减少一件货物继续上堆	方便作业稳定性差
纵横交错式	管材、捆装、长箱装	每层货物均改变方向向上堆放	稳定性强不便于操作
俯仰相间式	上下两面具有大小判别凹凸的货物，例如槽钢、钢轨	一层货物仰放，另一层货物方面俯放，俯仰相间相扣	稳定性极强不便于操作
压缝式	箱装货物	底层并排摆放，上层放在下层两件货物之间。若两层货物不改变方向，则形成梯形形状；若每层都改变方向，则形成综合交错式	稳定性强
通风式	需要较大通风量的货物	每件相邻货物之间都留有空隙，便于通风。层与层之间采用压缝式或纵横交叉式	稳定性强
栽柱式	棒材、钢管、长条状货物	在货垛两侧栽上木桩或钢棒，例如 U 型货架，将货物平码在桩与柱之间，几层后用铁丝将相对两边的柱拴联，再向上摆放货物	对管状长条形货物操作方便
衬垫式	不规则、且较重货物，例如无包装电机、水泵	码垛时隔（几）层铺放衬垫物，衬垫物平整牢靠	
直立式	适用于不能侧压的货物，例如玻璃、毛毡、油桶、塑料桶	货物保持垂直方向码放	

3.4.3 任务实施

3.4.3.1 确定货物储存方式

根据仓库储存物质的特性和储存环境要求，选择适合的储存方式。

一般情况下，同一个仓库可以有多种储存方式并存。

3.4.3.2　确认货位布置方式

货位、货架或货垛的排列形式决定了库内平面布置的形式，除了专仓专储，一般情况下常采用混合式布局方式（见图 3 – 13）。

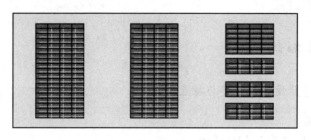

图 3 – 13　库房布局

3.4.3.3　完成储位编码

通过依次确定库房号、货架号、货架的行号列号，利用四号定位的方式给出仓库中的编号（见表 3 – 9）。

表 3 – 9　　　　　　　　　　　　　　储位编码表（节选）

0501A01	0501B01	0501C01	0501D01	0501E01
0501A02	0501B02	0501C02	0501D02	0501E02
0501A03	0501B03	0501C03	0501D03	0501E03
0501A04	0501B04	0501C04	0501D04	0501E04
0501A05	0501B05	0501C05	0501D05	0501E05
0501A06	0501B06	0501C06	0501D06	0501E06
0501A07	0501B07	0501C07	0501D07	0501E07
0501A08	0501B08	0501C08	0501D08	0501E08
0501A09	0501B09	0501C09	0501D09	0501E09

最后，打印出储位条码并粘贴到指定储位。粘贴时注意高低合理平整、便于扫描。

3.5　主要设备选型

（独立完成本任务，并提交书面实验报告。建议学时：2 学时。）

仓储设备是指仓储业务所需的所有技术装置与机具，即仓库进行生产作业或辅助生产作业以及保证仓库及作业安全所必需的各种机械设备的总称。

仓储活动离不开存储设备的支持，为了满足仓储管理的需要，仓库必须配置一定的硬件设施。

3.5.1 任务描述

对新建成的仓库在进行平面布局以后，需要完成仓储各种设施设备硬件工作的选择安装。各小组根据所修建的仓库种类以及存储的各项物资特性，合理地选择所需仓储设施设备，保障仓库的正常运行。

3.5.2 相关知识

3.5.2.1 常见仓储设备的分类与特点

1. 仓储设备分类

仓储设备分类可以如表3–10所示。

表3–10　　　　　　　　　　　仓储设备的分类

功能要求	设备类型
存货、取货	货架、叉车、堆垛机械、起重运输机械等
分拣、配货	分拣机、托盘、搬运车、传输机械等
验货、养护	检验仪器、工具、养护设施
防火、放到	温度监视器、防火警报器、监视器、防盗报警设施等
流通加工	所需加工机械、工具等
控制、管理	计算机及辅助设备等
配套设施	站台、轨道、道路、场地等

2. 仓储设备的特点

（1）搬运要求较高，但对速度的考虑较低。

（2）运动线路较固定。

（3）专业化程度高。

（4）标准化程度高。

（5）机械化、自动化程度高。

（6）节能性和经济性要求高。

（7）环保性要求高。

（8）安全性要求高。

3.5.2.2 保管储存设备

1. 托盘

托盘是用于集装、堆放、搬运和运输过程中放置作为单元负荷的货物和制品的水平平台装置，其主要特点是装卸速度快、货损货差少。叉车与托盘的共同使用，形成的有效装卸系统大大地促进了装卸活动的发展，使装卸机械化水平大幅度提高，使长期以来在运输过程中的装卸瓶颈得以改善。

托盘的分类：

（1）按基本结构形态不同分为平式托盘、箱式托盘、柱式托盘、轮式托盘（见图 3 - 14）。

图 3 - 14　平式托盘与箱式托盘

资料来源：https：//www.qjy168.com/.

（2）按材质不同分为木托盘、钢托盘、塑料托盘、纸质托盘、铝托盘、胶合板托盘、冷冻托盘及复合托盘等多种。

（3）按照托盘实际使用和操作方式分为两个方向通路托盘、四个方向通路托盘。

（4）按照托盘的最大负载量分为 0.5t 托盘、1t 托盘、2t 托盘。

（5）按其适用性分为通用托盘和专用托盘。

我国托盘规格主要有 3 个：800mm × 1000mm、800mm × 1200mm、1000mm × 1200mm。

2. 货架

货架是指用支架、隔板或托架组成的专门用于存放成件物品的立体储存货物的设施。它是以具有一定强度的材料按一定的结构建成，用来存放货物的几何建筑体。

货架在现代物流活动及仓库中起着相当重要的作用，占有非常重要的地位，仓库管理实现现代化，与货架的种类、功能有直接的关系。

在现代仓库的管理中，为了改善仓库的功能，不仅要求货架数量多、功能全，而且要便于仓库作业的机械化和自动化。

3.5.2.3　仓储搬运设备

1. 叉车

叉车又称铲车、叉式取货机，能够对货物进行升降和移动，以及装卸搬运的搬运车辆，是一种用来装卸、搬运和堆码单元货物的车辆，是仓库装卸搬运机械中应用最广泛的一种设备；具有选用性强、机动灵活、效率高的优点，尤其适于货物装卸、存放检索、块状堆垛和在室内及室外较好路面的快速货物搬运。

常用的叉车类型有平衡重式叉车、插腿式叉车、前移式叉车、集装箱式叉车、手动托盘车与电动托盘车等（见图 3 - 15）。

图 3 - 15　常见叉车

资料来源：陈胜利，李楠. 仓储管理与库存控制［M］. 北京：经济科学出版社，2015.

在选择叉车的时候应该根据叉车的功用和作业区的日吞吐量、作业高度、搬运距离进行选择。

2. 手推车

手推车是以人力推、拉的搬运车辆，它是一切车辆的始祖（见图 3 - 16）。

图 3 - 16　手推车

资料来源：陈胜利，李楠. 仓储管理与库存控制［M］. 北京：经济科学出版社，2015.

虽然手推车物料搬运技术不断发展，但手推车仍作为不可缺少的搬运工具而沿用至今。手推车在生产和生活中获得广泛应用是因为它造价低廉、维护简单、操作方便、自重轻，能在机动车辆不便使用的地方工作，短距离搬运较轻的物品时十分方便。

3.5.2.4　仓储输送设备

输送机系统是由物流输送设备与信息控制技术相结合而形成的自动化、智能化的物流系统，能完成物料的搬运、装卸、分拣等功能。

常见的输送机有：带式输送机、辊道式输送机、链板输送机、悬挂式输送机等。

在仓库中还广泛使用堆垛机、自动化立体仓库、线路与站台、自动分拣系统与装置、计量设备等各类设备。

3.5.2.5　货架的选择

仓储设备的选择直接影响仓储效果与经济效益，因此必须针对不同的存储对象与存储要求选择不同的仓储设备。

1. 货架的品种选择

（1）轻小型货物存储。存储轻小型货物的货架一般有以下几种：适用于人工存/取货作业的货架要求货物的外形尺寸和垂直高度与人工搬运能力相适应。这类货架适合选择高度≤2.4m、深度≤0.5m 的组合式轻型货架。其每层之间用搁板分隔，每格放一种物品，物品不易混淆。层架多用于小批量、零星收发的小件物资存储。其优点是结构简单、用料节省、适用性强、便于作业；缺点是层间光线较暗、存放货物数量有限。当存放品种多、货架占地面积大时查找货物困难，其改进方法是采用电子标签，虽然增加成本，但是可以实现快捷查询、提高作业率。

适用于贵重小件货物、怕尘怕湿货物的货架通常选用垂直旋转式货架（或称柜库），或水平旋转式货架，或小型带抽屉式的移动式货架。若小型物品品种多，且仓库面积小、空间高，当空间有效高度≥4.5m 时，可采用搁板式轻型货架，货架层高≤2.2m。

适用于进/出库频繁、数量品种多的小件货物的货架一般使用人工拣选式堆垛机与单元拣选型货架结合。利用人工作业的方式将货物放至无货叉的有轨/无轨堆垛机上，为满足人工作业，货架深度≤0.6m。

适用于外形规则、尺寸一致的轻型货物的货架可以选用流动式货架、抽屉式货架和轻型自动化仓库系统。其中抽屉式货架采用全自动操作方式，在货架前端布置拣选台，并配备抽拉式堆垛机将抽屉取出并送至前端进行拣选作业，作业完成后将抽屉重新入库，作业效率高；轻型自动化仓库系统货架的每个货格存放在塑料周转箱或纸箱，其堆垛机上带有特殊的存/取货装置，作业速度快，最大运行速度为320m/min。

（2）中型单元货物存储。中型单元货物的存储，通常采用单元货格式立体仓库，它是一种标准格式的通用性较强的立体仓库，每层货架由同一尺寸的货格组成，每个货格存放一个货物单元或组合货物单元，货格开口面向货架之间的通道，通道可以供装/取货机械行驶，可对两侧货架进行存取作业。

（3）长大货物存储。存储数量较多的管料、型材、棒材等长尺寸金属材料和建材时，通常使用U型旋转货架与悬臂货架。前者本身呈U型，组合后呈H型，在货架两边上端装有吊钩形角顶，便于重叠码放和吊装作业，并可用起重机作业；后者由 3~4 个塔形悬臂和纵梁连接，人工作业存取轻型材料，吊车存取重型材料。

存储长大规整、尺寸一致货物使用长大物料货架，可利用桥式堆垛机、长大物料堆垛机、侧叉式无轨巷道堆垛机进行堆垛。

存放特重货物，若数量较少则可用起重机将货物吊至设立在仓库的少量专用钢架。

2. 货架结构类型选择

（1）货架横梁的选择。横梁式货架，在横梁式结构的一个货格内存放 1~3 个单元托盘，可以减少货架立柱与立柱占据的空间，减少货架纵向长度与货架整体重量。应注意的是，不是货格内的托盘数量越多越好，从横梁的承重力与经济效益方面综合考量，一个货格内的托盘数量应≤3。

（2）立柱截面的选择。由于立柱截面惯性矩、层板厚度、横联截面惯性矩决定了货架的承载力度。作为货架的脊椎"立柱"，对整个货架的承载力则有着决定性的作用。

以层板货架（也叫作中型货架）和重型货架为例。层板货架中一般有四种级别的货架，其承载能力也因为立柱的参数不同而变化着。立柱规格38mm×38mm角钢货架，承载力为100~150kg。立柱规格50mm×30mm，每层层板承载力为100~250kg，适合存储衣物面料等货物。立柱规格80mm×40mm，每层层板承载力为200~400kg，适合存储日常生活用品等类似货物。立柱规格：55mm×47mm，每层层板承载力为300~800kg，适合存储轻工业产品。

日常生产中，以400千克承载的货架数量最大，中型货架一般运用于电子、汽配、食品、医疗等行业。

重型货架比起中型货架少了层板，但是承载能力要强上数倍，通常生产的重型货架立柱有四种规格。立柱截面规格80mm×60mm，立柱高度3.5m以下，每层承载上限2t，整体货架承载上限8t。立柱截面规格90mm×70mm，立柱高度5.5m以下，每层承载上限3t，整体货架承载上限12t。立柱截面规格100mm×70mm，立柱高度7m以下，每层承载上限3t，整体货架承载上限8t。立柱高度7m，通常货架层数在五层。立柱截面规格120mm×95mm，立柱高度7m以上，每层承载上限2t，整体货架承载上限20t。

3. 影响旋转式货架选择的因素

影响旋转式货架的因素主要可以概括为以下5个方面：

（1）货品批量：依据货物的尺寸大小、数量质量、外观形状确定是否采用旋转货架。

（2）货物的品种、数量、流量：旋转式货架多用于品种多、数量大、容量大、体积小、质量轻的货物。流量的计算方法为：

$$流量 = \frac{处理量}{单位时间}$$

（3）场所：要考虑货架的安装场地、地面承载力、货物出/入库路径等因素。

（4）作业时间：货架使用的时间安排，即安装调试后投入使用的时间、每日出/入库作业时间带、各时间带货物处理量的大小等。

（5）目的要求与预算：鉴于旋转式货架投资成本较高，在明确使用旋转式货架所达到的目的的前提下，根据自身现有资金状况选择货架类型。

3.5.2.6 托盘的选择

1. 材料选择

温度：不同材料的托盘要求不同的环境温度，否则会影响托盘的正常使用，例如塑料托盘要求温度保持在 −25℃ ~40℃。

湿度：对于具有较强吸湿性的托盘不能将其置于潮湿环境中，例如木制托盘、纸质托盘等。

环境清洁度：环境会对托盘产生一定的污染，污染程度越高，就要选择耐污染、易清洁的托盘，例如塑料托盘、复合塑木托盘等。

货物对托盘的特殊要求：根据承载货物的特殊性，选择相应的托盘。

2. 用途选择

对于出口型货物尽量选择一次性塑料托盘或免熏蒸复合材料托盘，避免因某些出口目的地国家要求对托盘进行熏蒸杀虫处理，而增加出口成本。用于货架堆放的托盘应具有刚性强、不易变形、动载较大的特性，例如钢制托盘、硬杂木制托盘等。

3. 尺寸选择

统一托盘尺寸规格：为了增强使用中的通用性，应尽量统一托盘的规格标准，尽管各行业内有已经成型的体系，但从长远利益考虑，还是应当将标准统一到托盘规格的国家标准。

统一装运设备标准：合适的托盘应该刚好满足其装运设备的尺寸，既能做到空间的合理利用，又能节省成本，特别是集装箱和运输卡车的箱体尺寸。

合理安排托盘的使用区间：根据货物流向的不同目的地，选择不同尺寸的托盘。例如目的地为欧洲的托盘采用 1200mm × 1000mm 规格，目的地为日本的托盘采用 1100mm × 1100mm 规格。

考虑仓库大小、货格大小，以及货物的包装规格，最大限度利用托盘。

4. 结构选择

托盘结构影响托盘的使用效率，合适的托盘可以充分发挥叉车的作业效率。

（1）用于地面铺板的托盘：即托盘装载货物之后不再移动，用于防潮防水。此时在考虑静载重量的前提下，选择结构简单、成本较低的托盘，例如塑料托盘。

（2）用于货物装运的托盘：由于此类托盘要配合叉车反复使用，因此应选用强度高、动载大的托盘，其结构以"田"字形和"川"字形为主。

（3）装载货物需堆垛的托盘：单面托盘只有一个承载面，适用于不堆垛货物；双面托盘具有两个承载面，适用于堆垛货物。

（4）用于立体库内的托盘：立体仓库内的货物需要码放在货架上，通常情况只能从两个方向从货架上插取货物，用于货架上的托盘应尽可能选用四面进叉的托盘，一般以"田"字形为主，以便叉车作业，提高工作效率。

3.5.2.7　叉车的选择

1. 影响叉车使用的因素

在选择使用叉车时，要充分考虑仓库的存储形式，还需考虑叉车的负载能力、最大提升高度、最大提升车体高度、升降架高度、自由升程、行走及提升速度、机动性、驱动/引导控制方式等因素。

（1）托盘因素。大部分叉车以托盘为操作单位，不同规格的托盘，所需的巷道空间不同。通常建议采用统一标准的托盘，目前以欧洲 800mm×1200mm 或 1000mm×1200mm 两种四向叉取式托盘为主，适用于各种车型。

（2）地坪因素。叉车的使用受到地坪的光滑度与平整度的影响，用于提升的室内叉车尤为重要。对地坪表面的要求有：避免锯齿状起伏地面；允许波浪起伏地面，且在一定距离外有一定高度；最优为光滑平整地面，以经表面处理的混凝土地面为最佳。

（3）电梯、集装箱高度与日作业量。考虑电梯、集装箱入口的高度，便于叉车出入，通常选择带较大自由扬程的门架。同时，通过仓库进/出货频繁度、叉车日工作作业量，计算并安排叉车电瓶容量与叉车数量，保证日常工作的进行。

2. 常见叉车的使用

（1）手动托盘车。用于平面点到点的搬运，体积小巧灵活，一般适用于任何场合。由人工操作，适用于重量在 2t 以下、作业距离小于 15m 的搬运作业。它不仅应用于装卸场所，也应用于各个运输作业环节的衔接工作，通常每辆集装箱卡车和每辆货车都配有一辆手动托盘车。

（2）电动托盘车。用于平面点到点的搬运。作业距离在 30m 左右时，使用步行式电动托盘车，可降低人员工作疲劳度、保证作业安全；作业距离在 30～70m 时，使用带折叠踏板的电动托盘车，高速高效。

（3）电动堆垛机。它是一种轻型的室内提升堆垛设备，通过车身前部的支撑臂加长配重的力臂，因此较小的配重，即可提升较大的载荷。适用于楼层式仓库或空间较小的仓储环境。

（4）平衡重叉车。没有支撑臂，需要较长的轴距与较大的配重平衡载荷，因此需要较大的作业空间。货叉从前方叉取货物，对容器无要求。底盘高，且使用橡胶轮胎或充气轮胎，地面适应力与爬坡能力强。

（5）柴油及液化气叉车。根据传动方式可分为液压机械传动型与静压传动型两类。前者采用传统传动方式，成本低，但变矩器传递效率低，能耗大，维护费用高；后者采用先进技术，具有起步柔和、无级变速、维修简单等特点，更适用于户外短距频繁往返搬运。

（6）前伸式叉车。结合了有支撑臂电动堆垛机与无支撑臂平衡重叉车的特点，其最具效益操作高度为 6~8m，使用的仓库高度在 10m 左右，适用于卖场、配送中心、物流中心、企业中心仓库等。当操作高度超过 8m 时，可加装高度指示器、高度选择器、摄像头等辅助装置。

（7）高架堆垛机。适用于以节约成本为前提的、面积小高度低的仓库。将高架堆垛机与高位拣料机合称窄巷道（very narrow aisle），货叉可作三向旋转，直接从两侧叉货，巷道中不需转弯。VNA 系列最大提升高度超过 14m，巷道宽度在 1600mm 左右，最大载重量为1.5t，适用于制药行业、电子电器行业等。

3.5.3　任务实施

（1）分析仓库货物信息、包装方式、进出库方式。
（2）根据货物特性、仓库布局，完成主要仓储设备的选型：
①储存设备：货架、托盘。
②搬运设备：叉车、手推车。
（3）对所选设备做出评价。

思 考 题

1. 若仓库选址不当，后期可通过什么方式加以弥补改进？
2. 仓库内部平面布局与作业流程之间是否存在关联性？如何通过布局改善作业流程效率？
3. 熟悉储存商品特性在仓库建设中的重要性体现在哪些环节？

第4章

仓储作业流程模拟

📖 **本章学习目标**

- 全面了解仓储的基本作业与流程。
- 了解商品入库、在库、出库管理主要内容。
- 掌握仓储单证的各种科目和要素。

4.1 仓储入库作业

（完成本任务，并提交书面实验报告。建议学时：2 学时。）

入库作业是仓储业务的第一个阶段，它是指仓储部门按照客户需求，根据货品入库凭证，合理计划和组织库房人力、物力、单证等资源，按照入库作业程序，认真履行入库作业各环节的职责，及时完成入库任务的工作过程。

入库作业是仓储业务的开始，对整个仓储管理过程都起着至关重要的作用。

4.1.1 任务描述

某销售公司委托 ABC 货运有限公司运送物品（每个小组的物品各不相同，根据第 3 章设计的仓储储存物品来设计，如书、办公用品、桌椅、各类生鲜、日用品等）到第 3 章设计的××仓储管理公司，请以××仓储管理公司的名义，做好这批商品的接运与验收、货物上架等工作。

4.1.2 相关知识

4.1.2.1 商品接运方式

货物到达仓库的形式不同，除了一小部分由供货单位直接运到仓库交货外，大部分要经过铁路、公路、航运、空运和短途运输等运输工具转运。凡经过交通运输部门转运的商品，都必须经过仓库接运后，才能进行入库验收。

货物的接运是入库业务流程的第一道作业环节，也是仓库直接与外部发生的经济联系。

做好商品接运业务管理的主要意义在于，防止把在运输过程中或运输之前已经发生的商品损害和各种差错带入仓库，减少或避免经济损失，为验收和保管保养创造良好的条件。

入库商品的接运主要有以下几种形式：

（1）专用线接运。

（2）车站、码头提货。

（3）到供货单位提货。

（4）供货单位送货到库。

（5）承运单位送货到库。

（6）过户。

（7）转库。

（8）零担到货。

4.1.2.2 入库作业流程

入库流程是仓储业务流程管理的第一步和关键环节，入库流程的主要环节包括入库前的准备活动以及到货后的验收活动组成。入库作业的一般流程如图 4－1 所示。

图 4－1 入库作业流程

1. 入库前的准备

商品入库前需要做好以下准备工作：

（1）货品分析。了解入库货品的品种数量、包装形式、规格、体积、入库时间、出库时间、货品的理化性质与保管要求等，预测车辆到达的时间和送货车型，从而精确妥善地进行库场安排及准备工作。

（2）库房准备。根据入库货品的品种、性能、数量、存放时间等具体情况，选择一个最适宜的库房，结合货品的堆码要求进行必要的腾仓、清场、打扫、消毒等库房准备工作；此外，为了方便装卸搬运，应提前计划车辆在库房周边的停放位置。

（3）货位准备。货位是指仓库中实际可用于堆放货品的地方，货位的选择是在货品分区分类的基础上进行的，所以货位的选择应该遵循确保货品安全、方便吞吐发运、力求节约仓容的原则，根据货品的性质和仓库内货位分配的原则，计算货品所需占用的仓容大小，为货品安排合适的存放位置。

（4）设备准备。入库作业过程中，通常需要使用各种装卸搬运设备，仓储管理人员应该根据作业性质、场合以及作业运动的形式、作业量、货品种类、性质、搬运距离等各种因素进行不同的配置和选择；对于某些特殊的货品性质以及特殊储存的要求，还应该准备相应的苫垫材料。

（5）人员准备。按照货品的数量、到达的时间和地点、搬运量、检验及堆码等各项要求，对所需要的人力进行组织安排，发放人员安排表并通知相应部门，预先做好到货接运、装卸搬运、入库验收、堆码等人力的安排。人员准备中包括：仓库管理员、接运员、装卸搬运工、设备操作人员、验收人员、制单员等。

（6）单证准备。仓库员对货物入库所需的各种报表、单证、记录簿等，如入库记录、理货检验单、料卡、残损单等预填妥善，以备使用。

由于不同仓库、不同货物的性质不同，入库准备工作会有所差别，需要根据具体实际和仓库制度做好充分准备。

（7）验收准备。为保证验收工作及时而准确地完成，提高验收效率，减少劳动消耗，仓库验收工作必须有计划、有准备地进行。在接到到货通知后，应根据货物的性质和仓库管理制度，提前做好验收前的准备工作，确定验收方法，做好人员、资料、器具、货位、设备的准备。对特殊货物的验收，如放射品、腐蚀品等，还要准备相应的防护用品，并会同有关检验部门验收。

具体的入库前准备环节如图 4 - 2 所示：

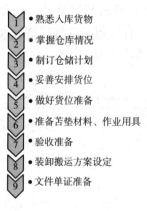

1 ● 熟悉入库货物
2 ● 掌握仓库情况
3 ● 制订仓储计划
4 ● 妥善安排货位
5 ● 做好货位准备
6 ● 准备苫垫材料、作业用具
7 ● 验收准备
8 ● 装卸搬运方案设定
9 ● 文件单证准备

图 4 - 2 入库前的准备

2. 商品入库验收

货物通过直接到库或仓库接运的方式到达仓库，准备进入入库验收环节。按照货物的性质、存储地点、仓库分区等具体情况，对货物进行清楚有效的分类编号，保证仓库相关作业的迅速开展。

货物到库进行理货分类后，依据相关单据与进货信息等凭证，首先对货物数量进行清点；然后通过目测或仪器检验检查货物质量和包装等情况，填写验收单据、验收凭证等验收记录；最后对查出的问题进行处理，保证入库货物的数量与质量的准确性。

完成验收后，将货物搬运码放至指定储位。在进行储存作业时需要对进货过程中的相关信息进行处理，对所有入库单据完成归纳整理，详细记录验收情况，登记货物储位；依据验收记录与到货信息，对库存货物保管账目进行处理，库存账面数量与库存实物数量同时增加。

搞好入库验收具有十分重要的意义：入库验收为货物的储存保管工作打下良好的基础；能够对生产企业起到监督和促进作用；验收记录是索赔、退货、换货的主要依据。

在进行货物验收时，必须做到及时、准确、严格、经济。

（1）核对凭证。入库货物必须具备下列凭证：

①货主提供的入库通知单和订货合同副本，这是仓库接收货物的凭证。

②供货单位提供的验收凭证，包括材质证明书、装箱单、磅码单、发货明细表、说明

书、保修卡及合格证等。

③承运单位提供的运输单证，包括提货通知单和登记货物残损情况的货运记录、普通记录以及公路运输交接单等，作为向责任方进行交涉的依据。

核对凭证，就是将上述凭证加以整理后全面核对。入库通知单、订货合同要与供货单位提供的所有凭证逐一核对，相符后才可以进入下一步的实物检验；如果发现有证件不齐或不符等情况，要与存货、供货单位、承运单位及有关业务部门及时联系解决。

（2）实物验收。仓库在一般情况下，或者合同没有约定检验事项时，仓库仅对货物的品种、规格、数量、外包状况，以及无须开箱、拆捆就可以直观可见可辨的质量情况进行检验；对于内容的检验则根据合同约定、作业特性确定。如需要进行配装作业的仓储，就需要检验所有货物的品质和状态。实物验收就是根据入库单和有关技术资料对实物进行数量、质量的检查。

（3）验收中发现问题的处理。货物在验收中，可能会发现一些问题，验收人员应区别不同情况，在有效期内进行处理。处理问题要及时、准确，并要对问题物品进行记录，如表4-1所示。在问题未解决之前，有问题的货物应该分开存放，妥善保管，尽量保持原包原捆，防止混杂、丢失、损坏，不得发放出库。

表4-1 　　　　　　　　　　　　　　问题物品处理记录单

常见问题处理	数量溢余	数量短少	品质不合格	包装不合格	规格品类不符	单证与实物不符
通知供货方						
按实数签收						
维修整理						
查询等候处理						
改单签收						
拒绝收货						
退单退货						

对于验收中发现的问题，应该根据不同情况，采取不同的方法进行处理（见表4-2）。

表4-2 　　　　　　　　　　　　　　入库作业常见问题及处理方式

常见问题	问题表现形式	处理方式
数量不符	物品验收数量与供货单数量不符	• 收货人在相关凭证上做好记录 • 按实际数量签收 • 通知发货方
质量问题	接货时发现物品存在质量问题	• 若问题发生在运输途中，会同承运方与送货人清查点验，确认后作为索赔依据 • 若责任不在承运方，做出相应记录并由承运方签字，作为向供货方联系处理的依据
单货/单证不全	• 送货单据与实物不符 • 单证不全 • 分批到货	• 及时查明送货方的原因 • 根据具体情况采取相应措施

4.1.3 任务实施

在仓储入库作业任务实施中，具体操作步骤可按如下方案进行：

（1）角色分工。进行岗位分工并设定角色，每组 4~6 人。每组中可选择 1 人充当送货员、1 人充当仓库收货员、1 人充当质检员、1 人充当仓储主管等。

（2）送货到库。送货员向仓库收货员出示送货单（见表 4-3）。

表 4-3   "送货单" 样表

货主   发货单位   合同号   进货仓库库   到货日期

车号	运单号	品名及规格型号	材质	数量	
				件数	重量
附件			合计数量		

运输员：   收货人：   填表日期： 年 月 日

（3）核对凭证。仓库收货员核对送货单、入库通知单并填写货物入库单（见表 4-4）。

表 4-4   "货物入库单" 样表

采购合同号：   送货单位：   件数：   入库时间： 年 月 日

货物名称	品种	型号	编号	数量			进货单价	金额	结算方式	
				进货量	实点量	量差			合同	现款

采购部经理：   采购员：   仓库管理员：   核价员：

注 本单一式三联：第一联，送货人联；第二联，财务联；第三联，仓库查存联。

（4）验收。仓库收货员进行数量验收、质检员进行质量验收。数量验收主要是清点存储商品实物数量与清单是否相符；质量验收主要看商品是否有受潮、损坏、错误、很脏等异常情况。然后填写相应的验收单（见表 4-5）。

表 4 - 5　　　　　　　　　　　　**"货物入库验收单"样表**

供货单位：_____　　　　货主全称：_____　　　　存放地点：___区__排__跺
合同号：_____　　　　　货主代码：_____　　　　到货日期：_____
唛头号：_____　　　　　货物产地：_____　　　　资料到期日期：_____
交货方式：_____　　　　质保书：有　　无　　　验收日期：_____
提单号：_____　　　　　索赔期：_____　　　　　开单期：_____
仓库地址：_____　　　　电话：_____　　　　　入库通知单号：_____

货物名称	规格型号	材质	单位	计量方式	应收数		实收数		损溢	单价	金额
					件数	重量	件数	重量			
备注											

货主签章：　　　　　制单人：　　　　　保管员：　　　　　仓库财务：

（5）验收结果处理。货物验收完毕后，发现有异常情况，由于××仓储管理公司急需该批物资且异常情况不算严重，公司决定让步接收该批物资，故质检员填写货物异常报告及让步接收的货物质检单，且在送货回单上详细注明，并请送货员签字。

（6）合格货物入库。仓库收货员填写货物入库物明细卡（见表 4 - 6）及货物入库明细账（见表 4 - 7）。

表 4 - 6　　　　　　　　　　　　**"货物入库明细卡"样表**

货物入库明细卡			卡号	
			货主	
			单位	
品名		规格型号		
计量单位		供货商		
应收数量		送货单位		
实收数量		包装情况		
年　　凭证			摘要	收入	发送	存储
月	日	种类	号码				

表 4－7　　　　　　　　　　　　　　**"货物入库明细账"样表**

货物入库明细账			卡号			
			户名			
			货位			
品　名		规格型号				
计量单位		进货单位		交货单位		货物验收情况
应收费		单位体积		标志或唛头		
实收费		单位重量		包装情况		

年		收发货凭证号	摘要	入库数量		出库数量		结存数量		备注
月　日				件数	重量	件数	重量	件数	重量	

（7）仓库收货员完成货物堆码。

（8）填写资料卡片。仓库收货员按照销售合同所列内容逐项填写货物资料卡片（见图 4－3），做到一垛一卡。

待　检	待　处　理	合　格
供应商＿＿＿＿＿	供应商＿＿＿＿＿	供应商＿＿＿＿＿
商品名称＿＿＿＿	商品名称＿＿＿＿	商品名称＿＿＿＿
进货日期/批号/生产日期	进货日期/批号/生产日期	进货日期/批号/生产日期
标记日期＿＿年＿月＿日	标记日期＿＿年＿月＿日	标记日期＿＿年＿月＿日
标记人＿＿＿＿＿	标记人＿＿＿＿＿	标记人＿＿＿＿＿
备注＿＿＿＿＿＿	备注＿＿＿＿＿＿	备注＿＿＿＿＿＿

图 4－3　"资料卡"示意

4.2　仓储在库作业

（完成本任务，并提交书面实验报告。建议学时：3 学时。）

货物的在库管理是指对货物进行合理的保存和经济的管理，在库管理是否科学直接影响到货品的质量以及仓库后续的运作，所以是整个仓储作业的一个核心环节。

货物在库管理主要包括仓库理货、货物储存位置安排、货物储存堆码设计、货物保管与养护、货物盘点、流通加工等。

4.2.1 任务描述

某仓储管理公司接收到 ABC 货运有限公司运送的某销售公司某物品（每个小组的物品各不相同，根据第 3 章设计的仓储储存物品来设计，如书、办公用品、桌椅、各类生鲜、日用品等），仓储公司在接收货物入库后，需要完成该批商品的在库保管、养护以及盘点等工作。

4.2.2 相关知识

4.2.2.1 商品堆码操作要求

1. 对堆码场地的基本要求

堆码场地要平坦、坚实、干燥，且垛底须适当垫高。

2. 对堆码货物的基本要求

货物在堆码前，应符合以下要求：

（1）货物的品名、规格、数量、质量等已彻底查清。

（2）货物外包装完好、干净（或者包装外表有污损但不影响货物质量）、标志清楚。

（3）部分受潮、锈蚀及变质的不合格货物已加工恢复或已剔除。

（4）货物已根据物流的需要进行编码。

（5）准备堆码的货物已进行集装单元化，以便于机械化作业。

4.2.2.2 货垛的"五距"

物品的堆码要保持通常所说的"五距"，即：墙距、柱距、顶距、灯距和垛距。"五距"的主要作用是通风、防潮、散热、安全、方便。

堆垛货垛时，不能依墙、靠柱、碰顶、贴灯；不能紧挨旁边的货垛，必须留有一定的间距。无论采用哪一种垛型，库房内必须留出相应的走道，方便商品的进出和消防用途。

4.2.2.3 码垛可堆层数、占地面积的确定

商品在堆垛前，必须先计算码垛的可堆层数及占地面积。

对于规格整齐、形状一致的箱装商品，可参考以下公式计算：

$$占地面积 = 总件数 \div 可堆层数 \times 每件商品底面积$$

其中，码垛可堆层数有两种计算方法。

1. 地坪不超重可堆层数计算方法（在仓库地坪安全负载范围内不超重）

堆垛的重量必须在建筑部门核定的仓库地坪安全负载范围内（通常以 kg/m² 为单位），

不得超重。因此，商品在堆垛前应预先计算码垛不超重可堆高的最多层数。

（1）以一件商品来计算（单位：层）。

$$不超重可堆高层数 = 仓库地坪每平方米核定载重量 ÷ 商品单位面积重量$$

$$商品单位面积重量 = 每件商品的毛重 ÷ 商品的底面积$$

（2）以整垛商品来计算（单位：层）。

$$不超重可堆高层数 = \frac{整垛商品实占面积 × 仓库地坪每平方米核定载重量}{每层商品的件数 × 每件商品的毛重}$$

2. 码垛不超高可堆层数计算方法（单位：层）

$$不超高可堆高层数 = 仓库可用高度 ÷ 每件货物的高度$$

在确定码垛可堆高层数时，除了应考虑以上两个因素外，还必须注意底层商品的可负担压力，不得超过商品包装上可叠堆的件数。

根据上述可堆高层数的考虑因素，计算出的可堆高层数中取其中最小的可堆高层数，作为堆垛作业的堆高层数。

4.2.2.4 码垛底层排列

码垛底层排列一般应计算出码垛可堆高层数，再进行码垛底层排列，它主要包括两方面内容。

1. 码垛底数计算

底层商品数的多少，与货位的面积成正比，与每件商品的占地面积成反比；与码垛总件数成正比，与码垛可堆高层数成反比。

$$码垛底数 = 码垛总件数 ÷ 可堆高层数$$

2. 码垛底形排列

码垛底形排列的方式一般是根据货位的面积及每件商品的实占面积来综合安排的。底形排列的好坏，直接关系到码垛的稳定性、收发货作业方便性，应重视抓好。

4.2.2.5 物品堆垛存放的基本方法

仓库货物存放要根据货物的特性、包装方式和形状、保管的需要，确保货物质量、方便作业和充分利用仓容，以及仓库的条件，确定其存放方式。

4.2.2.6 盘点作业

在仓储作业过程中，商品处于不断地进库和出库，在作业过程中产生的误差经过一段时间的积累会使库存资料反映的数据与实际数量不相符。

同时，货物在储存过程中，商品在库房中的质量状况会由于其自身的性质、自然条件的影响、操作不当等原因，会造成货物数量和质量的变化。

因此，为了及时有效地掌握货物的储存状况，需要对在库货物进行清点盘查，这一过程称为盘点作业。

1. 盘点作业的目的

（1）确定现有库存量，并修正料账不符产生的误差。

（2）确定企业损溢。

（3）提高货物的在库管理水平，稽核货品管理的绩效，使出入库管理方法和保管状态变得清晰。

2. 盘点作业的内容

盘点作业包括查数量、查质量、查保管条件、查安全等。

3. 货物盘点的作业流程

通常盘点作业的步骤如图4-4所示。

图4-4　盘点作业流程

4.2.3　任务实施

（1）了解货物养护工作的要求。

（2）日常管理。仓储管理公司完成常规仓库的卫生管理、日常保管与维护，以及温度、湿度、保管等各项储存条件的检查；并完成相应表单制作，如仓库温湿度控制表、每日巡查检查表、超库龄产品报表、日常检查登记表（见表4-8）等。

表4-8　　　　　　　　　　　　　　"日常检查登记表"样表

单位：									年　　月　　日	
	抽查通知			卡面记载情况		实物情况		账面情况		判定	备注
保管员	入库单号	货区、货位	品名、规格	品名、规格	结存数	品名、规格	结存数	品名、规格	结存数		
被检查人签字：					检查人签字：						

（3）库存盘点。对仓库储存物资进行盘点，完成相应表单（见表4-9和表4-10）的制作与填写，并完成盘点分析报告。

表 4-9   **"盘点单"样表**

物料盘点单			NO	
品类代号			简称	
料号				
品名				
规格				
计量			应有预盘量	
预盘	日期		盘点人	
	实盘量		盘盈/亏量	
复盘	日期		盘点人	
	实盘量		盘盈/亏量	
存料状态	□良　品 G □不良品 B □呆　料 D	备注		

表 4-10   **"货品盘点数量盈亏价目增减更正表"样表**

货品编码	货品名称	单价	账面资料			盘点实价			数量盈亏				价目增减				差异因素	负责人	备注
			数量	单价	金额	数量	单价	金额	盘盈		盘亏		增加		减少				
									数量	金额	数量	金额	单价	金额	单价	金额			

（4）对仓储物资进行货物分析与储存评估。

4.3 仓储出库作业

（完成本任务，并提交书面实验报告。建议学时：3 学时。）

    出库作业管理是仓库根据业务部门或存货单位开出的商品出库凭证（提货单、调拨单等），按其所列商品编号、名称、规格、型号、数量等项目，组织商品出库一系列工作的总称。

    所发放的商品必须准确、及时、保质保量地发给收货单位，包装必须完整、牢固、标记正确清楚，核对必须仔细。

4.3.1 任务描述

    仓储管理公司接收到销售部门的各项订单，根据订单完成指定商品的出库作业，例如货物分拣、包装、贴运单、交付快递公司等工作。

4.3.2 相关知识

4.3.2.1 商品出库的基本要求

物品出库要求做到"三不、三核、五检查"。

"三不":即未接单据不翻账、未经审单不备货、未经复核不出库。

"三核":即核实凭证、核对账卡、核对实物。

"五检查":即对单据和实物要进行品名检查、规格检查、包装检查、件数检查、重量检查。

具体地说,商品出库要求严格执行各项规章制度,提高服务质量,使用户满意。物品出库时要核对品种规格要求,积极与货主联系,为用户提货创造各种方便条件,杜绝差错事故。

4.3.2.2 物品出库的依据

商品出库必须依据货主开出的"商品出库单""商品调拨通知单"等进行(见表 4-11~表 4-13)。不论在任何情况下,仓库都不得擅自动用、变相动用或者外借货主的库存商品。

"商品调拨通知单"的格式不尽相同,不论采用何种形式,都必须是符合财务制度要求的有法律效力的凭证,要坚决杜绝凭信誉或无正式手续的发货。

表 4-11　　　　　　　　　　　　　　"商品出库单"样本

发货仓库地址:_____　　　　　　　　　　　　　　订单日期:___年___月___日
发货仓库电话:_____　　　　　　　　　　　　　　有效期至:___年___月___日

货主名称		货主代码		结算用户名		结算银行			账号	
购货单位		收货单位			地址		电话		邮编	
	整车☐		零担☐		水运☐		空运☐	自提☐	入库账号	
货主名称	专用线		到站		到港		到港	送货☐	入库通知单	
	规格型号	材质	单位	计量方式	应发数	实发数		单价	金额	发货记录
					件数	件数	重量			
									件数	附质证书	份
									件数	附质证书	份
									重量	随附码单	份
									车号	证件号码	
									票号	提毕时间	
备注										

货主签章:　　　　制单人:　　　　财务:　　　　保管员:　　　　复核:

表 4 – 12　　　　　　　　　　　　　　**"商品出库单"样本**

提供人名称：　　　　　存储凭证号码：　　　　　出货仓库：　　　　　出库日期：

品名	规格	单位	计划数	实发数	单价	包装押金	金额小计
总计金额（人民币大写）							

主管审批：　　　　　审核：　　　　　仓库管理员：　　　　　提货人：

表 4 – 13　　　　　　　　　　　　　　**"商品调拨通知单"样本**

调出门店：　　　　　　　　　调入门店：　　　　　　　　　调拨时间：

货号	商品名称	规格	单位	数量	总金额	调拨时间	送货地址	备注
合计								

（1）调拨单以书面形式填写；
（2）调拨时间请按照实际发生填写；
（3）本单一式三份，即调出门店、调入门店、财务部各一份；
（4）每笔发生后及时将调拨单传递到财务，否则月度门店盘点表短少由门店负责人承担；
（5）原则上门店不允许调拨，特殊由大店长、运营负责人签字后方可调拨。

调出人：		接收人：		大店长：	
运营负责人：				财务部	

4.3.2.3　出库业务流程

不同仓库在商品出库的操作程序上会有所不同，操作人员的分工也有粗有细，但就整个发货作业的过程而言，一般都是跟随着商品在库内的流向，或出库单的流转而构成各工种的衔接。

出库业务流程为：

1. 出库准备

为保证货物能及时迅速发给客户，仓库应积极与业务主管部门联系，以便做好货物出库的准备，例如，编制物资出库计划、发运计划、准备计划及准备适用的工具等。

2. 审核出库凭证

（1）仓库业务部门对货物出库凭证进行仔细审核。

（2）仓库对上述内容审核无误后，按照出库单证上所列的物资品名规格、数量与仓库料账再做全面核对。

（3）无误后在料账上填写预拨数后，将出库凭证移交给仓库保管人员。

（4）保管员复核料卡无误后，可做物资出库的准备工作，包括准备随货出库的物资技术证件、合格证、使用说明书、质量检验证书等。

应当注意的是，凡在证件核对中，有物资名称、规格型号不正确、印签不齐全、数量有涂改、手续不符合要求的，均不能发货出库。

3. 备货

保管员对货物出库凭证复核无误后，按其所列项目内容和凭证上的批注，与编号的货位对货，核实后进行备货，注意规格、批次和数量，按先进先出的原则进行备货。

备货时应注意以下事项：

（1）要按出库凭证所列的项目和数量进行，不得随意更改。

（2）备货计量一般根据货物入库验收单上的数量，不用再重新过磅，对被拆散、零星货物的备货应重新过磅。

（3）备好的货物应放于相应的区域，等待出库。

（4）出库货物应附有质量说明书、磅码单、装箱单等附件。

4. 复核

货物备好后，为了避免和防止备货过程中可能出现的差错，工作人员应按照出库凭证上所列的内容进行逐项复核。这一环节是防止出库差错的关键。

参加人员：货物出库的复核查对形式可以由保管人员自行复核，也可以由保管人员相互复核，还可以设专职出库物资复核员进行复核或由其他人员复核等。

内容包括：货物品种、规格、型号、批次、数量、单价等项目是否同出库凭证所列内容一致；机械设备的配件是否齐全，所附证件是否齐全；外观质量、包装是否完好等。

5. 包装

包装是在流通过程中为了保护货物、方便储运、促进销售而按一定技术方法采用的容器、材料及辅助物等的总称。也指为了达到上述目的而采用容器、材料和辅助物的过程施加一定技术方法等的操作活动。

6. 刷唛

刷唛专指在货物的外包装上注明收货人和货物内容的信息标志，以便发货人、承运人、监管人和收货人都能够很快地辨明货物的归属、去向和包装内部货物的情况，避免混乱出错。

7. 全面复核查对

备货后必须经过复核，以防差错。复核的内容可归纳为"一核""二检"。"一核"是核对出库凭证上所列货物名称、规格、数量是否与实物相符。"二检"是检查外观质量是否完好合格，检查技术证件是否齐全。

8. 交接清点

货物经复核后，如果是用户自提方式，则将货物和单据当面点交给提货人，办理交接手续；货物经复核后，如是送料或办理托运的，则与送料人员或运输部门办理交接手续，当面将货物交点清楚。交清后提货人员应在出库凭证上签章。

无论是哪种出库方式，都要按单逐件交接清楚，划清责任。在得到接货人员的认可后，在出库凭证上加盖"货物付讫"印戳，同时给接货人员填发出门证，门卫按出门证核检无误后方可放行。

9. 登账

出库货物交接清点以后，保管员应在出库单上填写实发数、发货日期等内容，并签名，然后将出库单连同有关证件资料，及时交货主，以便使货主办理货款结算。

10. 现场和档案的清理

（1）清理现场。一批物资出库后，该并垛的要并垛，垛底要整理；该清点的要清点，收检苫垫材料，以便新料入库时使用。

（2）清理账目。账册要日清月结，随发随销。货物出库后，根据出库凭证在货物保管账上注销，算出结余，并查对与料卡上的余额是否相符，若发现问题，要及时查明原因，研究处理。

4.3.2.4　拣货

货物分拣是依据顾客的订货要求或配送中心的送货计划，尽可能迅速、准确地将货物从其储位或区域拣取出来，并按一定方式进行分类、集中，等待配装送货的作业过程。

分拣作业的动力产生于客户的订单，拣选作业的目的就在于正确且迅速地集合客户所订的货品。要达到这一目的，必须根据订单分析采用适当的拣选设备，按拣选作业过程的实际情况，运用一定的方法策略组合，采取切实可行且高效的拣选方式提高拣选效率，将各项作业时间缩短，提升作业速度与能力。同时，防止错误，避免送错货，尽量减少内部库存的料账不符现象及作业成本增加。

根据订单数量，可以分为单一拣货、批量拣货和波次拣货。

1. 单一拣货（即按订单拣货）

单一拣货是分拣人员或分拣工具针对每一张订单，巡回于各个储存点并将客户所订购的商品逐一由仓储中挑出集中的方式。这种方式货位相对固定，而分拣人员或分拣工具相对运动，是较传统的拣货方式。

特点：储物货位相对固定，而拣选人员或工具相对运动，所以又称作人到货前式工艺，也叫"摘果式分拣方法"。

优点：作业方法单纯。订单处理前置时间短。导入容易且弹性大。作业员责任明确，派工容易、公平。拣货后不必再进行分类作业，适用于大量、少品项订单的处理。

缺点：商品品项多时，拣货行走路径加长，拣取效率降低。拣取区域大时，搬运系统设计困难。少量多次拣取时，造成拣货路径重复费时，效率降低。

应用：单一拣货适合于订单大小差异较大，订单数量变化频繁，季节性强的货物拣选。

2. 批量拣货

批量拣货是分货人员或工具从储存点集中取出各个用户共同需要的货物，然后巡回于各用户的货位之间，将货物按用户需求量放在各用户的货位上，再取出下一种共同需求商品，如此反复进行直至按用户需求将全部货物取出并分放完毕。

特点：用户货位固定，分货人员和工具相对运动；把多张订单集合成一批次，依商品品项将数量加总后再进行拣取，之后依客户订单做分类处理，又被形象地称为"播种式分拣方法"。

优点：适合订单数量庞大的系统。可缩短拣取时行走搬运的距离，增加单位时间的拣取量。越要求少量多次数的配送，批量拣取就越有效。

缺点：对订单的到来无法做及时的反应，必须等订单达一定数量时才做一次处理，因此会有停滞的时间产生。

3. 波次拣货（复合拣货）

将单一拣货和批量拣货组合起来进行拣货，即根据订单的品种、数量及出货频率，确定哪些订单适合采用单一拣货，哪些订单适合采用批量拣货，然后分别采取不同的拣货方法，这就是波次拣货，也称复合拣货方法。

总之，在确定拣货方法时，应根据订单数量、拣选货物种类、数量多少等综合考虑来进行选择。

4.3.2.5 货物包装

仓储环节中的货物包装主要是指物流包装，为了适应不同的进出货需要和保护货物的安全，仓储部门往往需要对货物包装进行整理、加固、换装等工作。

凡是由仓库分装、改装或拼装的货物，装箱人员要填制装箱单，标明箱内所装货物的名称、型号、规格、数量以及装箱日期等，并由装箱人员签字或盖章后放入箱内供收货单位核对。

为保证货物在装卸搬运和运输过程中不受损坏，在货物包装上要符合以下几点要求：

（1）根据货物的外形特点，选择适宜的包装材料并节约使用，包装尺寸要便于货物的装卸搬运和运输。

（2）从经济上考虑，要降低包装成本，减少包装材料的消耗。尽量使用原包装物和旧包装物。

（3）货物包装要符合运输的要求，一般包括以下几个方面：

①包装应牢固，防潮、安全。

②包装外要有明显的标志。

③不同运价的货物应尽量不包装在一起，以免增加运输成本。

④严禁性能相抵触、互相影响的货物混合包装。

⑤包装完毕后，要在外包装上标明收货单位、到站、发货号、本批货物的总包装件数、发货单位等，字迹要清晰，书写要准确。

4.3.2.6 出库的形式

1. 提货方式

提货方式是由收货人或其代理持"商品调拨通知单"等出库凭证，自备运输工具直接到库提取，仓库凭单发货，这种发货形式就是仓库通常所说的提货制。它是物品发放的重要方式。其特点是提单到库、随到随发、自提自运。

为划清交接责任，仓库发货人与提货人在仓库现场，对出库商品当面交接清楚并办理签收手续。

2. 送货方式

送货是由仓储企业根据用户订单需求，组织运力将用户所需的货物送到客户所需地点的一种出库方式。

仓库实行送货，要划清交接责任。仓储部门与运输部门的交接手续，是在仓库现场办理完毕的；运输部门与收货单位的交接手续，是根据货主单位与收货单位签订的协议，一般在收货单位指定的到货地办理。其特点是预先付货、接车排货、发货等车。

仓库实行送货具有多方面的好处：仓库可预先安排作业，缩短发货时间；收货单位可避免因人力、车辆等不便而发生的取货困难；在运输上，可合理使用运输工具，减少运费。

3. 托运方式

托运是由仓库将货物通过运输单位托运，发到货物需用单位的一种出库方式。

仓库管理部门备完货后，到运输单位办理货运手续，通过承运部门（铁路、水运、汽运、航空、邮局等）将物品运送到物品需用部门（购货单位）所在地，然后由其去提取。

4. 过户方式

过户是在不转移仓储货物的情况下，通过转账变更货物所有者的一种发货方式。过户是一种就地划拨的出库形式，物品虽未出库，但是所有权已从原存货户头转移到新存货户头。

仓库可以根据原存货人开具的正式过户凭证办理过户手续。过户凭证可以代替新存货人的入库凭证，仓库据此向其开出储存凭证，并另建新的货物明细保管账。对原存货人来说，过户凭证相当于其出库凭证，仓库据此进行货物出库账务处理。

5. 取样方式

取样是货主单位出于对物品质量检验、样品陈列等需要，到仓库提取货样而形成部分物品的出库。

在办理取样业务时，要根据货主填制的正式样品提货单转开货物出库单，在核实货物的名称、规格、牌号、等级和数量等项后备货，经复核，将货物交提货人，并做好账务登记和仓单记载。

6. 移（转）仓方式

转仓是货主单位为了业务方便或改变储存条件，需要将某批库存商品自甲库转移到乙库，这就是转仓的发货形式。货物移库是货物存放地点的变动。

4.3.3 任务实施

（1）出库准备。根据收到的提货通知单，仓储公司核对订单信息，做好出库准备工作：首先，根据提货通知单查询库存情况，核实后生成出库通知单；然后，理货员根据出库通知单查看储位和库存数量，安排叉车和装卸人员；最后，理货员查看商品外包装是否适宜运输，若发现包装有问题，应及时整改（整理、加固或是更换包装），并准备好需要更换的包装箱或加固材料、打包机、标签以及相应的崭新搬运设备等。

（2）审核提货单。

①提货人员上门提货的情况下，理货员审核提货人所提交的提货单等凭证，确认凭证上的提货单位名称、发货方式、物品名称、规格、数量、单价、总价、用途编号、有关部门和人员签章、付款方式、银行账号等信息。

②物流公司负责送货上门的情况下，仓储经理审核出库通知单。

（3）下达发货出库通知。物流公司负责送货上门的情况下，仓储经理核准单据后，第一时间向理货员、运输调度等相关人员下达发货出库通知单。

（4）提货人持提货单到财务部门缴纳装卸费等相关费用。

（5）生成出库作业单。财务部门收取费用，然后根据财务部门传来的表明货物已经办理完付费手续的凭证，仓库生成仓库出库单。

（6）备货。理货员按照出库单明确储位，严格核对出库单所列商品明细和凭证上的批注，与储位对货。理货员核实后，组织叉车完成相应货物的拣取，并将货物集中到发货区。

（7）复核。货物备好后，理货员再次复核相关单据，确保所出库的商品名称、规格、数量与出库凭证上所列的内容一致。

（8）清点交接。理货员复核后，与提货人员现场清点交接，并在仓库出库单中"实发数量"栏填写相应数量，并签字盖章。提货人员在提货单和仓库出库单上签字确认。

（9）处理出库过程异常情况。出库过程中如发现诸如出库凭证上存在疑点、出库凭证超过提货期限或者单证开具有误、提货数与结存数不符等异常情况，理货人员必须及时填写货物异常情况处理报告，提交上级审批。

（10）查验出门证，无误后放行。理货人员向提货人员或运输人员交付随货单证和资料，并按照一车一证的方式给提货车辆开具出门证，门卫检查无误后放行。

（11）登账。理货人员及时填写货卡及货物明细账，完成收尾工作。

思 考 题

1. 为了提高物流运作效率，在不影响物资属性情况下，如何改进作业流程？
2. 货物验收对后续作业的重要性在操作中如何体现？
3. 如何通过盘点作业完成对仓储物资的货物分析与储存评估？
4. 如何通过拣货提高出库效率？

第 5 章

供应链生产仿真建模实验

📖 **本章学习目标**

- 了解并熟悉生产和制造过程中的 Flexsim 建模仿真方法。
- 掌握货物生产作业步骤及影响软件运行的主要因素。
- 掌握生产工作的操作顺序及内部、外部生产环境，提高货物生产的实际操作技能。

5.1 供应链仿真的实现

（独立完成 Flexsim 的建模基础实验，并提交书面实验报告。建议学时：2 学时。）

5.1.1 任务描述

通过 Flexsim 仿真软件来构建供应链生产管理过程中企业在生产工艺过程中的物流活动——采购、仓储、运输、配送等主要供应链模块，熟练操作模块构建流程。

5.1.2 相关知识

5.1.2.1 基本概念

生产物流是指企业在生产工艺中的物流活动，是与整个生产工艺过程伴生的，实际上已构成了生产工艺过程的一部分。生产物流的概念从不同的角度可以有不同的定义。

（1）从生产工艺角度分析。生产物流是指企业在生产工艺过程中的物流活动，即物料不断离开上一工序进入下一工序，不断发生搬上搬下、向前运动、暂时停滞等活动。

（2）从物流范围分析。企业生产系统中，物料的边界起源于原材料、外购件的投入，止于成品仓库。它贯穿生产全过程，横跨整个企业，其流经的范围是全厂性的、全过程的。物料投入生产后即形成物流，并随时间进程不断改变自己的形态和场所位置。

（3）从物流属性分析。生产物流是生产所需物料在空间和时间上的运动过程，是生产系统的动态表现，换言之，物料（原材料、辅助材料、零配件、在制品、成品）经历生产系统各个生产阶段或工序的全部运动过程就是生产物流。

5.1.2.2 生产物流系统仿真特点

（1）连续性：空间上的连续性、时间上的流畅性。

（2）比例性：生产过程的各个工艺阶段之间、各工序之间在生产能力上要保持一定的比例以适应产品制造的要求。

（3）节奏性：相同的时间间隔内生产大致相同数量的产品。

（4）柔性：生产过程的组织形式要灵活，能及时适应市场的变化，满足市场发生的新的需求。

5.1.2.3 Flexsim 在生产物流中的应用

生产线规划设计与布局主要是确定生产线的规模、构成和布局，Flexsim 仿真软件是一个以对象为导向的仿真软件程序，建立可以帮助用户想象规划、流程、设计的模型，依不同决策变量之组合，分析使用率、产能、产出、前置时间、成本等策略，达到产能最大化、排程优化、半成品及库存最小化、成本最小化目标。它提供使用者一个简洁的编排方式进行编程，通过拖曳的方式轻松地构建出图形化模式、功能齐全的组件库，并分为树状结构；透过 2D 图形化模式自动产生 3D 实体化及 VR 虚拟现实的模式，软件中的控制面板能轻易控制仿真过程，可以透过组件编辑器能轻易地建立新的组件或修改现有的组件，同时还拥有允许用户加入额外的功能及更改接口位置的功能。本章对 Flexsim 软件进行仿真模型的基础学习，要求能够很好地应用到生产物流仿真中。基本的入门学习将带领使用者完成一个流程的设定步骤，建立一个模型，输入数据，观看动画和分析输出。本章学习后，学生将了解设施规划，可以在鼠标的点放之间完成一个厂房模型的建构，同时构建生产物流系统仿真模型。

从 1993 年起，Flexsim 软件产品就进入了仿真软件市场并且建立了自己的咨询业务。经过 20 多年在仿真行业的经验积累以及高新软件技术的应用，Flexsim 已经成为一个全新的面向对象的仿真建模工具。它是迄今为止世界上唯一一个在图形建模环境中集成了 C ++ IDE 和编译器的仿真软件。在这个软件环境中，C ++ 不但能够直接用来定义模型，而且不会在编译中出现任何问题。这样，就不再需要传统的动态链接库和用户定义变量的复杂链接。Flexsim 有很广阔的应用范围，还能应用在更高层次的仿真工程上。越来越多的制造业企业采用仿真软件进行投产前的规划及方案对比、流程优化，生产、物流设备公司需要仿真做方案演示，为现实系统提供了准确可靠的数据输出。目前应用的行业领域有：半导体行业、采矿行业、超市、纺织行业、钢铁行业、港口行业、化工行业、汽车行业、机床行业、机器人行业、烟草行业、供应链管理行业等，因此应用非常广泛，图 5 - 1 显示了该软件的应用范围。

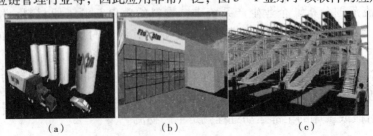

   （a）   （b）   （c）

图 5 - 1　Flexsim 在供应链中的应用

Flexsim 能应用于建模、仿真以及实现业务流程可视化。下面我们简单地介绍一下 Flex-sim 仿真软件。

5.1.2.4　Flexsim 软件的安装步骤

1. 单机版 Flexsim 软件的安装步骤

根据电脑操作系统打上相应的补丁安装 Visual C++.net；安装 Flexsim；安装 HASP Driver；插入软件加密狗；输入客户序列号；开始菜单/Flexsim 3/Flexsim License Activation。

2. 网络版 Flexsim 软件的安装步骤

通过服务器安装加密狗 hdd32.exe（加密狗驱动）（HASP device driver）、aksmon32.exe（服务器监控程序）、lmsetup.exe（服务器序列号管理器）。上面三个文件在网络版安装光盘的目录下可以找到。

通过客户机安装 Visual C++.net、Flexsim 软件、hdd32.exe（加密狗驱动），在 Flexsim 安装目录生成一个 network.txt 文件。

5.1.2.5　Flexsim 的基本概念

Flexsim 的基本概念包括实体库和实体库中的一些重要实体类型，并逐一介绍了各种类型实体的参数和实体的属性。基本概念主要包括初学者必须掌握的实体、临时实体、端口、标签、实体库、视图、3D 形状与动画、树与结点、样条线等。

其基本特点是基于面向对象技术建模、突出的 3D 图形显示功能、建模和调试方便、建模的扩展性强、开放性好。

5.1.2.6　Flexsim 仿真模型的基本组成

对象（objects）：Flexsim 采用对象对实际过程中的各元素建模。

连接（connections）：Flexsim 中通过对象之间的连接定义模型的流程。

方法（methods）：对象中的方法定义了模型中各对象所需要完成的作业。

对象与继承：Flexsim 采用面向对象的技术，大部分 Flexsim 对象都是 Fixed Resource 或 Task Executor 对象的子对象，子对象拥有其父对象所有的接口和相应的功能，用户相对比较容易掌握子对象的使用。

5.1.2.7　连接与端口

Flexsim 模型中的对象之间通过端口来连接，三种类型的端口分别为：

（1）输入端口（input ports）：Fixed Resource 之间的连接，属于 A 连接。

（2）输出端口（output ports）：Fixed Resource 之间的连接，属于 A 连接。

（3）中心端口（center ports）：连接 Task Executer 和 Fixed Resource，属于 S 连接。

5.1.3　任务实施

5.1.3.1　建模基础训练

Flexsim 应用深层开发对象，这些对象代表着一定的活动和排序过程。要想利用模板里的某个对象，只需要用鼠标把该对象从库里拖出来放在模型视窗即可。每一个对象都有一个坐标（x，y，z）、速度（x，y，z）、旋转以及一个动态行为（时间）。对象可以创建、删除，而且可以彼此嵌套移动，它们都有自己的功能或继承来自其他对象的功能。这些对象的参数可以把任何制造业、物料处理和业务流程的快速、轻易、高效建模的主要特征描述出来。

1. 仓库的模型概述

Flexsim 中的对象参数可以表示几乎所有存在的实物对象。机器、操作员、传送带、叉车、仓库、交通灯、储罐、箱子、货盘、集装箱等都可以用 Flexsim 中的模型表示，同时数据信息也可以轻松地用 Flexsim 丰富的模型库表示出来，如图 5-2 所示。

图 5-2 仓库模型的应用

2. 层次结构

Flexsim 可以让建模者的模型构造更具有层次结构。在组建客户对象的时候，每一组件都使用了继承的方法，在建模中使用继承结构可以节省开发时间。Flexsim 可以使用户充分利用 Microsoft Visual C++ 的层次体系特性，如图 5-3 所示。

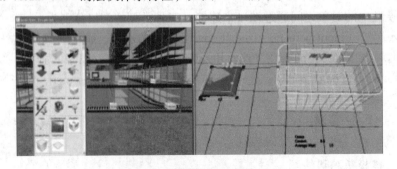

图 5-3 建模的层次性构造

3. 用户化

目前在市场上，还没有其他任何仿真软件能像 Flexsim 这样有更多的用户化设定。对使用者来说，软件的每一个方面都是开放式的。对象、视窗、图形用户界面、菜单、选择列表和对象参数等都是非常直观的。你可以在对象中根据自己的想法改变已经存在的代码，删除不需要的代码，甚至还可以创建全新的对象。值得一提的是，不论是你设定的还是新创建的对象都可以放入库中，而且可以应用在别的模型中。最重要的是，在 Flexsim 中可以用 C++ 语言创建和修改对象，同时，利用 C++ 可以控制对象的行为活动。Flexsim 的界面、按钮条、菜单、图形用户界面等都是由预编译的 C++ 库来控制的。

4. 可移植性

由于 Flexsim 中的对象都是开放的（见图 5 - 4），这些对象可以在不同的用户、库和模型之间进行交换，同时结合对象的高度可自定义性，可以大大提高建模的速度。当用户自定义的对象加入库中时，就可以非常方便地在别的模型中使用该对象。由此可见，用户化和可移植性扩展了对象和模型的生命周期。

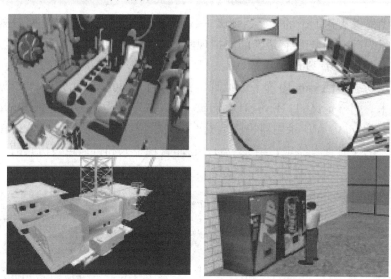

图 5 - 4　供应链模型的对象主体

5.1.3.2　仿真模拟

Flexsim 中有一个效率非常高的仿真引擎，该引擎可同时运行仿真和模型视窗（可视化），但可以通过关闭模型视窗来加速仿真的运行速度。同时当仿真运行时，利用该引擎和 Flexscript 语言可以改变模型的部分属性。

图 5 - 5 是仿真原材料的传输过程和结果分析。

Flexsim 还可以用试验的形式来仿真假定的情节，而且它可以自动运行并把结果存在报告、图表中。这样我们可以非常方便地利用丰富的预定义和自定义的行为指示器，如用处、生产量、研制周期、费用等来分析每一个情节；而且也很容易将结果导入别的应用程序，如 Microsoft Word 和 Excel 等，利用开放式数据库连接（ODBC）和动态数据交换连接（DDEC）可以直接输入仿真数据。

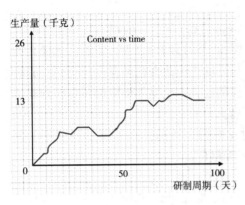

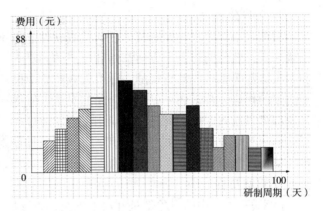

图 5-5 仿真原材料的运输过程和结果统计分析示意

5.1.3.3 可视化分析

如果一幅图能够表达上千的文字，那么 Flexsim 的虚拟现实动画以及模型浏览窗口就表达了无限的容量。Flexsim 把所有最新的虚拟现实博弈图形整合在个人计算机上。Flexsim 中有可以直接导入 3DS（3D Studio）、VRML、3D DXF、STL 等类型文件的选项，而其他仿真软件中没有这项功能。Flexsim 内置了虚拟现实浏览窗口，可以让用户添加光源、雾以及虚拟现实立体技术。用户定义的"Fly – Throughs"可以被定义为艺术模型状态显示出来。AVI 文件可以通过 Flexsim 的 AVI 录制器快速生成。任何模型都能被录制、拷贝到移动硬盘，以及发送到任何人的实时查看器中，运输车辆、仓储管理中人和机器运转仿真的可视化动态图如图 5-6 所示。

图 5-6 仿真可视化分析动态图

5.2 供应链厂房的仿真建模

（完成本内容，并提交书面实验报告。建议学时：2 学时。）

5.2.1　任务描述

组建简单的模型，掌握该模型的 2 个不同实体形态和路径分配原则。熟悉物流模型对象的基本内容——实体来源（source）、队列（queue）、处理器（processor）、输送带（conveyor）和实体出口（sink），后面还会增加操作员（operator）和运输车（transporter），会增加或者减少储物架（rack）和网络路径设置。

学会使用 Flexsim 的 3D 模型展示特写，同时结合视觉工具（visual tool）展示滑动部分，选择用展示建构（presentation builder）去创造一个 3D 环境。

Flexsim 主界面如图 5-7 所示。图 5-8～图 5-10 分别是 Flexsim 软件的工具栏、模型检视窗口以及实体对象库。

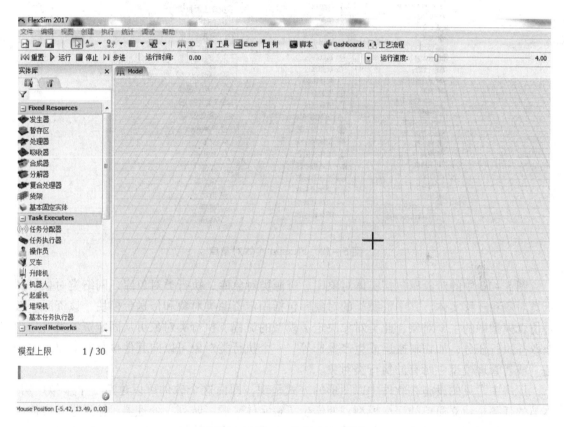

图 5-7　Flexsim 软件 2017 界面

图 5-8　Flexsim 软件的工具栏

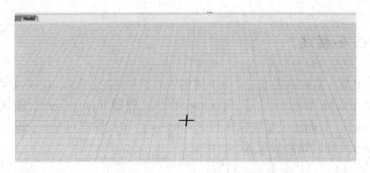

图 5 - 9　Flexsim 软件的正交的模型检视窗口

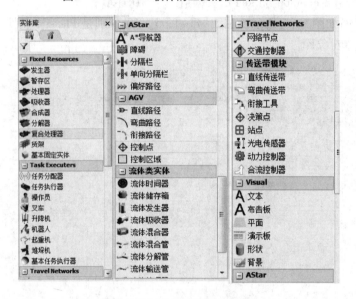

图 5 - 10　Flexsim 实体对象库

图 5 - 10 中的对象库包括实体对象库、资源类对象库、执行类对象库、网络类对象、图示类对象和迁移实体。其中资源类的对象库包括固定资源类对象和传送带模块，该资源一般是仿真模型中的主干对象，此类对象决定了模型的流程。执行类对象可从固定资源类对象中获取并执行任务，如物料搬运或生产操作等。一个执行类对象可以向其他执行类对象指派任务，或者管理模型中所有的执行类对象。

厂房中常见的设施在软件中以图形的方式呈现，即由这个软件可以建造一个虚拟厂房。本节的任务是建立简单的厂房模型，使学生了解实体来源、队列、处理器、输送带和实体出口对象是如何安置到虚拟厂房之中的。根据对图 5 - 10 实体属性的了解，实体操作过程中可以选中所需要的不同实体，鼠标拖动到视窗中，这是基本操作流程，如图 5 - 11 所示。

执行类对象不参与模型中的流程指派。网络类对象一般用来设定 Task Executor 对象的行动路线，如网络节点和交通控制器。图示类对象可用在仿真模型中显示各种信息、标识、图片或图表等，如图 5 - 12 所示。迁移实体（flowitem）指模型中存在迁移的对象。迁移实体可用来表示生产或服务中的原料、产品或产品集，如零件、部件、托盘、容器等；也可以是任务执行者。迁移实体可点击工具栏按钮"Flowitem"进行定义，可对每个迁移实体定义对象类别（itemtype），具体窗口如图 5 - 13 所示。

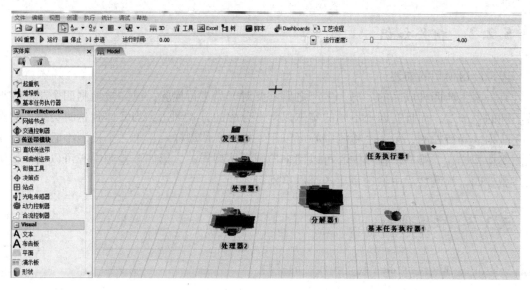

图 5–11　Flexsim 拖动实体对象

图 5–12　Flexsim 图示类对象

图 5–13　迁移实体之间的参数设置窗口

5.2.2 相关知识

虚拟厂房模型的描述。

有一家生产四种成品的厂房，生产之后需要对产品进行检验，已知被检测四个制品在四条不同的生产线，而且有四个不同的实体以常态分配的方式到达，当实体到达时会被放置在一个队列并等待检测，第一个检测中心可以用来检测实体型样一，第二个检测中心可以用来检测实体型样二，第三个检测中心可以用来检测实体型样三，第四个检测中心可以用来检测实体型样四，检测之后由输送带运送至厂房出口。

5.2.3 任务实施

5.2.3.1 四条检验品管线虚拟模型的建构

确定 Flexsim 仿真软件已经安装正确之后，可双击 Flexsim 图标进入该软件，一旦进入应用窗口，用户将会看到 Flexsim 选单、工具栏、对象库和正交的模型检视窗口。对以上内容了解以后，我们需要进行模型的构建。

步骤1：编辑（compile）。首先，选择工具栏上的"编辑"选项。建立编辑过程中，应用窗口将会显示"Compiling Project，Please Wait…"，如果编译的过程是成功的，应用窗口将会从"Flexsim"改变至"Flexsim（compiled）"。一旦 Flexsim 应用窗口已经编译完成，用户就可以开始模型建立过程。点击"文件"菜单中的新建，或者图 5 – 14 中的"New Model"，出现图 5 – 15，点击"确定"按钮，出现新的模型视窗口，如图 5 – 7 所示。

图 5 – 14　Flexsim 软件程序应用界面

步骤2：从对象库拖曳一个实体来源进入模型检视窗口，如图 5 – 16 所示。

步骤3：从对象库拖曳其他对象进入模型检视窗口，如图 5 – 17 所示。

图 5 - 15 Flexsim 打开新视窗

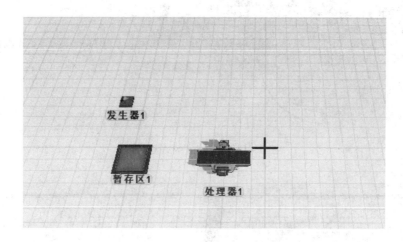

图 5 - 16 Flexsim 实体拖动

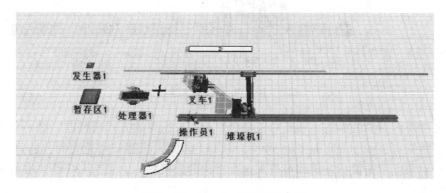

图 5 - 17 Flexsim 所有实体拖动

步骤4：对象之间的链接。Flexsim 模型中的对象之间是通过端口来连接的，如前所述有三种类型的端口：输入端口、输出端口、中心端口。

这一个步骤是链接实体的输出口和输入口。如果要连接对象需要持续按着键盘上的"A"键，并将鼠标箭头移至发生器位置，同时按鼠标左键从发生器拖曳至实体库后，放开鼠标左键，再放开"A"键。使用者在拖曳的过程中会看到一条黄色的线，连接完成后会看见一条黑色的线。（如果要取消对象之间的链接线，只要将"A"键改成"Q"键即可），具体操作完成以后的界面如图 5-18 所示。这里需要强调 A 连接代表相同属性的实体之间的连接，包含除中心端口以外的所有其他连接。不同属性的实体之间是 S 连接，属于中心连接，即实体之间中心端点之间的连接，具体操作是：按下"S"键的同时用鼠标从一个对象拖拉到另一个对象上以连接二者。S 连接仅用于中心端口之间的连接（即连接任务执行按钮），如图 5-19 所示。若要取消 S 连接，则用 W 取消（按下"W"键的同时用鼠标从一个对象拖拉到另一个对象上以连接二者）。具体操作后的界面如图 5-19 所示。

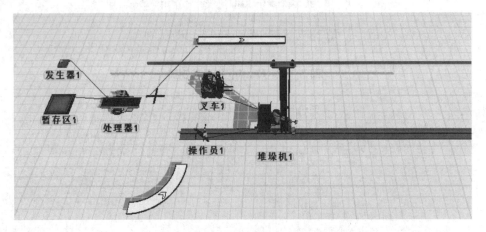

图 5-18 Flexsim 的 A 连接

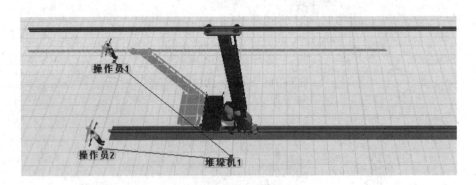

图 5-19 Flexsim 的 S 连接

然后改变不同对象的参数，如此对象将会照着用户想要的方式来行进。每一个对象都有它自己的人机接口（graphical user interface，GUI），即由人机接口可把资料及程序加进模型中。在一个对象上双击鼠标左键即可进入这个对象的人机接口。图 5-20 是"堆垛机 1"的参数设置界面。

图 5 - 20 堆垛机的参数设置

步骤 5：设定到达时间。在来源对象上双击鼠标左键即可进入来源对象的人机接口。在这个模型中我们需要改变实体的间隔到达时间（inter-arrival time）和产生四个实体形态。在到达时间间隔字段的下拉式选单点选常态分布（normal distribution），具体操作结果如图 5 - 21 所示。如果使用者想要改变分布的参数可以选择双击实体对象弹出对话框，从对话框中改变到达时间参数、实体颜色等数值来调整分布，也可以通过改变到达时间的分布函数的变量来调整参数，之后运行模型可以从模型运行结果看出调整是否合适。

步骤 6：指定实体形态和颜色选择实体触发器按钮（source trigger tab）点选实体产生事件（on creation）触发器的下拉式选单，双击实体按钮，对话框中选择常规按钮，实体颜色的替换参照图 5 - 22。

步骤 7：设定队列容量。为了更改柱列的容量与指定每一种实体形态所对应到的处理器，在实体对象上双击鼠标左键即可进入实体对象的人机接口，改变最大容量至 25，选择确定按钮，具体操作如图 5 - 23 所示。

步骤 8：指定队列的实体流动选项。在队列的窗口下，点选实体流动选项（flow），选择临时实体流中输出窗口发送给第一个端口（如图 5 - 24 所示），使用的运输工具选择当前工具，这个选项作用就是使实体形态对应到所指定的处理器，也就是说实体形态一对应到处理中心一，实体形态二对应到处理中心二，实体形态三对应到处理中心三，实体形态四对应到处理中心四。选择确定按钮回到实体参数设定的页面，再回到模型检视窗口。同时对每个选项卡比如标签、常规、触发器等每个参数进行设置。

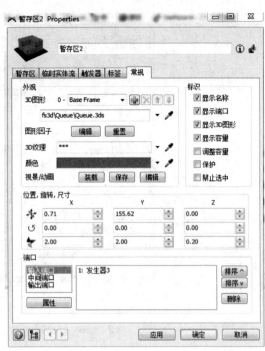

图 5 - 21　实体到达时间设置

图 5 - 22　实体对象颜色设置

图 5 - 23　储存区容量设置参数

图 5 - 24　实体对象参数的设置

步骤 9：指定处理中心的操作时间。在处理器双击鼠标左键即可进入处理器的编辑视图窗口，在处理时间（process time）栏位选择下拉式选单的指数分布（exponential distribution）。指数分配就是平均值以下发生的概率约占 63% 的一种现象。

将预订时间从 10 秒改成 15 秒，也就是说第 0 个工作站位置设定成实体将以指数分布 15 分钟到达选择确定按钮回到处理器的参数设定的页面，再选择确定按钮回到模型检视窗口。重复这个过程再重新设定其他的处理器。换言之，检验的工作站 15 秒以内可以把产品检验完成的概率约有六成三输送带的默认值已经是每秒 1 米，最多可以同时放 1000 个实体，实体与实体间的距离是 1 米，所以不需要重新设定输送带的速度。

步骤 10：编译。从工具栏选择"运行"按钮，一旦编译完成用户将可以开始这个模型的运作，如图 5－25 所示，运行速度可以控制整个模型的运行速度。

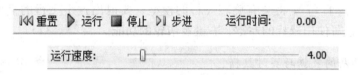

图 5－25　编译运行仿真

步骤 11：模型重置。当编译完成后，在主要窗口的左下角按下"重置"按钮。

步骤 12：模型开始运转。在这个仿真测试运转窗口按下 ▷ 运行 按钮，模型应该开始运转，使用者应该可以看到实体进入柱列，然后移动至处理中心接受检验，再移动至输送带最后到实体出口离开系统。

步骤 13：分析仿真结果。仿真时在对象属性对话框统计选项卡中可实时察看相应对象的统计数据和图表。具体操作可以点击统计下的统计报告或数据报告生成标准统计报告和状态统计报告，如图 5－26 所示。

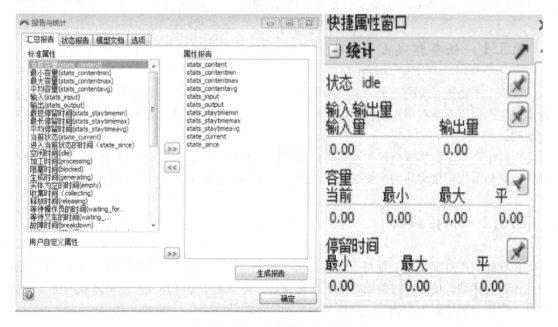

图 5－26　仿真统计结果输出

步骤 14：模型探索。模型一般是顶视的直角坐标图检视，但观看模型运转时最好使用透视图检视，使用者可以选择直角坐标检视的右上角，在视图视角处关掉直角坐标图检视，并在工具栏上点击透视图检视按钮。

鼠标探索要诀：

（1）鼠标左键：在 X – Y 平面上移动模型，如果用户点选一个对象，鼠标左键将会在 X – Y 平面上移动这个对象。

（2）鼠标右键：在 X，Y，Z 上转动模型，如果用户点选一个对象，鼠标右键将会转动这个对象。

（3）鼠标左、右键一起（或鼠标的滚轮）：用鼠标的滚轮向前或向后，模型会突然拉近或推远。如果点选一个对象，这个对象将会改变 Z 的绝对高度。

（4）F7 键：按下 F7 键将会有旋转飞行的模型，要退出这个飞行的模型也是按 F7 键。在按下此键同时也可使用鼠标的左键、右键及滚轮的功能。

5.2.3.2　厂房的数据与实时数据

为了检视每一个对象简单的统计值，在直角坐标模型检视窗口下选择设定选项，不要选择隐藏名称，在直角坐标检视将会显示设备的相关数据，而在透视图检视预设名称将会被隐藏。若在透视图中也要显示设备相关数据，只要在透视图检视模式下选择设定选项，不要选择隐藏名称，即可在直角坐标检视显示默认名称。

5.3　供应链生产系统的仿真建模

（完成本任务，并提交书面实验报告。建议学时：4 学时。）

5.3.1　任务描述

认识生产物流系统的两个主要领域：一个是流通领域，另外一个是生产物流，并能熟悉地掌握生产物流系统在不同领域中的运行基础，为即将开始的供应链生产仿真系统的构建奠定基础。

通过仿真应用，掌握搭建生产系统仿真遵循的原则和方法，确定生产物流系统仿真基本操作步骤和系统模型构建的主要思路，并列举一个案例分析生产物流仿真系统。

5.3.2　相关知识

企业的生产过程实质上是每一个生产加工过程"串"起来时出现的物流活动。合理组织生产物流活动，使生产过程始终处于最佳状态，是保证企业获得良好经济效益的重要前提之一。要想合理组织生产物流，就要了解生产物流的特性。

5.3.2.1 连续性

它是指物料总是处于不停地流动中，包括空间上的连续性和时间上的流畅性。空间上的连续性要求生产过程各个环节在空间布置上合理紧凑，使物料的流程尽量短，没有迂回现象。时间上的流畅性要求物料在生产过程的各个环节的运动，自始至终处于连续流畅状态，没有或很少有不必要的停顿与等待现象。

5.3.2.2 比例性

它是指生产过程的各个工艺阶段之间、各工序之间在生产能力上要保持一定的比例以适应产品制造的要求。比例关系表现在各生产环节的工人数、设备数、生产速率、开动班次等因素之间的相互协调和适应，所以，比例是相对的、动态的。

5.3.2.3 节奏性

它是指在生产过程的各个阶段，从来料加工到产品入库，都能保持有节奏的均衡进行。它要求在相同的时间间隔内生产大致相同数量或递增数量的产品，避免前松后紧的现象。

5.3.2.4 柔性

它是指生产过程的组织形式要灵活，能及时适应市场的变化，满足市场发生的新的需求。通常称柔性为适应性，即生产物流系统对生产工艺流程变动的反应程度。

加工生产线是典型的离散事件系统。离散事件系统的时间是连续变化的，而系统的状态仅在一些离散的时刻上由于随机事件的驱动而发生变化。由于状态是离散变化的，而引发状态变化的事件是随机发生的，离散事件系统的模型很难用数学方程来描述。因此，我们可以根据生产线和装配线各自的主流产品信息、车间空间信息、设备信息和布置设计的要求，进行生产线设备布局设计，然后利用对象类库建立生产系统仿真模型。

生产线规划设计与布局主要是确定生产线的规模、构成和布局，包括加工设备的类型和数量的选择与布局、物流系统的选择与设计、有关辅助设备的确定、系统布局设计等。这些任务之间是相互关联的，其中物流系统的设计是核心，因为其设备的类型和运输方法决定了系统布局的形式，并对控制系统体系结构和系统控制策略的设计产生重要的影响。

仿真模型是对问题的直观描述。在生产规划设计与布局的基础上，根据仿真实验框架，利用已建好的类库，采用"重用"技术和层次结构，从类库中直接选取并拖动对象放到屏幕的相应位置上，通过连接这些对象，即建立对象之间的输入/输出连接关系和它们内部的连接关系，就可以构建一个生产系统的仿真模型。

5.3.3 任务实施

5.3.3.1 生产物流系统仿真的步骤

1. 确定仿真的目标

针对所关心的问题不同，建立的系统模型、设定的输入变量、输出变量等都各不相同。

因此在进行系统仿真时，首先要确定仿真的目标，也就是仿真要解决的问题，这也是系统调研和建模的依据。

2. 系统分析及抽象简化

系统分析的目的是深入了解系统的结构、生产流程、各种建模所需参数等，以便建立准确的、完整的物流系统仿真模型。

由于现实的生产物流系统比较复杂，在仿真技术的应用中，许多环节是没有办法实现的。因此，应该根据系统仿真模型构建的难度来适当调整理想状态下的仿真运行情况。例如对生产系统的生产效率进行分析的时候，产品的残次品率可以忽略不计，人力资源都是可以不作为考虑的重要因素。同时，应该设定一定的仿真约束或前提条件，保证仿真模拟出的系统与现实系统在功能上保持最大化的一致，减少误差。例如对工作时间、机器故障率、物流路径等参数进行限制。

3. 系统模型的建立

（1）模型建立的思路。系统是由许多子系统所构成的，每个子系统之间相互联系、相互制约，共同实现系统功能。同时该系统也是另一个更大、更高级系统的子系统。因此，在对生产物流系统进行仿真建模时，遵循的思路应是：围绕仿真目的，先对子系统建模，然后再对整个系统建模，即由分到总。每个子系统之间都存在一定的逻辑关系，按照对应的关系将各个子模块衔接组合，形成整个生产物流系统的仿真模型。

（2）子系统的建立。将生产物流系统模型划分为 3 个子系统：物理模型子系统、逻辑控制模型子系统、信息处理及分析模型子系统。在每个子系统模块下又包含许多的子模块，如图 5 - 27 所示。

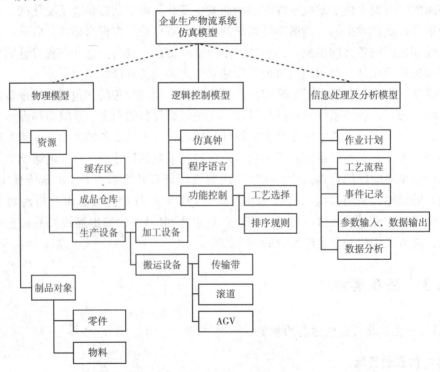

图 5 - 27　生产物流系统模型构建

5.3.3.2　案例分析

一台铣床有三个不同的轴承，它们在服务时会失效。每个轴承的寿命分布是一样的，如表 5-1 所示。当一个轴承失效时铣床停止工作，然后就会打电话要求维修，安装新的轴承。维修人员到达铣床的延迟时间也是一个随机变量，其分布如表 5-2 所示。铣床在停工期损失的费用是每分钟 10 元，维修工人在现场的费用是每小时 30 元。换一个轴承需要 20 分钟，换两个轴承需要 30 分钟，换三个轴承需要 40 分钟。一种建议是在任何一个轴承坏掉的情况下更换所有的轴承。管理层需要对这一建议做出评估，每 10000 小时（运转时间）的总费用可以作为评价的准则。

表 5-1　　　　　　　　　　　　　　　　　　　轴承寿命的分布

轴承寿命（小时）	概率	累计概率	随机数字分配
1000	0.10	0.10	01~10
1100	0.13	0.23	11~23
1200	0.25	0.48	24~48
1300	0.13	0.61	49~61
1400	0.09	0.70	62~70
1500	0.12	0.82	71~82
1600	0.02	0.84	83~84
1700	0.06	0.90	85~90
1800	0.05	0.95	91~95
1900	0.05	1.00	96~99 和 00

表 5-2　　　　　　　　　　　　　　　　　　　延迟时间的分布

延迟时间（分钟）	概率	累计概率	随机数字分配
5	0.6	0.6	1~6
10	0.3	0.9	7~9
15	0.1	1.0	0

表 5-3 为当前的运行情况下 15 次轴承更换的仿真过程，注意有多个轴承同时发生故障的情况。表 5-3 所示仿真过程和实际发生的情况稍有不同，是因为轴承寿命的估计比较粗略，即按 100 小时为档。本例主要假设失效时间不会完全相同，也就是说最多只有一个轴承是在停机的时候被更换的。

表 5 – 3   当前方案下的轴承更换

轴承次数	轴承 1				轴承 2				轴承 3			
	随机数字	寿命（小时）	随机数字	延迟（分钟）	随机数字	寿命（小时）	随机数字	延迟（分钟）	随机数字	寿命（小时）	随机数字	延迟（分钟）
1	67	1400	7	0	71	1500	8	10	18	1100	6	5
2	55	1300	3	5	21	1100	3	5	17	1100	2	5
3	98	1900	1	5	79	1500	3	5	65	1400	2	5
4	76	1500	6	5	88	1700	1	5	3	1000	9	10
5	53	1300	4	5	93	1800	0	15	54	1300	8	10
6	69	1400	8	10	77	1500	6	5	17	1100	3	5
7	80	1500	5	5	8	1000	9	10	19	1100	6	5
8	93	1800	7	10	21	1100	8	10	9	1000	7	10
9	35	1200	0	15	13	1100	3	5	61	1300	1	5
10	2	1000	5	5	3	1100	2	5	84	1600	0	15
11	99	1900	9	10	14	1000	1	5	11	1100	5	5
12	65	1400	4	5	5	1000	0	15	25	1200	2	5
13	53	1300	7	10	29	1200	2	5	86	1700	8	10
14	87	1700	1	5	7	1000	4	5	65	1400	3	5
15	90	1700	2	5	20	1100	3	5	44	1200	4	5
总计				110				110				110

当前系统的费用估计如下：

轴承的费用 = 45 个轴承 × 32 元/轴承 = 1440（元）

延误时间的费用 = (110 + 110 + 105) 分钟 × 10 元/分钟 = 3250（元）

停机修复时间内的损失 = 45 个轴承 × 20 分钟/轴承 × 10 元/分钟 = 9000（元）

修理人员的费用 = 45 个轴承 × 20 分钟/轴承 × 30 元/60 分钟 = 450（元）

总费用 = 1440 元 + 3250 元 + 9000 元 + 450 元 = 14140（元）

轴承的总寿命 = 22300 + 18700 + 18600 = 59600（小时）。所以，每 10000 小时的总费用是 14140/5.96 = 2372（元）。

表 5 – 4 是一个建议方案。这里需要注意的是，随机数字并没有显示出来。对第一组轴承，最早的故障时间是在第 1000 小时。在那个时候，所有的轴承都需要被更换，虽然其余轴承还有更长的寿命（比如，轴承 1 还会有 700 小时的寿命）。

表 5 − 4　　　　　　　　　　　　　建议方案下的轴承更换

轴承次数	轴承 1 寿命 （小时）	轴承 2 寿命 （小时）	轴承 3 寿命 （小时）	第一次故障 （小时）	延迟（分钟）
1	1700	1100	1000	1000	10
2	1000	1800	1200	1000	5
3	1500	1700	1300	1300	5
4	1300	1100	1800	1100	5
5	1200	1100	1300	1100	5
6	1000	1200	1200	1000	10
7	1500	1700	1200	1200	5
8	1300	1700	1000	1000	10
9	1800	1200	1100	1100	15
10	1300	1300	1100	1100	5
11	1400	1300	1900	1300	10
12	1500	1300	1400	1300	5
13	1500	1800	1200	1200	10
14	1000	1900	1400	1000	5
15	1300	1700	1700	1300	5
总计					100

建议系统的费用估计：

轴承的费用 = 45 个轴承 × 32 元/轴承 = 1440（元）

延误时间的费用 = 110 分钟 × 10 元/分钟 = 1100（元）

停机修复时间内的损失 = 15 组 × 40 分钟/组 × 10 元/分钟 = 6000（元）

修理人员的费用 = 15 组 × 49 分钟/组 × 30 元/60 分钟 = 367. 5（元）

总费用 = 1400 + 1100 + 6000 + 367. 5 = 8867. 5（元）

轴承的总寿命 = 17000 × 3 = 51000（小时）。所以，每 10000 小时的总费用是 8867. 5/5. 1 = 1738. 7（元）。

新的策略在每 10000 小时内节省了 633. 3 元。如果机器连续不停地运转，则每年大约节省 555. 7 元。

请分析以下问题：

（1）调整厂房生产供应链仿真中堆垛机的参数设置和到达时间参数，并分析不同参数情况下最优的生产供应链仿真体系的种类。

（2）假设暂存区有两种规格，一种载货量为 500 单位，一种为 1000 单位，其他条件不变的情况下根据你的系统方案设计和仿真，你认为选择哪种容量的小车更适合这个系统？时效性怎么样？

（3）在给定的系统逻辑中，虽然概率很小，但可能会出现这样的情况：一台铣床有三个不同的轴承，它们在服务时会失效。每个轴承的寿命分布是一样的，当一个轴承失效时铣床停止工作，然后就会打电话要求维修，安装新的轴承。维修人员到达铣床的延迟时间也是一个随机变量，其服从均匀分布。铣床在停工期损失的费用是每分钟 10 元，维修工人在现场的费用是每小时 30 元。随着铣床使用时间变长，维修费用也随之增加，这种情况下可以更换所有的轴承。管理层需要对这一建议做出评估，评估的标准是否发生变化？如何变化？

思 考 题

1. Flexsim 软件在生产物流仿真运作过程中还可以应用在哪些行业的生产系统中？采用 Flexsim 和专业的供应链仿真软件有什么区别和联系？

2. 运作生产模型中的案例是否可以多样化？请你举几个其他行业的货物生产仿真案例。

3. 生产运作模型仿真对整个供应链有哪些影响？举例说明。

第6章

配送中心系统仿真实验

📖 **本章学习目标**

- 了解并熟悉货物的生产和制造过程，并使用 Flexsim 软件进行建模仿真。
- 掌握货物配送作业步骤并了解影响软件运行的主要因素。
- 掌握配送工作的操作顺序及内部、外部生产环境，掌握提高货物配货的实际操作技能和供应链运营技能。

6.1 配送中心分拣系统仿真实验

（完成本节设计任务内容，并提交书面实验报告。建议学时：4 学时。）

6.1.1 任务描述

熟悉某企业配送中心具体建模仿真操作步骤和流程，认识配送中心的分拣、配货、运送等各个环节的操作，以分拣操作为中心任务点，为即将开始的模拟公司分拣作业奠定基础。

掌握并完成某地区的配货分拣作业分析与绘制工作，撰写操作流程说明并按照步骤进一步操作，也可举例说明完成案例补充。

6.1.1.1 问题描述

以 A 配送中心为例。

分拣作业是 A 配送中心内部流程的最后一个环节。在这部分中，库管员开票后，登记业务系统，记录业务账数，并检查可销库存数量，防止产生开出票后却不能配货的问题。配货前，库管员检查是否有未处理的状态调整单，若有，则先处理状态调整单，再检查拣货区商品数量是否能够满足此次配货。如果不足，则生成补货单，将拣货区商品数量增加到大于等于配货数量，并通知上游部门执行补货作业；配货员按照销售票上所开商品数量进行配货。分拣环节是将客户订单中不同数量、种类的货物从配送中心的货架取出并集中在一起的过程。分拣的目的在于正确且迅速地集合顾客所订购的商品。在拣选方式上，A 配送中心还是采用比较原始的不分区、按单拣选方式，即根据订单到来的顺序安排空闲的工作人员对订单进行分拣。具体的配送流程如图 6 - 1 所示。

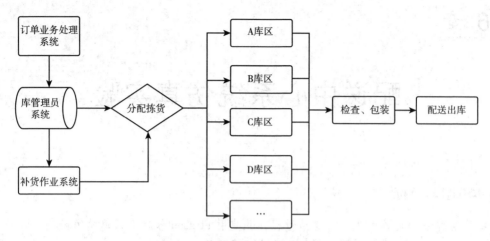

图 6-1 配送中心分拣作业流程

6.1.1.2 参数设定

为细化对企业的调查，我们就配送环节中最重要的环节——分拣环节做仿真研究。现对仓库某配送作业进行模拟。该仓库占地面积 $1000m^2$，分为 5 个区：补货入口、存货区（货架为该企业主要存货工具）、库管员办公区、分拣包装区、出货码头。配送对象以箱为单位，为避免冗长复杂，故在研究中简化补货、入库检查等内容。配送的 A、B、C 三种货品基本资料如表 6-1、表 6-2 所示，表 6-3 列出了分拣人员及订单的相关属性。

表 6-1   三种产品相关数据

产品	初始库存	补货条件	补货速度	颜色
A	200	100	指数分布(0, 1, 1)	红
B	200	100	3	黄
C	200	100	指数分布(0, 2, 1)	蓝

表 6-2   订单组合

产品	订单 1	订单 2	订单 3	订单 4	订单 5
A	4	10	8	0	16
B	2	16	8	20	0
C	12	0	8	0	4

表 6-3   其他数据

名称	属性	数据
分拣人员	数量	3 人
	分拣能力	1 箱/人
订单	到达间隔	指数分布(0, 1, 1)
	各类分布	函数返回值(1, 5)

配送中心内部使用的主要工具是地牛、叉车和手持终端。地牛主要是用于货物在配送中心内部的运输；叉车的主要作用是高架货物的上架和取货，同时也会少量做一些货物运输工作；手持终端在货物的入库和出库过程中都起着发出指导信息的作用。

6.1.2　相关知识

6.1.2.1　分拣的基本流程

分拣是指为进行输送、配送，把很多货物按不同品种、不同地点和单位分配到所设置场地的作业。其流程如图 6 - 2 所示。

图 6 - 2　分拣作业流程

（1）发货计划。发货计划是根据顾客的订单编制而成的。订单是指顾客根据其用货需要向配送中心发出的订货信息。配送中心接到订货信息后需要对订单的资料进行确认、存货查询和单据处理，并根据顾客的送货要求制定发货日程，最后编制发货计划。

（2）确定拣货方式。拣货通常有订单别拣取、批量拣取及复合拣取三种方式。

订单别拣取是指分拣人员按照每一份订单所列商品及数量，将商品从储存区域或分拣区域拣取出来，然后集中在一起的拣货方式。订单别拣取作业方法简单，接到订单可立即拣货，作业前置时间短，作业人员责任明确。但在商品品项较多时，拣货行走路径加长，拣取效率较低。故订单别拣取适合订单大小差异较大、订单数量变化频繁、商品差异较大的情况，如对化妆品、家具、电器、百货、高级服饰等的拣取。

批量拣取是将多张订单集合成一批，按照商品品种类别进行加总后再实施拣货作业，然后依据不客户或不同订单进行分类集中的拣货方式。批量拣取可以缩短拣品时的行走时间，增加单位时间的拣货量。同时，由于需要订单累积到一定数量时才一次性地处理，因此会有停滞时间产生。首先，批量拣取适合订单变化较小、订单数量稳定的配送中心和外形较规则、固定的商品出货。其次，需进行流通加工的商品也适合批量拣取；这样的商品批量加工后再分类配送，有利于提高拣货及加工效率。

为克服订单别拣取和批量拣取方式的缺点，配送中心也可以采取将订单别拣取和批量拣取组合起来的复合拣取方式。复合拣取适用于根据订单的品种、数量及出库频率，确定哪些订单适应于订单别拣取、哪些适应于批量拣取，从而分别采取不同商品的拣货方式。

（3）输出拣货清单。拣货清单即配送中心将客户订单资料进行计算机处理，生成并打印出拣货单的环节。拣货单上标明储位，并按储位顺序来排列货物编号。

（4）确定拣货路线及分拣货人员。配送中心根据拣货单所指示的商品编码、储位编号等信息，能够明确商品所处的位量，确定合理的拣货路线，从而安排拣货人员进行拣货作业。

　　（5）拣取商品。拣取的过程可以由人工或机械辅助作业或自动化设备完成。手工方式拣取的通常是小体积、少批量、搬运重量在人力范内拣出货频率不是特别高的物品；对于体积大、重量大货物，可以利用升降叉车等搬运机械进行辅助作业；对于出货频率很高的物品，可以用自动拣货系统。

　　（6）分类集中。经过拣取的商品根据客户或送货路线不同进行分类集中。有些需要进行流通加工的商品还需根据加工方法进行分类，加工完毕再按一定方式分类出货。多品种分货的工艺过程较复杂，难度也大，容易发生错误，必须在统筹安排形成规模效应的基础上，提高作业的精确性。在物品体积小、重量轻的情况下，可以进行人力分拣，也可以采取机械辅助作业，或用自动分拣机将拣取出来的货物进行自动分类与集中。

6.1.2.2　自动分拣系统

　　自动分拣是货物从进入分拣系统到被送至指定的分配位置，都按照指令靠自动分拣装置来完成。一个自动分拣系统是由一系列各种类型的输送机、附加设施和控制系统等组成，大致可分为合流、调整分拣、分拣识别、分拣分流和分运 5 个阶段。

1. 合流

　　商品通过多条输送线进入分拣系统，经过合流逐步将各条输送线上输入的商品合并于一条，汇集输送机上；同时，调整商品在输送机上的方位，以适应识别和分拣的要求。

　　汇集输送机具有自动停止和启动的功能。如果前端分拣识别装置偶然发生事故，或商品和商品联结在一起，或输送机上商品已经满载时，汇集输送机就会自动停止，等恢复正常后再自行启动，所以它也能起到缓冲作用。

2. 高速分拣

　　高速分拣，要求分拣输送机高速运行。例如，一个每分钟可分拣 75 件商品的分拣系统，就要求输送机的速度能达到 75 米/分钟。为此，商品在进入分拣识别装置之前，有一个使商品逐渐加速到分拣系统输送机的速度，以及使前后两商品间保持一定的最小固定距离的要求。商品之间保持一个固定值的间距，对分拣速度和精度至关重要。即使是高速分拣机，在各种商品间也必须有一个固定值的间距。当前的微型计算机和程序控制器已能减小到只有几英寸。

3. 分拣识别

　　在此分段中，商品接受激光扫描器对其条形码标签的扫描，或者通过其他自动识别方式如光学文字读取装置、声音识别输入装置等，将商品分拣信息输入计算机。

4. 分拣分流

　　商品离开分拣识别装置后在分拣输送机上移动时，根据不同商品分拣信号所确定的移动时间，使商品行走到指定的分拣道口，由该处的分拣机构按照上述移动时间自行启动，将商品排离主输送机，进入分流滑道排出。这种分拣机构在国外经过四五十年的应用研制，已有多种样式可供选用。

5. 分运

　　分拣出的商品离开主输送机，再经滑道到达分拣系统的终端。分运所经过的滑道一般是无动力的。

6.1.2.3　自动分拣设备

自动分拣机一般由输送机械部分、电器自动控制部分和计算机信息系统联网组合而成。它可以根据用户的要求、场地情况，对药品等货物按用户、地名、品名进行自动分拣、装箱、封箱的连续作业。机械输送设备根据输送物品的形态、体积、重量而设计定制。分拣输送机是工厂自动化立体仓库及物流配送中心对物流进行分类、整理的关键设备之一，通过应用分拣系统，可使物流中心准确、快捷地工作。

1. 交叉带式分拣机

交叉带式分拣机有多种形式，通常比较普遍的为一车双带式，即一个小车上面有两段垂直的皮带，既可以每段皮带上搬送一个包裹，也可以两段皮带合起来搬送一个包裹。在两段皮带合起来搬送一个包裹的情况下，可以通过在分拣机两段皮带方向的预动作，使包裹的方向与分拣方向相一致以减少格口的间距要求。交叉带式分拣机的优点就是噪声低、可分拣货物的范围广，通过双边供包及格口优化可以实现单台最大分拣能力 2 万件/小时；但缺点也是比较明显的，即造价比较昂贵、维护费用高。

2. 翻盘式分拣机

翻盘式分拣机（见图 6 – 3）是通过托盘倾翻的方式将包裹分拣出去的。该分拣机在快递行业也有应用，但更多的是用在机场行李分拣领域，最大能力可达 1.2 万件/小时。标准翻盘式分拣机由木托盘、倾翻装置、底部框架组成。倾翻分为机械倾翻及电动倾翻两种。

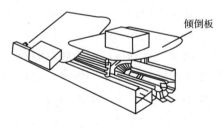

图 6 – 3　翻盘式分拣机

资料来源：斯科特·凯勒，布赖恩·凯勒. 供应链与仓储管理：选址、布局、配送、库存管理与安全防护［M］. 北京：人民邮电出版社，2020.

3. 滑块式分拣机

滑块式分拣机也是一种特殊形式的条板输送机（见图 6 – 4）。输送机的表面用金属条板或管子构成，如竹席状，而在每个条板或管子上有一枚用硬质材料制成的导向滑块，能沿条板做横向滑动。平时滑块停止在输送机的侧边，滑块的下部有销子与条板下导向杆联结，通过计算机控制，当被分拣的货物到达指定道口时，控制器使导向滑块有序地自动向输送机的对面一侧滑动，把货物推入分拣道口，使商品被引出主输送机。这种方式是将商品侧向逐渐推出，并不冲击商品，故商品不容易受到损伤。它对分拣商品的形状和大小要求不高，故适用范围较广，是目前国外一种最新型的高速分拣机。

滑块式分拣机也是在快递行业应用非常多的一种分拣机。它可靠、故障率低，故在大的配送中心广受欢迎，比如 UPS 的路易斯维尔就使用了大量的滑块式分拣机来完成预分拣及

图 6 – 4   滑块式分拣机

资料来源：斯科特·凯勒，布赖恩·凯勒. 供应链与仓储管理：选址、布局、配送、库存管理与安全防护［M］. 北京：人民邮电出版社，2020.

最终分拣。滑块式分拣机可以多台交叉重叠使用，以弥补单一滑块式分拣机无法达到能力要求的缺陷。

4. 挡板式分拣机

挡板式分拣机的工作原理是利用一个挡板（挡杆）挡在输送机上向前移动的商品，将商品引导到一侧的滑道排出（见图 6 – 5）。挡板的另一种形式是挡板一端作为支点，可作旋转：挡板动作时，像一堵墙似的挡住商品向前移动，利用输送机对商品的摩擦力推使商品沿着挡板表面移动，从主输送机上排出至滑道。平时挡板处于主输送机一侧，可让商品继续前移；如挡板做横向移动或旋转，则商品就排向滑道。挡板一般是安装在输送机的两侧，和输送机上平面不接触，即使在操作时也只接触商品而不触及输送机的输送表面，因此它对大多数形式的输送机都适用。就挡板本身而言也有不同形式，如直线型、曲线型等，也有的在挡板工作面上装有滚筒或光滑的塑料材料，以减少摩擦阻力。

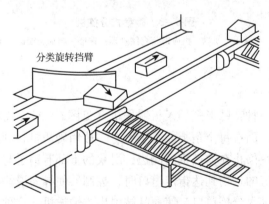

图 6 – 5   挡板式分拣机

资料来源：陈丰照，梁子婧. 物流实验实训教程［M］. 北京：清华大学出版社，2016.

5. 胶带浮出式分拣机

这种分拣结构用于辊筒式主输送机上，将有动力驱动的两条或多条胶带或单个链条横向安装在主输送辊筒之间的下方。当分拣机结构接受指令后，胶带或链条向上提升，接触商品底部将商品托起，并将其向主输送机一侧移出。

6. 辊筒浮出式分拣机

这种分拣机多用于辊筒式或链条式的主输送机上，将一个或数十个有动力的斜向辊筒安装在主输送机表面下方，当分拣机构启动时，斜向辊筒向上浮起，接触商品底部，将商品斜向移出主输送机（见图 6 - 6）。这种上浮式分拣机的原理是采用一排能向左或向右旋转的辊筒，利用气压将商品向左或向右排出。

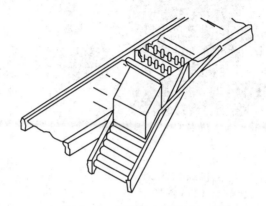

图 6 - 6 辊筒浮出式分拣机

资料来源：陈丰照，梁子婧. 物流实验实训教程 ［M］. 北京：清华大学出版社，2016.

7. 条板倾斜式分拣机

这是一种特殊型的条板输送机（见图 6 - 7）。商品装载在输送机的条板上，当商品行走到需要分拣的位置时，条板的一端自动升起，使条板倾斜，从而将商品移离主输送机。商品占用的条板数随不同商品的长度而定，经占用的条板数如同一个单元，同时倾斜，因此，这种分拣机对商品的长度在一定范围内不做限制。

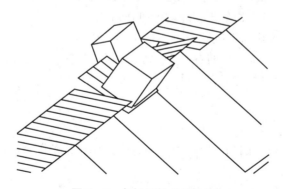

图 6 - 7 条板倾斜式分拣机

资料来源：刘华琼，张丽彩，等. 物流实验指导 ［M］. 北京：清华大学出版社，2013.

以上就是分拣机的主要类型。根据它们的分类不难看出，每种分拣机都有自己适合的分拣对象，这也是各种分拣机的重要区别。但现在的自动分拣机仍停留在对小物件的分拣上，对于大宗物品仍无法带动。因此，大物件分拣机仍是物流相关专家的研究要点。

6.1.3　任务实施

根据该仓库的实际分拣系统布局，运用 Flexsim 软件建立模型（如图 6-8 所示）。

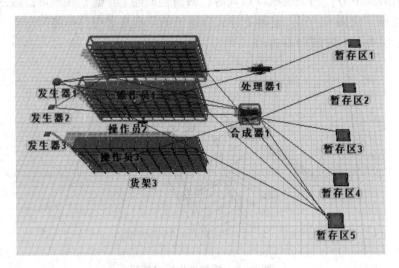

图 6-8　仓库构建模型

3 个货架分别表示 A、B、C 3 种电子产品的存储区，3 个发生器分别表示货物的补充，发生器 1 及合成器 1 表示订单的派发与分拣作业的过程，5 个暂存区分别表示 5 种订单的出库暂存。

具体参数如下：

第一，货物到达：A 货物到达时间间隔，统计分布 exponential(0, 1, 1)；B 货物到达时间间隔，返回一个时间常量 3；C 货物到达时间间隔，统计分布 exponential(0, 2, 1)。

第二，货架 1、货架 2、货架 3 容量均为 200 箱。

第三，订单到达：发生器 1 统计分布 exponential(0, 1, 1)。

第四，暂存区 1、暂存区 2、暂存区 3、暂存区 4、暂存区 5 容量均为 2000 箱。

第五，货物合成：合成时间为 10 秒。

6.1.3.1　货架的设置

货架以箱为存储单位。因为货物需求量不在本课题讨论范围，故简化了入库的操作。具体安排有如下两个方法：

方法 1，设置货架存储量为 200 箱。

方法 2，对货架进行入库量控制，分别在货架的开始按钮和货架的输出按钮触发器内容中编写代码：

```
if( content( current) >=200)
{close input( current);} /** 货架存货为 200 时，关闭输入端口 */
if( content( current) <200)
```

{open input(current);} ／** 货架存货小于 200 时，打开输入端口 */

6.1.3.2　抽象订单的实体化

订单的下达来自客户，在仿真中我们令订单发生器产生托盘（pallet），使得抽象的订单实体化。实现方法是：在订单发生器属性中发生器选项卡内，产生实体类型为 Pallet，并根据不同订单设置不同托盘的类型和颜色。具体操作是在触发器选项卡内的"离开出发"（英文为 OnExit）中，添加"设置临时实体颜色"，具体改为：

case 1：colorred(item)；break；

case 2：coloryellow(item)；break；

case 3：colorblue(item)；break；

case 4：colorred(item)；break；

case 5：colorwhite(item)；break；

订单设定完成，下面仅需对出货暂存区进行必要设置，使得订单与出货暂存区对应。具体方法是：将暂存区输入实体类型与上面的不同案例对应。以类型 1 为例，如图 6-9 所示。设置完成后，订单就会依据出库方向流进对应的暂存区，包装出库。

图 6-9　订单实体统计分析

6.1.3.3　合成器的设置

合成器的三种工作模式中，我们选择打包，即装盘（见图 6-10）。当满足订单后，合成器包装货物，然后输出至出货暂存区。

图 6 – 10 合成器打包设置

订单实体化后，托盘即作为驱动合成器（分拣流程）的因素。根据合成器的工作原理，我们规定合成器的输入端口 1 为订单发生器的输出端口，这样就完成了"一份订单配货"的分拣逻辑。现在我们可以设置不同订单的配货比例。假设客户订单 1 需求 A 货物 4 份、B 货物 2 份、C 货物 12 份，满足后打包出库。

6.1.3.4 分拣策略的设置

分拣策略的实现需要使用全局表。全局表可以存储数字型或字符串型数据。模型中任何一个实体都可以用 gettablenum( )、gettablestr( )、settablenum( )、settablestr( )、reft – able( ) 命令来访问这些数据，而且一个模型可以有多个全局表。我们在菜单栏中选择"报告与统计"工具，点击"模型文档"中的全局表，点击"生成报告"，如图 6 – 11 所示，并按照订单内容添加数据。现实来源：因为有三个品种的货物，所以行数为 3；案例中提到配送中心有五种订单需配送，所以列数是 5。

全局表的设置完成，我们仅需将合成器属性中"触发器"选项卡的"进入触发"一项，以"触发器"选项卡为类型，在重置触发一栏中选择"写入全局表"选项，并自定义行、列、值等范围，最后点击"确定"按钮，如图 6 – 12 所示。

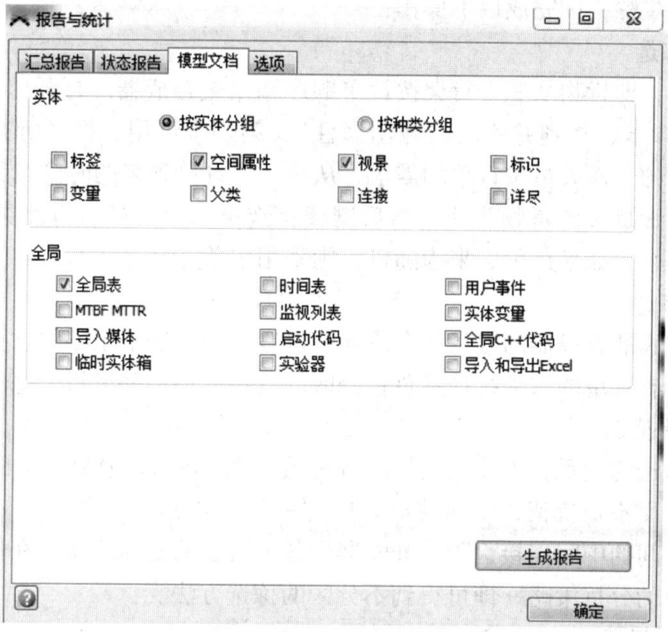

图 6－11　全局表

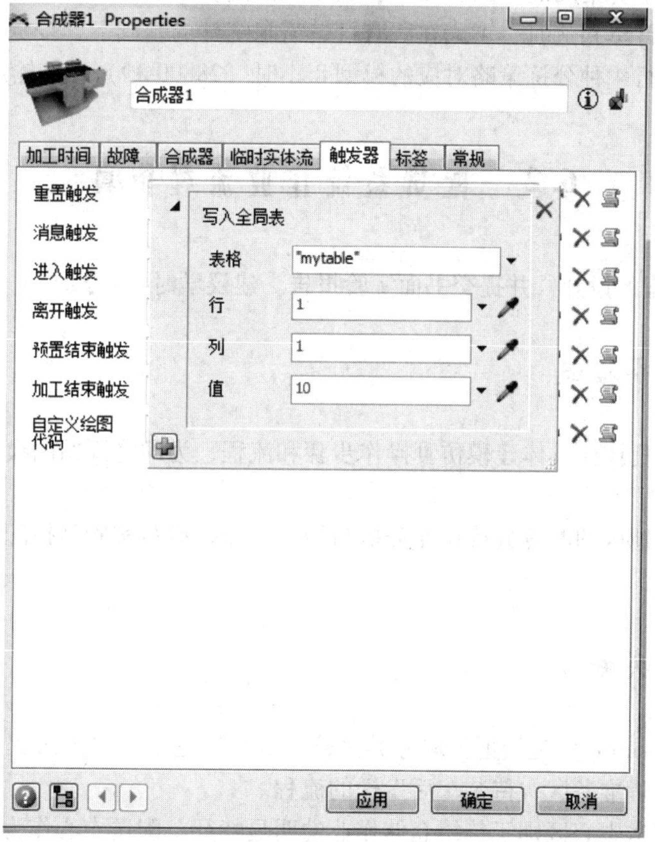

图 6－12　合成器应用全局表

根据上述基本步骤，试完成以下操作：

1. 分区按单拣选

分区按单拣选，即货物从三个货架按订单顺序输出至合成器。打开"货架属性"，选择"临时实体流"选项卡，找到并修改"输出属性"：第一个可用，打开所有端口。这个策略的意义是：各货架的工作人员按订单的需求，从第一个订单到来的时刻对其拣货，直至拣选满足每个人员所负责货架的货物为止，然后继续拣选第二个货架，以此类推（假设订单按订单序号的顺序到来，如果订单到来为随机，则采用按单并行方式）。

2. 分区并行拣选

分区并行只需添加合成器的数量，合成器的设置相同。这个策略的意义是：多份订单到达时，工人可按所有订单的需求统计各负责分区的货物需求，并进行分拣。

3. 不分区按单拣选

不分区按单拣选的设置，需要用到员工分配器。在 Flexsim 中分配器的作用是：员工依赖于临时实体本身而不是货架，从而使员工以"一组"的形式工作。具体实现方法是创建分配器到各个货架间的中间连接，创建分配器到各个员工的普通连接。在使用分配器的基础上，重复分区按单的分拣策略，即可得到不分区的拣选方法。

4. 不分区并行拣选

同不分区按单拣选一样，不分区并行拣选也是用分配器对员工进行控制。具体实现方法是创建分配器到各个货架间的中间连接，创建分配器到各个员工的普通连接。在使用分配器的基础上，当多份订单到达时，工人在所有订单需求统计的基础上，按货物需求进行分拣。

编译并分别运行 4 种分拣策略对应的模型 8 小时（28800 秒）后，输出仿真统计数据。

6.2　配货系统作业流程仿真

（完成配货流程的设计，并提交书面实验报告。建议学时：4 学时。）

6.2.1　任务描述

熟悉某企业配货作业具体建模仿真操作步骤和流程，为即将开始的模拟公司配货作业奠定基础。

掌握并完成某地区的配货分拣作业分析与绘制工作，撰写实验掌握配货系统作业的仿真流程实验报告。

6.2.2　相关知识

配货作业（assorting）是指把拣取分类完成的货品经过配货检查过程后，装入容器并做好标示，再运到发货准备区，待装车后发送的流程。

配货作业是配送中心区别于传统仓储作业的明显特征。配送中心作为顺应市场经济发展而产生的新型流通组织，虽然也从事传统储存业的基本业务，但由于增加了配货业务，极大地增强了其自身的灵活性、竞争力和生存力。它变进货储存为按需要组货，变单纯的发货为配组送货，提高了仓库利用率，增加了车辆配载率，使空置、闲置的资源得到了全面的利用。

配货作业流程包括印贴标签、货物分类、出货检查、捆包包装等（见图 6 - 13）。当这一系列作业完成之后再将货物运至发货准备区，之后进行堆码和配货信息处理。当信息处理完成之后，将货物配载装车，然后再进行配货信息记录。

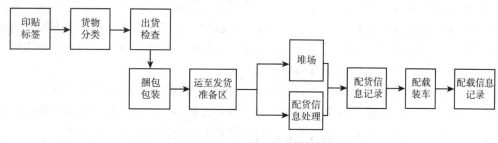

图 6 - 13　配货作业流程

配货主要包括分货和配装两个方面。分货是指根据出货单上的内容说明，考虑到出货的优先顺序、储位区域号、配送车辆趟次号、门店、先进先出等因素或原则、方法，把需要出货的商品整理出来，经复核人确认无误后，放置到暂存区，准备装货上车的工作。配装是指集中不同客户的配送货物，进行搭配装载，以充分利用运能、运力的工作。

6.2.2.1　分货作业

分货作业是在拣货作业完成之后，将所拣选的货品根据客户或配送路线不同进行分类，将其中需要经过流通加工的商品拣选集中后，先按流通加工方式分类并分别进行加工处理，再按送货要求分类出货的过程。分货作业包括人工分货和自动分货两种方式。

1. 人工分货

人工分货指所有分货作业过程全部由人根据订单、拣货单来进行，作业由人、货架、集货设备（货箱、托盘等）配合完成，不借助任何电脑或自动化的辅助设备。

2. 自动分货

自动分货是利用自动分拣机来完成分货工作的一种方式。自动分货系统一般应用于自动化仓库，适用于多品种、业务量大且稳定的场合。

自动分拣机的分拣步骤如下：首先将有关货物及分类信息通过信息输入装置输入自动控制系统；其次自动识别装置对输入的货物信息进行识别；最后自动分类机根据识别结果将货物分类后送至不同的分类系统。

自拣分拣机包含以下 6 个装置：

（1）搬运输送机。包含 4 种类型，有传送带输送机、滚筒输送机、整列输送机、垂直输送机。

（2）移动装置。移动装置也称导入口、进入站，其作用是把搬运来的物品及时取出并移送到自动分类机本体上。移动装置通常有直线形和环形两种。

（3）分类装置。分类装置是自动分类机的主体，按其分出货物的方式可分为 4 种，即推出式分类、浮起送出式分类、倾斜滑下式分类和传送带送出式分类。

（4）排出装置。其作用是尽早将各货物搬离自动分类机并避免与下批货物相碰撞。

（5）输入装置。输入装置是在自动分类机分类之前，把分类物的信息输入控制系统的装置。其输入方法常有：键入式输入、条码及激光扫描器输入、光学读取器输入、声音输入装置输入、反向记忆输入、主计算机输入、体积测量器输入、重量器输入等。

（6）控制装置。控制装置是根据分类物的信息，对分类机上的货物进行分类控制的装置。其控制方式有两种：磁气记忆式控制和脉冲发信式控制。

上述 6 项装置相互配合使用。在选择自动分类机时，要考虑以下 5 个主要方面：物品数量、物品形状、重量分析、容器尺寸分析和易损坏品分析。例如，超薄、超重、易变形、易破损、不能倾覆的货物，不能使用自动分类机。

自动分货还包括旋转货架分货。旋转架分货指利用旋转货架完成分货工作，其步骤如下：将旋转货架的每一格位当成客户的出货框；作业人员在计算机里输入各客户的代号；旋转货架自动将货架转至作业人员面前，让其将批量拣取的物品放入，进行分类。

6.2.2.2 配装检查

配装检查最原始的做法是完全依靠人工，即将货品一个个点数并逐一核对出货单，进而查验配货的品质及状态情况。就状态及品质检验而言，纯人工方式逐项或抽样检查确有其必要性，但对于货物号码及数量核对来说，效率太低且存在错误。因此，目前在数量及号码检查的方式上有许多改进，常用的方法有商品条形码检查法、声音输入检查法和重量计算检查法。

1. 商品条形码检查法

条形码是随货物移动的，检查时先用条形码扫描器阅读条形码内容，计算机再自动把扫描信息与发货单对比，从而检查商品数量和号码是否有误。商品条形码检查相对于人工检查效率高且出错率低。

2. 声音输入检查法

声音输入检查法是一项较新的技术。当作业员发声读出商品名称、代码和数量后，计算机接受声音并自动判识，转换成资料信息与发货单进行对比，从而判断是否有误。此方法的优点在于作业员只需用嘴读取资料，手脚同时可做其他工作，自由度较高。但需注意的是，该方法虽然检查效率高，但要求作业人员发音准确，且每次发音字节有限，否则会造成计算机识别困难，进而产生错误。

3. 重量计算检查法

重量计算检查是把货单上的货品重量自动相加起来，再与货品的总重量相对比，从而检查发货是否正确。重量计算检查法可以省去事后检查工作，而且效率及正确率极高。

6.2.2.3 捆包包装

配货作业中的包装主要是指运输包装，其主要作用是为了保护货物并将多个零散包装物品放入大小合适的箱子中，以实现整箱集中装卸、成组化搬运等，同时减少搬运次数，降低货损，提高配送效率。另外，包装也是产品信息的载体，在外包装上印贴标签或书写产品名称、原料成分、重量、生产日期、生产厂家、产品条形代码、储运说明、客户名称、订单号等，便于客户和配送人员识别产品，进行货物的正确装运与交接。通过扫描包装上的条形码，还可以进行货物跟踪。

配送的包装要求结构坚固标志清晰、价格低廉，重点在于搬移管理、保护商品和信息传递。包装的设计不仅要考虑配送过程的要求，例如方便配送人员识别、提高运输效率、方便装卸等；而且要考虑终端用户的要求，例如方便客户接收时的清点，尽量做到简洁、单纯、轻薄、标准、节约等合理化的要求。

6.2.2.4　配装

配装指配送中心按存货客户的指令，根据目的地、发货数量、线路等，对即将发货的物品进行配车并装车的活动。《物流中心作业通用规范》（GB/T 22126—2008）关于配装流程及规范的要求如下：根据订单情况，制订配装作业和车辆调度计划，有效组织人力、物力和运输车辆，保证发货物品能够及时配齐并装车；根据订单与物品类别，规定可以混装或者不可混装的物品，装车物品的堆码、加固要求，配送单证流程及物品转移交接程序。

详细来说，配装就是由于不同客户需要的货物不仅品种、规格不一，且数量差异很大（如某一个客户的商品数量过少，无法装满一个车辆），配送中心就把同一条线路上不同客户的货物组合、配装在同一辆载货车上，或者把不同线路但同一区域的多家客户的货物混载于同一辆车上，进行配送。

在进行配装的过程中，要遵循以下 8 条配装原则。

（1）轻重搭配：将重货置于底部，轻货置于上部，避免重货压坏轻货，并使货物重心下移，从而保证运输安全。

（2）大小搭配：到达同一地点的同一批配送货物，其包装的外部尺寸有大有小，为了充分利用车厢的内容积，可使不同尺寸大小的货物在同一层或上下层合理搭配，以减少厢内留有的空隙。

（3）性质搭配：拼装在一个车厢内的货物，其化学属性、物理属性不能互相抵触。由于在交运时托运人已经包装好而承运人又不得任意开封，因此，若厢内货物因性质抵触而发生损坏则由托运人负责，由此造成的承运人损失由托运人赔偿。

（4）一次积载：到达同一地点的适合配装的货物应尽可能一次积载。

（5）合理堆码：根据车厢的尺寸、容积、货物外包装的尺寸来确定合理的堆码。

（6）不许超限：积载时不允许超过车辆所允许的最大载重量、最大长宽高。

（7）载荷均匀：积载时车厢内货物重量应分布均匀，不能出现明显的左右或前后不均。

（8）防撞防污：应防止车厢内货物之间碰撞、沾污。

6.2.3　任务实施

6.2.3.1　配装的方法

在配装的过程中为了避免多装造成车辆损坏，通常用吨位满载率作为控制指标。吨位满载率 = 实际完成周转量 ÷ 在运行承载质量。配送运输车辆的吨位满载率尽量保持在 80% ~ 100%，但是不能超过 100%，否则可能造成车辆损坏。

对于重质货物来讲，不管如何拼装基本都能够达到100％的满载率，在配装过程中比较困难的是如何将重质货物和轻质货物混装或者将不同规格包装的轻质货物混装，以达到容积和载重量都得到充分利用的效果。

一般来讲，车辆的配装应按照运载特性，遵从以上原则，尽可能地提高满载率。具体方法有以下三种。

（1）研究各类车厢的装载标准、不同货物和不同包装提及的合理装载顺序，努力提高装载技术和操作水平，力求装足车辆核定吨位。

（2）根据客户所需的货物品种和数量，调配适宜的车型承运，要求配送中心保持合理的车型结构。

（3）凡是可以拼装的尽可能拼装，注意做好不同客户货物的标记工作，以防出现差错。

需要指出的是，要使车辆的配装合理，应该在订单生成和分拣、包装时就有所安排。配送中心通过建立一定的模型并按照模型编写出软件，利用软件进行配载的计算，可以获得良好的效果。

6.2.3.2 配货作业管理

配货作业的好坏直接影响后续送货作业的质量，它在一定程度上代表了一个配送中心的实力和声誉。另外，配货又是一项复杂、工作量大的工作，尤其是在多用户、多品种的情况下更是如此。所以配货作业管理十分重要，其基本任务就是保证配送业务中所需的商品品种、规格、数量在指定的时间内组配齐全并形成装载方案。

配货作业分为拣选式配货和分货式配货。

1. 拣选式配货

拣选式配货又分为以下5种。

（1）人工拣选配货。配货作业由人来进行，人、货架、集货设备（货箱、托盘等）配合完成配货作业。在实施时，由人一次巡回或分段巡回于各货架之间，按订单拣货，直至配齐。

（2）人工加手推作业车拣货配货。配货作业人员推车一次巡回或分散巡回于货架之间，按订单进行分拣，直至配齐。该配货方式借助于半机械化的手推车作业，拣选作业量大、单品或单件较重、单品或单件体积较大时，可以减轻配货作业人员的劳动强度。

（3）机动作业车拣货配货。配货人员乘车为一个客户或多个客户拣选配货，车辆上分放着各个客户的拣选容器，拣选的货物直接放入容器，每次拣选配货作业完成后，将容器内的货物放到指定的货位，或直接装卸到配送车辆上。

（4）传动输送带拣选配货。配货人员只在附近几个货位进行拣选配货，传动带不停地运转，分拣配货作业人员或按指令将货物取出放到传动输送带上，或放到输送带上的容器内。

（5）拣选机械拣选配货。自动分拣机或由人操作的叉车、分拣台车巡回于一般高层货架间进行拣选，或在高层重力式货架一端拣选。

采用拣选式配货法，能够保证配货的准确无误，对某个客户来讲可以不受其他因素制约进行快速配货；可以按客户要求的时间调整配货的先后顺序，利于配送中心开展即时配送，增强对用户的保险能力；而且配好的货可以不经分放直接装到送货车上，有利于简化工序、提高效率。

拣选式配货法的适用情况如下：

第一，客户数量不多，但需要的种类较多，且每种商品需求数量差异较大时；

第二，不同客户间需求的产品种类有较大的差异时；

第三，属于客户临时的紧急需求时；

第四，客户需求大件商品时。

拣选式配货法的主要优点是机动灵活，既可以采取机械化水平较高的工具作业，也可以实施人工操作。拣选工具可以专门配置设计的车辆、传送设备，也可以使用一般作业车辆（汽车、手推车），甚至可以用人力进行拣选。因此这种方法易于实行。尤其是在配送工作开展初期或小型配送中心，客户不多且技术装备较差的情况，使用这种方法既简便又快捷。

2. 分货式配货

分货式配货分为以下 6 种。

（1）人工分货配货。在货物体积较小、重量较轻的情况下，人工从普通货架或重力式货架上一次取出若干个客户共同需求的某种货物，然后巡回于各客户配货货位之间，将货物按客户订单上的数量进行分放。

（2）人工加手推作业车分货配货。配货人员利用手推车至一个存货点，将各客户共同需要的某种货物取出，利用手推车的机动性可在较大的范围内巡回分放配货。

（3）机动作业车分货配货。用台车平板作业车一次取出数量较多、体积和重量较大的商品，然后由配货人员驾车巡回分放配货。

（4）传动输送带加人工分选配货。传动输送带的一端和货物储存点相接，另一端同客户的配货货位相接。传动输送带运行过程中，一端集中取出各客户共同需要的货物，置于输送带上输送到各客户货位，另一端由配货作业人员取下该货位上客户所需的货物。

（5）分货机自动分货配货。分货机在一端取出多客户共同需求的货物，随着分货机上输送带运行，按计算机预先设定的指令，在与分支机构连接处自动打开出口，将货物送到分支机构。分支机构的终点是客户集货货位。

（6）回转货架分货配货。回转货架可以看成若干个分货机的组合，当货物不多又适于回转货架储存时，可在回转货架出货处，一边从货架取货一边向几个客户货位分货，直至配货完毕。

用分货式配货作业（及批量拣货），可以提高配货速度，节省配货的劳动消耗，提高劳动效率。尤其当客户数量很多时，反复拣选会使工作异常重复和烦琐，采用分货作业就可避免这种弊端。

实行分货配货作业时，还需要注意分货配货作业适用的范围：

第一，客户数量多，且需求的商品种类有限，每种商品的需求数量也不大；

第二，各客户之间需求的商品种类差别不大；

第三，客户在配送时间上没有严格的限制；

第四，客户有比较稳定的需求计划；

第五，需要搬运的货物体积不大。

这种方式计划性较强，若干用户的需求集中后才开始分货，直至最后一种共同需要的货物分放完毕，各用户需求的配货才同时完成。之后可同时开始对各用户进行送货作业，有利于考虑车辆的合理调配、合理使用和规划配送路线。和拣选式配货相比，可综合考虑、统筹安排，实现规模效益。专业性强的配送中心，易形成稳定的用户和需求，货物种类也有限。商业连锁、服务业连锁、巨型企业内部供应配送，都宜于采用此种方式。

6.3 配货系统仿真实验

（完成本任务，并提交书面实验报告。建议学时：4 学时。）

6.3.1 任务描述

熟悉配送中心中配货过程的基本操作，为即将开始的模拟公司配送作业奠定基础。掌握设定情境中配货仿真作业的基本步骤，并撰写实验报告。

根据设定情景，实现配货仿真作业。

6.3.2 相关知识

配货系统中具体情景模式如下：生产线生产 5 种不同类型产品；临时实体到达时间间隔按照正态分布，均值 20，方差 2。

临时实体类型分布服从 1~5 的均匀分布。

5 种产品被送往检测车间暂存区，由 3 个操作员搬运到检测装置上，并预置产品（预置需要使用操作员）。预置时间 6 秒，结束后进入检测过程，检测时间 16 秒。

检测完成后，由各自的传送带传送出去（传送带速度 2 米/秒）。在传送带末端按照客户订单装盘，客户订货清单如表 6-4 所示。

装盘后的产品先放入暂存，然后由叉车放到货架上（叉车速度 2 米/秒）。

表 6-4 客户订单统计

产品	客户 1	客户 2	客户 3	客户 4	客户 5
产品 1	4	4	4	4	4
产品 2	4	5	6	5	3
产品 3	5	4	3	4	5
产品 4	6	4	5	4	5
产品 5	5	6	4	5	4

6.3.3 任务实施

总布局模型如图 6-14 所示。

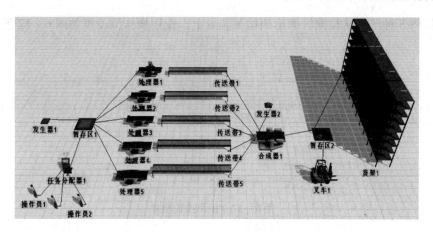

图 6 – 14　总布局模型

5 种产品的发生器设置如图 6 – 15 所示。

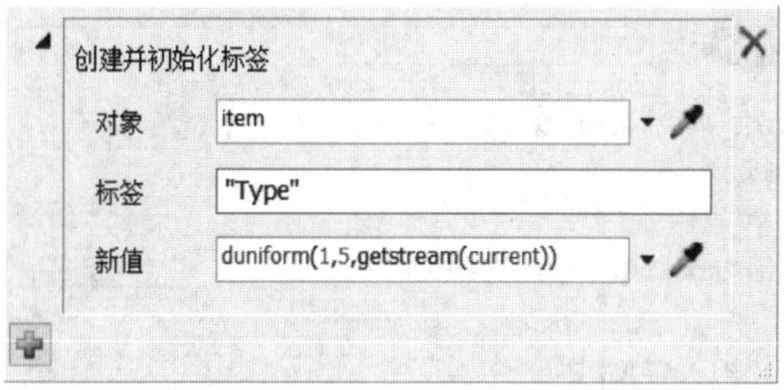

图 6 – 15　发生器设置

实体到达规律设置如图 6 – 16 所示。

图 6 – 16　实体到达设置

操作员将5种产品从检测区搬运到检测装置上，使用操作员设置如图6-17所示。

图6-17 使用操作员

货物离开暂存区会根据货物类型进入不同的处理器，输出设置如图6-18所示。

图6-18 货物分流

货物进入处理器后，先预置产品之后进行处理，其设置如图6-19所示。

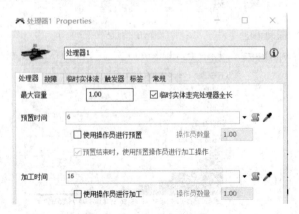

图6-19 处理器设置

传送带速度设置如图 6 - 20 所示。

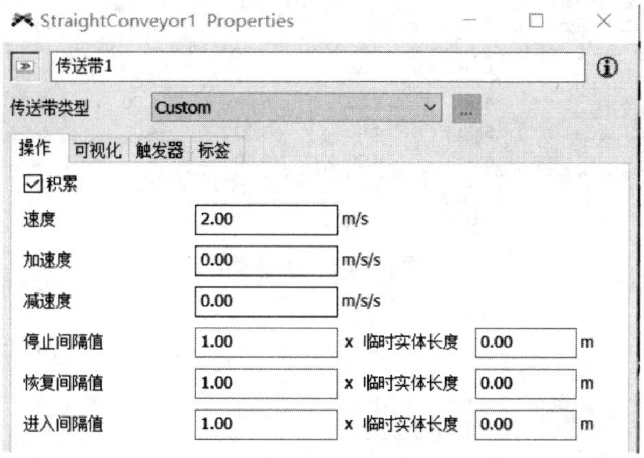

图 6 - 20　传送带设置

当货物从传送带出来到达合成器时，合成器上存在通过发生器根据顾客的到达时间发出的托盘，并且在合成器的托盘上根据顾客订单进行装盘作业。其中我们需要对发生器发出的托盘进行参数设置，设置结果如图 6 - 21 所示。

图 6 - 21　产生托盘

合成器根据顾客订单进行装盘，这里需要使用全局表设置订单，设置如图 6 - 22 所示。

装盘后的产品放入暂存区（容量为 25），并用速度为 2 米/秒的运输机放到仓储货架上（8 层 8 列），参数设置如图 6 - 23 所示。

根据 5 个客户的订单以及 5 个客户到达的时间表可知，顾客 1 所需数量为 2 即 2 个托盘，产品 1 所需数量为 4 即 4 个托盘，产品 2 为 4 个托盘、产品 3 为 5 个托盘、产品 4 为 个托盘，产品 5 为 5 个托盘。顾客 2 到顾客 5 所需托盘数量与产品 1 所需托盘数量的分析方法相同，因此在运行终止时，货架上托盘的数量为 11 个。

	Col 1	Col 2	Col 3	Col 4	Col 5
Row 1	4.00	4.00	4.00	4.00	4.00
Row 2	4.00	5.00	6.00	5.00	3.00
Row 3	5.00	4.00	3.00	4.00	5.00
Row 4	6.00	4.00	5.00	4.00	5.00
Row 5	5.00	6.00	4.00	5.00	4.00

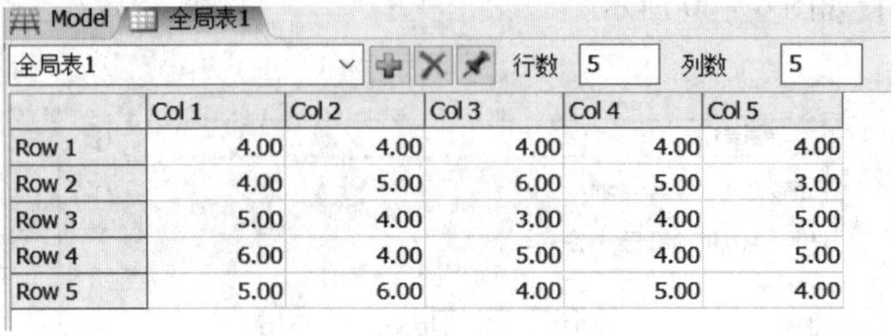

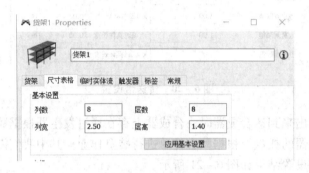

图 6－22　全局表

图 6－23　货架设置

由合成器的分析图可知，在合成器工作的过程中出现了大量空余时间，其实质为顾客等待时间。因此该模型在运行过程中存在需要改进的地方，即减少顾客的等待时间。在实际操作时，我们要尽量避免顾客等待时间过长，以提高服务效率和顾客满意度。

根据本仿真案例，完成 4 种分拣策略的建模仿真，并分析各自的优劣对比分析，根据仿真结果分析提出合适的优化方案，并形成有数据对比的分析报告。

思　考　题

1. 分拣作业的方法有哪些？
2. 分拣作业的步骤是什么？
3. 总结配货系统的作业流程。
4. 影响分拣配货的因素可能有哪些？

综合篇 →

第7章

物流与供应链仿真应用实验

📖 **本章学习目标**

- 熟悉供应链管理中的主要环节流程，借助 Flexsim 软件，构建三个供应链仿真案例。
- 掌握供应链的基本理论，熟练操作 Flexsim 软件的应用。
- 掌握在仿真中找出流程优化的途径。

7.1 简单仿真模型的建立

（完成本任务，并提交书面实验报告。建议学时：4 学时。）

7.1.1 任务描述

熟悉 Flexsim 建模步骤，可以回顾第 5 章的内容；学习逻辑系统的建模方法，具体操作步骤需要掌握；学习查看 Flexsim 的仿真结果。通过实际建立仿真模型案例，深刻认识仿真的基本概念。

任务 1：生产线同时生产三种产品，然后被送到监测车间的缓存区。检测车间有三台监测系统分别对这三种产品进行检测后，通过各自的传送带将产品运输出去（见图 7-1）。

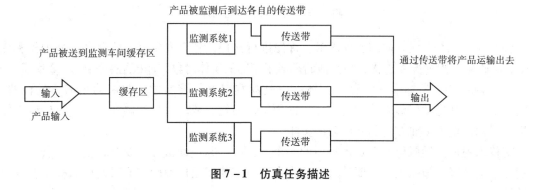

图 7-1 仿真任务描述

7.1.2 相关知识

由图 7-1，可以看出整个生产线的流程。接下来，我们对仿真模型进行基本的构建。

该加工系统的流程与相关参数如下：

（1）产品到达检测车间的时间服从均值为20，方差为4的正态分布。

（2）到达检测车间的产品类别（1，2，3）服从均匀分布。

（3）缓存区容量为25件产品。

（4）传送带传输速度为1m/s。

7.1.3　任务实施

7.1.3.1　建立模型

建立上述流水作业线仿真模型。

（1）打开Flexsim 7.7，新建一个模型（model）。Flexsim软件主界面由下面五部分构成：菜单、工具栏、对象库、模型视图、仿真控制栏。

（2）拖动Library界面上的各种实体单元到Orthographic界面上，构建模型布局，按照上图7-1的仿真任务，实体布置结果如图7-2所示。

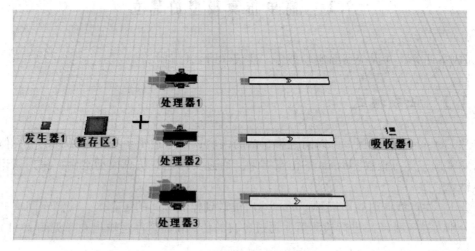

图7-2　仿真对象界面布局

（3）定义系统各实体间的流程逻辑。首先进行连接，各个发生器、暂存区、处理器和传送带、吸收器直接进行A连接，因为他们都属于相同的实体对象。连接结果如图7-3所示。

①Flexsim中的鼠标操作。移动实体：用鼠标左键点住该实体，并拖动至需要的位置。可以右键点击并拖动鼠标来旋转此实体。使用鼠标滚轮，或同时按住鼠标左右键点住该实体并拖动鼠标，可沿z轴方向上下移动该实体。

②移动视窗。用鼠标左键点击视窗的一个空白区，并拖动鼠标。要旋转模型视点时，用右键点击空白区并拖动鼠标。要放大或缩小视图时，使用鼠标滚轮或同时按住鼠标左右键并拖动鼠标。

③连接端口。按住键盘上不同字母，单击一个实体并拖动至第二个实体。如果在单击和拖动过程中按住A键，则将在第一个实体上生成一个输出端口，同时在第二个实体上生成一个输入端口，这两个新的端口将自动连接。如果按住S键，则将在这两个实体上各生成一

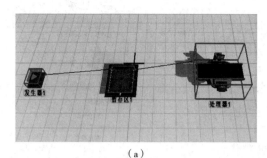

(a)

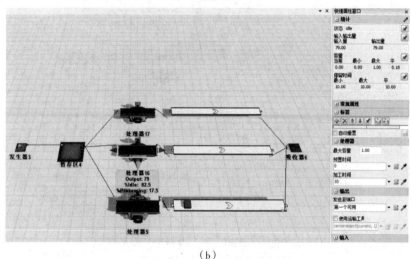

(b)

图 7 - 3 定义实体对象直接的连接

个中间端口,并连接这两个新的端口。当按住 Q 键或 W 键时,输入、输出端口之间或中间端口之间的连接被断开,端口被删除。

(4)定义系统和各种实体的参数。具体参数参考相关知识中对模型的参数定义。首先,定义产品的流出;其次,修改产品流出间隔时间,到达时间间隔下拉框中选择统计分布,在分布函数中选择正态分布,修改产品流出间隔时间,修改选项的默认参数。设置缓存区产品流选项,转到临时实体流选项卡,在"输出"框中,选择"发送至端口"下拉框中的"指定端口"选项。依次点击应用和确定按钮,关闭暂存区对象的参数对话框。设置仿真时间:点击主视窗顶部的停止选项,弹出对话框设置时间为"50000"。

具体操作过程如图 7 - 4 所示,其中,图(a)代表对发生器到达时间的设置,图(b)代表暂存区容量参数的设置,图(c)代表对发生器 3 的到达时间设置,这里每一个发生器都需要设置参数,图(d)代表对传送带传输路径和时间参数的设置,图(e)代表对暂时区临时实体的定义,图(f)代表运行时间设置。

(5)设定运行时间,调节时间比例;在工具栏中调整运行速度。可以移动运行速度标志来选择运行速度大小,根据具体的实际情况来选择运行速度,也可以通过运行速度来仿真供应链运行效果,如图 7 - 5 所示。

(6)指派产品不同的型号和颜色;选择触发器选项卡,在离开触发下拉框中选择设置临时实体类型和颜色来改变产品类型和颜色。颜色和产品类型可以随机选取,如图 7 - 6 所示。

（a）

（b）

（c）

（d）

图 7-4 定义实体参数

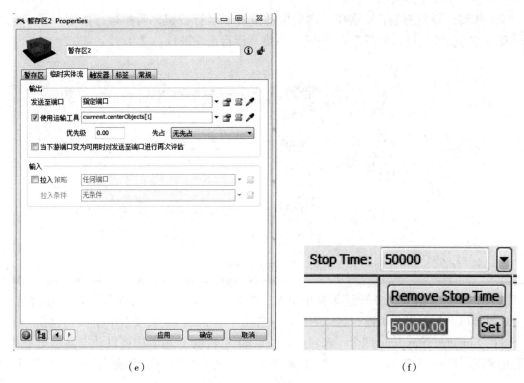

（e）　　　　　　　　　　　（f）

续图 7-4　定义实体参数

运行速度:　　　　　　　　　　　　　　　45.71

图 7-5　设定运行速度

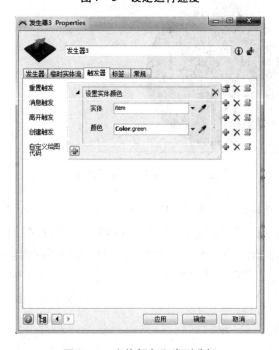

图 7-6　实体颜色和类型选择

（7）编译、运行模型；点击模型列表中的重置、运行按钮，调整运行速度，可以对上述的模型进行仿真运行，如图7-7所示，为仿真运行正在进行。

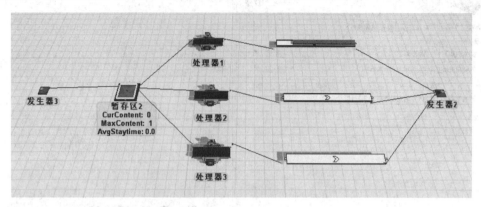

图7-7　仿真运行效果

（8）查看仿真结果，分析设备利用情况；根据运行效果，可以查看仿真运行的结果。双击对象实体，打开设置页面，选择Statistics选项卡，Statistics选项卡中里面又包括General，State，Content，Stay time四个子选项卡，General和State选项卡中可以动态显示对象状态的变化情况，Content和Stay time选项卡缺省下不能显示对象的动态变化情况，如图7-8所示。

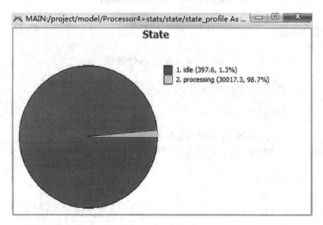

图7-8　仿真统计结果查看

（9）改变这个加工系统的加工能力配置（改变机器数量，或者更换不同生产能力的机器等），查看结果变化情况。可以相应地增加处理器或者暂存区、传送带或者吸收器的数量，也可以增加人或者机器的搬运次数，这样也是对仿真模型的调整过程。

（10）仿真模型文件的保存。仿真文件编写过程中要注意经常保存仿真文件，第一次保存点击主窗口File菜单下的"Save Model As…"，保存修改点击主窗口File菜单"Save…"。

7.1.3.2　任务要求

在如上示例的模型中：

（1）去掉吸收器，加一个暂存区，然后通过运输机（叉车）把货物从暂存区搬到货架上，每种产品对应一个货架。

（2）每个处理器需要一个人来搬运货物到后边的传送带上，请加以实现。

（3）分析叉车的利用率。

（4）用两种方法实现分货。

请根据上述操作，依据模型运行结果对系统进行调整，可以通过调整储存区、发生器或者人机器的数量或者货物的时间等参数来进行重新仿真，比较调整前后的运行结果。

7.2　操作类实体的应用仿真

（完成本任务，并提交书面实验报告。建议学时：4 学时。）

7.2.1　任务描述

任务 2：在 7.1 节的简单仿真案例的基础上，延伸到任务 2，具体任务表述为：2 个检测员参与产品的检测中；检测员的任务是从缓冲区取出产品，并安装到相应的监测系统中，安装时间为 10 秒；传送带末端的产品由叉车送出，如图 7-9 所示。通过建立一个传送带系统，学习 Flexsim 提供的运动系统的定义；学习 Flexsim 提供的传送带（conveyor）系统建模；进一步学习模型调整与系统优化。

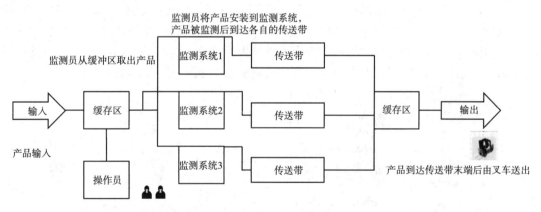

图 7-9　执行类仿真案例

7.2.2　相关知识

根据任务描述和图 7-9 所示的执行类分布图，我们可以在 7.1 节简单仿真模型中，修改之前的仿真模型，打开 7.1 节的仿真模型文件，另存为 Example2. fsm，修改后的仿真模型如图 7-10 所示。

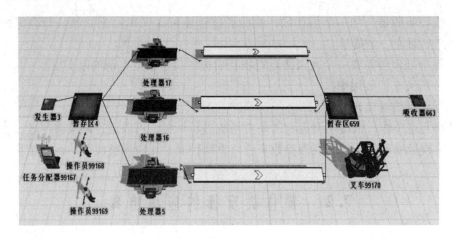

图 7 - 10   任务执行类模型示意

7.2.3   任务实施

7.2.3.1   建立传送带系统

（1）在一个新建的模型中定义整个系统，并定义对象（process）、资源（source）、吸收器（sink）（对象，资源，传送带）等实体及其参数。

（2）建立传送带（conveyor）系统，根据空间布置的要求调整各个传送带的位置，根据需要在各个对象实体的连接处布置站点，定义各段实体的参数，创建 S 连接。按住"S"键将任务分配器对象分别与第一个暂存区对象和三个处理器对象连接起来；同样连接第二个暂存区对象与叉车对象。具体的操作如图 7 - 11 所示。连接发生器任务分配器（dispatcher）与操作员（operator），按住"A"键连接任务分配器对象的输出端口和两个操作员对象的输入端口。

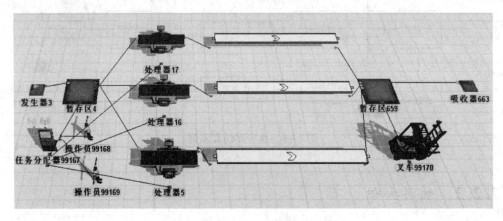

图 7 - 11   定义系统的逻辑流程

（3）运行调整模型。调整模型的参数，直到模型按照实际系统流程正确运行。修改缓冲区参数，打开第一个发生器的参数窗口，在临时实体流选项卡中选中"使用运输工具"，同样修改另一个暂存区的选项，具体操作流程按照如图 7 - 12 所示。

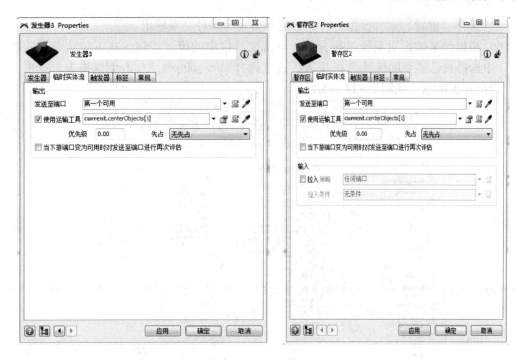

图 7 - 12 实体参数修改

（4）修改检测系统的参数。打开处理器对象的参数窗口，修改设置时间为每间隔 10 秒设置加工时间，选中"使用操作员进行加工"，同样修改其他两个处理器对象，具体操作流程如图 7 - 13 所示。

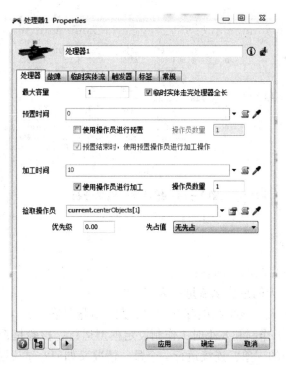

图 7 - 13 设置操作的具体时间

（5）保存，重置，运行模型，得到数据和图表等多种结果输出。

（6）根据结果输出对系统进行分析，点击工具栏中的统计按钮，在下拉菜单"报告与统计"中选择自己需要的统计分析报表，这里选择 stats_output，点击生成报表，点击"确定"，得出分析结论，如图 7 - 14 所示。

（a）

Object	Class	stats_cor	stats_cor	stats_cor	stats_cor	stats_inp	stats_out	stats_sta	stats_sta	stats_sta	state_current
发生器1	Source	0	0	0	0	19073	0	9.997479	2.121854		5
暂存区1	Queue	0	0	31	0.696565	6288	6288	3.889848	1757.83	46.8426	6
暂存区2	Queue	69	0	86	28.40403	6375	6306	4.10301	6182.948	1880.304	8
暂存区3	Queue	103	0	121	60.93246	6409	6306	4.282276	8603.762	4034.051	8
处理器1	Processor	1	0	1	0.451033	19073	19072	10	10	10	2
暂存区4	Queue	0	0	1	0	6288	6288	0	0	0	6
货架1	Rack	6288	0	6288	3139.05	6288	0	0	0	0	1
发生器2	Source	0	0	0	0		6289	0	619.9782	57.36038	5
合成器1	Combiner	1	0	2	0.892568	25155	25154	0	620.3242	15.00432	7
操作员1	Operator	0	0	1	0.057262	6288	6288	3.850723	3.850723	3.850723	1
操作员2	Operator	0	0	1	0.060494	6306	6306	4.05649	4.05649	4.05649	1
操作员3	Operator	1	0	1	0.063199	6306	6305	4.237906	4.237906	4.237906	15

Flexsim Summary Report
Time: 422855.4

（b）

图 7 - 14　统计报表结果分析

7.2.3.2　任务要求

根据上述操作分析完成以下内容：

（1）该分拣系统一天的总货物流量约为多少？

（2）按照目前的配置，该系统能够承受的最大日流量是多少？

（3）比较 24 小时工作制和 8 小时工作制设定模型运行，核验是否是简单的大约 3 倍的关系？是否能发现不同的现象？连续运行一个月，情况又如何？试说明仿真长度对系统分析的影响。

（4）如果该系统中合格的货物被操作工放置在箱笼中，累计每 20 个打一包送走，该如何实现这样的逻辑？

7.3　网络节点的应用仿真

（完成本任务，并提交书面实验报告。建议学时：4 学时。）

7.3.1　任务描述

任务 3：学习 Flexsim 系统的建模，初步掌握小车的定义方法和调度逻辑的实现原理，深入理解运动系统的建模思路。在图 7 - 1 仿真任务的基础上将图 7 - 2 中的吸收器改成 3 个货架，3 种产品检测完毕后分别放入对应的三个货架中，叉车只能够沿着规定路线行驶，传送带末端的产品由叉车送出。

7.3.2　相关知识

根据上述任务描述中的示意场景，修改任务 2 中的仿真模型，可以通过删除吸收器对象，添加三个货架对象来改变模型；具体网络节点模型示意图为 7 - 15 所示。

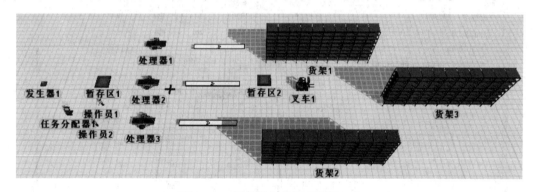

图 7 - 15　网络结点的平面布置示意

7.3.3　任务实施

7.3.3.1　建立模型

（1）建立一个新模型，创建一个过程控制系统和一个往复式穿梭车系统；打开 Flexsim 软件看到视图窗口。

（2）定义逻辑流程，对新增的任务处理器进行流程和方向的连接。将第二个暂存区对象与三个货架对象分别采用 A 连接。同时对操作员和处理器、暂存区和叉车之间采用 S 连接，如图 7 - 16 所示。

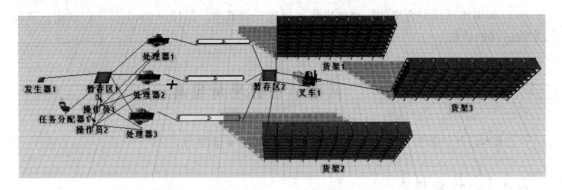

图 7-16 逻辑流程定义

（3）定义往复式穿梭车系统，画出路径、控制点，定义叉车、人、储存区、发生器等参数；修改缓存区与货架参数，修改第二个暂存区对象的发送至端口参数为指定端口，如图 7-17（a）所示。修改货架高度为 5 层，点击"应用基本设置"和"确定"，如图 7-17（b）所示。

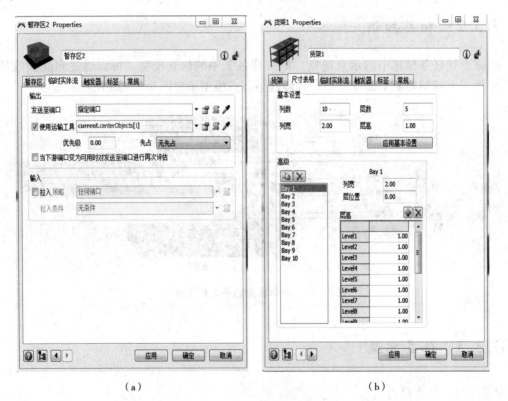

（a）

（b）

图 7-17 修改实体参数

（4）调试检查修改模型，使模型的运送逻辑与预期设定的逻辑相符；保存，重置，运行，观察仿真运行时叉车的行驶路线。

（5）添加网络节点对象，在模型视图中添加网络节点对象，A 连接网络节点到相应的存取位置（见图 7-18 中的虚线），具体模型对象如图 7-18 所示。

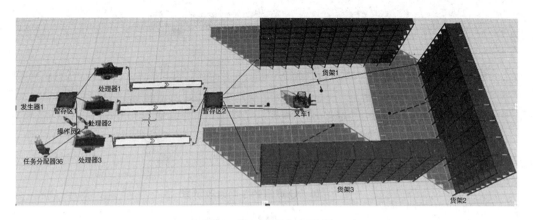

图7-18　网络节点示意

（6）创建路网。A连接相应的网络节点对象形成路网（图7-19中带箭头的线），A连接叉车到路网中（见图7-19中的点画线）。

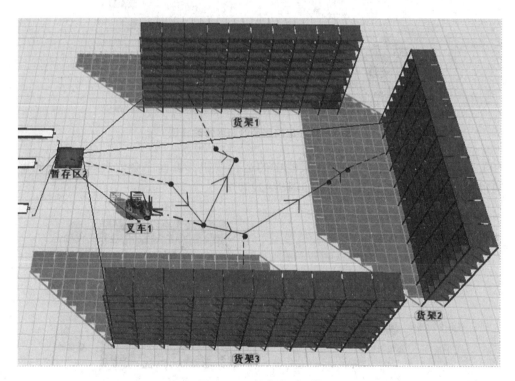

图7-19　创建路网示意

（7）路网修改方法。按住"Q"键从一个网络节点拖到另一个网络节点可取消拖拽方向的连接，形成单向路径（取消路径需要按住取消双方向的连接），如图7-20中深灰色箭头部分显示。

（8）模型路网修改，设置一条单向路径，采用Q取消给网络路径设置单向行动路径，这样有利于网络的正常有序进行，如图7-21所示。

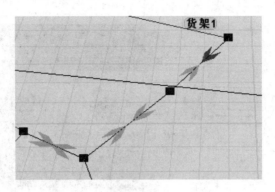

图 7 – 20   Q 取消的路网修改示意

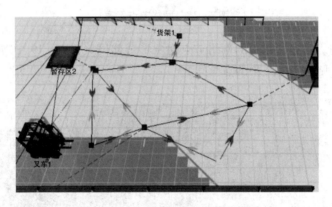

图 7 – 21   单向路径的路网修改模型

（9）保存，重置，运行。点击工具栏中的运行按钮，该程序会依次运行，运行时间和速度可以相应地进行调整，具体内容如图 7 – 22 所示。

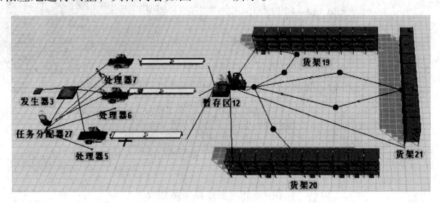

图 7 – 22   运行示意

7.3.3.2   任务要求

根据上述步骤完成以下分析：

（1）在给定的运送方案中，该系统需要配置几辆叉车才可以满足该系统的运送需求？根据什么参数判断是否满足需求？这时叉车的工作效率如何？

（2）对比两种以上运送方案的效果，优化整个系统和叉车效率，试分析如何提高叉车效率。

（3）比较 24 小时工作制和 8 小时工作制设定模型运行，核验是否是简单的大约 3 倍的关系？是否能发现不同的现象？连续运行一个月，情况又如何？试说明仿真长度对系统分析的影响。

思　考　题

1. 什么单元的哪些参数可以有效反映系统生产能力平衡状况？

2. 在给定的系统逻辑中，虽然概率很小，但可能会出现这样的情况：某件不合格货物经反复检修仍不合格，因而反复在检验和检修之间往返。而实际中，往往是这样的：当不合格产品经检修后，仍有某种比例的不合格可能，第二次检验不合格的产品报废。如果要使模型在这个逻辑上完善，应该做什么改动？试改写逻辑代码实现这个逻辑。

3. 学会修改已有模型的参数设置，进行仿真模型的修改，并与之前的数据对比分析仿真结果的优劣。

第 8 章

典型物流与供应链建模仿真方法

📖 **本章学习目标**

• 熟练掌握典型的四大供应链仿真系统如排队系统、库存系统、手工仿真系统和配货系统的建模与仿真，了解供应链关键模块运营的合理调节系统。

• 熟练掌握排队系统、库存系统、手工仿真系统和配货系统的概念、特点、基本参数、类型等内容，并会熟练操作 Flesim 软件来解决复杂的排队系统问题，调整仿真参数设置，分析仿真结果。

8.1 排队系统的建模与仿真

（完成本任务，并提交书面实验报告。建议学时：4 学时。）

8.1.1 任务描述

掌握排队系统仿真的一般步骤，并能在 Flexsim 软件中熟练操作。

8.1.1.1 排队系统的概念

排队是在日常生活中经常遇到的现象，如顾客到商店买物品、病人到医院看病就常常要排队。一般说来，当某个时刻要求服务的数量超过服务机构的容量时，就会出现排队现象。这种现象远不只在个人日常生活中出现，要求服务的可以是人，也可以是物。例如在计算机网络系统中，要求传输数据的是各个网络结点，这里的服务机构是网络传输机构，而要求服务的就是等待传输数据的网络结点。此外，电话的占线问题，车站、码头等交通枢纽的车船堵塞和疏导，故障机器的停机待修，水库的存贮调节等，都属于排队现象。在各种排队系统中，顾客到达的时刻与接受服务的时间都是不确定的，随着不同时机与条件而变化，因此排队系统在某时刻的状态也是随机的，排队现象几乎是不可避免的。

8.1.1.2 排队系统的影响因素

排队系统的关键因素是顾客和服务台。顾客可以指到达设施并请求服务的任何事物；服务台可以指能够提供服务的任何资源。排队系统是指物、人及信息等流量元素在流动过程中，由于服务台不足而不能及时为每个顾客服务，产生需要排队等待服务（加工）的一类系统。所以，排队是这些元素在流动、处理过程中常见的现象。这类系统的应用范围也可以扩大到一些大系统中物流问题的研究，如等待装运的物料与运输车辆之间、等待包装的商品与包装设备之间、等待入库的成品与堆垛机之间等，都是排队系统的实例。简单的排队系统可以用数学方法来求解，但复杂的排队系统用数学方法求解就显得困难，而仿真求解可用于各种结构、各种类型的排队系统。

8.1.1.3 排队系统的特点

排队系统虽然有各种形式，其复杂程度也有很大不同，但是，排队系统仿真建模却有其共同特点。首先，建模步骤都是相同的。其次，排队系统仿真时钟是跳跃的。这是由于顾客的到来或离开系统的时间在排队系统中都是随机的。在有些时刻，系统中没有事件发生，系统状态没有任何变化，此时系统不必一秒一秒地变化，而是直接跳到下一个状态点；而在另外一个时刻，则有一个或多个事件发生，这些时期成为特定时刻，系统状态也会随之变化。所以在排系统仿真时，仿真时钟只停留在事件发生的时刻上。此外，排队系统有共同及相似的事件类型与处理子程序，到来与离开事件及其处理子程序是所有排队系统共有的，其他事件及相应子程序则因不同类型的排队系统而有不同的内容。

8.1.2 相关知识

排队系统典型的形式如图 8 - 1 所示，系统本身包括了顾客源、排队队列和服务台 3 部分，顾客源中的顾客不断到达该系统，并形成队列等待服务，直到服务结束离开，或重返顾客源，或永久离开该系统。排队系统是个顾客不断的到来、排队及服务与离去的动态过程。

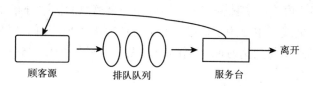

顾客源　　　　　排队队列　　　　　服务台　　　　离开

图 8 - 1　排队系统的简单形式描述

这类系统中，最主要的实体就是顾客与服务台（或称服务员）。而在动态随机服务的过程中，还会发生许多客观的现象，为了对排队系统有一个清晰确切的描述，需要对其对应的有关概念分别进行介绍。

8.1.2.1 顾客与顾客源

"顾客"一词在这里是指任何一种需要系统对其服务的实体。顾客可以是人，也可以是零件、机器等物。

顾客源又称为顾客总体，是指潜在的顾客总数。它分为有限与无限两类。有限顾客源中的顾客个数是确切的或有限的，如一个维修工人负责维修 3 台机器，则这 3 台机器就是一个有限的总体。

在具有较大潜在顾客的系统中，顾客源一般假定为无限的，不能用确切的或有限的个数来预知可能到来的顾客总体。如进入超市的顾客或要求电信局提供通话服务的顾客，即可假定为无限总体，而事实上这些顾客总体虽然很大但仍然是有限的。定义其为无限主要是为了简化模型。

之所以区分有限顾客源与无限顾客源，主要是因为这两类系统中，顾客到达率（即每单位时间到达顾客的平均数）的计算是不同的。无限顾客源模型中，到达率不受已经进入或正在等待、正在接受服务的顾客数的影响。而对于有限顾客源模型，到达率往往取决于正在等待服务的顾客数。

8.1.2.2　到达模式

到式模式是指顾客按照怎样的规律到达系统，一般用顾客相继到达的时间间隔来描述。根据时间间隔的确定与否，到达模式可分为确定性到达与随机性到达。

确定性到达模式指顾客有规律地按照一定的间隔时间到达。这些间隔时间是预先确定的或者是固定的。等距离到达模式就是一个常见的确定性到达模式，它表示每隔一个固定的时间段就有一个顾客到达的模式。

随机性到达模式是指顾客相继到达的时间间隔是随机的、不确定的。它一般用概率分布来描述。常见的随机性到达模式有以下几种。

1. 泊松到达模式

泊松分布是一种很重要的概率分布，泊松分布到达模式出现在许多典型的系统中，如商店顾客的到来、机器到达维修点等均近似于泊松到达模式。

2. 爱尔朗到达模式

这种模式常用于典型的电话系统。

（1）一般独立到达模式，也称任意分布的到达模式，指到达间隔时间相互独立，分布函数是任意分布的到达模式。这种分布往往可以用一个离散的概率分布加以描述。

（2）超指数到达模式，主要用于概率分布的标准差大于平均值的情况。

（3）成批到达模式，与到达时间间隔的分布无关，只是在每一到达时刻到达的顾客个数不是一个，而是一批。

8.1.2.3　服务机构

服务机构是指同一时刻可以提供服务的服务台数量以及服务台之间的布置关系。服务机构不同，则排队系统的结构也不相同。根据服务机构与队列的形成形式不同，常见且比较基本的排队系统的结构一般有以下几种：单服务台排队系统；单级多服务台排队系统；多级多服务台排队系统。一个较为复杂的排队系统其结构往往是结合以上几种基本结构组合而成的。

服务机构有两个重要的属性，分别为服务时间和排队规则。

1. 服务时间

服务台为顾客服务的时间可以是确定的，也可以是随机的。后者更为常见，即服务时间往往不是一个常量，而是受许多因素影响不断变化的。在这种情况下，服务过程的描述就要借助于概率函数。总体来说，服务时间的分布有以下几种：

（1）定长分布：这是最简单的情形，所有顾客被服务的时间均为某常数。

（2）指数分布：当服务时间完全随机的时候，可以用指数分布来表示。

（3）爱尔朗分布：用来描述服务时间的标准差小于平均值的情况。

（4）超指数分布：与爱尔朗分布相对应，用来描述服务时间的标准差大于平均值的情况。

（5）一般服务分布：适用于服务时间是相互独立但具有相同分布的随机情况，上述（1）～（4）分布均是一般分布的特例。

（6）正态分布：在服务时间近似于常数的情况下，多种随机因素的影响使得服务时间围绕此常数值上下波动，一般用正态分布来描述服务时间。

（7）服务时间依赖于队列长度的情况：即排队顾客越多，服务速度越快，服务时间越短。

2. 排队规则

排队规则是指顾客在队列中的逻辑顺序，以及确定服务员有空时顾客被选择去服务的规则，即顾客接受服务的次序与规则。

常见的排队规则有以下几类：

（1）损失制：顾客来到时，系统的所有服务机构均非空，则顾客自动离去，不再回来。

（2）等待制：顾客来到时，系统所有的服务台均非空，则顾客就形成队列等待服务，常用的规则如下：

①先进先出（FIFO）：即按到达次序接受服务，先到先服务。

②后进先出（LFO）：与先进先出服务相反，后到先服务。

③随机服务（SIRO）：服务台空闲时，从等待队列中任选一个顾客进行服务，队列中每一个顾客被选中的概率相等。

④按优先级服务（PR）：当顾客有着不同的接受服务优先级时，有两种情况：情况一是服务台空闲时，队列中优先级最高的顾客先接受服务；情况二是当有一个优先级高于当前顾客的新顾客到来时，按情况一的原则处理。

⑤最短处理时间先服务（SPT）：服务台空闲时，首先选择需要最短服务时间的顾客来进行服务。

（3）混合制：它是损失制和等待制的综合类型。具体包括以下几种：

①限制队列长度的排队规则：设系统存在最大允许队列长度 N，顾客到达时，若队长小于 N，则加入排队，否则自动离去。

②限制等待时间的排队规则：设顾客排队等待的最长时间为 T，则当顾客排队等待时间大于 T 时，顾客自动离去。

③限制逗留时间的排队规则：逗留时间包括等待时间与服务时间。若逗留时间大于最长允许逗留时间，则顾客自动离去。

8.1.3　任务实施

8.1.3.1　排队系统分类

根据日常生活中排队系统普遍现象的发生，可以把排队系统分为以下几个类型。

1. 单服务台排队系统

单服务台结构是排队系统中最简单的结构形式，在该类系统中有一级服务台，这一级中也只有一个服务台。它的结构如图8-2所示。

图8-2 单服务台排队系统结构

2. 单级多服务台排队系统

单级多服务台结构也是经常遇到的排队系统形式，又可分为所有服务台只有一个排队以及每个服务台都有排队两种不同情况，如图8-3所示。这里每个服务台的服务时间可以有相同分布或参数，也可以有不同参数甚至不同的分布。在图8-3（a）的排队形式中，只要有服务台空闲就有顾客进入服务台，当两个或两个以上服务台空闲时，则可按规则选择进入其中的一个服务台。在图8-3（b）的排队形式中，首先确定该顾客选择哪个服务台，然后根据选择的服务台是"忙"或"闲"决定是接受并开始服务，还是在该服务台前的队列中等待服务。

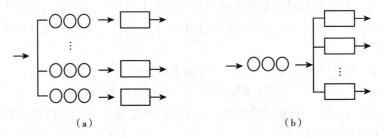

（a）   （b）

图8-3 单级多服务台排队系统结构

3. 多级多服务台排队系统

多级多服务台排队系统是排队系统的一类常见形式。图8-4表示了一个典型的多级多服务台排队系统，服务台共有3级，每级分别由2台、3台和1台组成，每级服务台前有一队列。顾客进入系统后逐级进入服务台，逐级服务。如没有空闲的服务台则逐级排队等待。当最后一级服务结束后顾客离开系统。

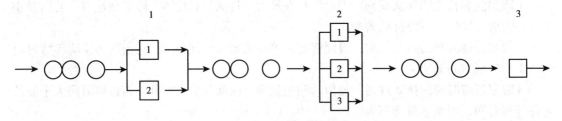

图8-4 多级多服务台排队系统结构

8.1.3.2 排队系统的性能指标

排队系统中，除了损失制，排队现象是不可避免的。这是由顾客到达的速率大于服务台进行服务的速率造成的。但是，排队越长则意味着系统服务质量越差，或者说系统效率越低。而盲目增加服务台，虽然队长可以减少，但却有可能造成服务台太多的空闲时间，设备利用率太低。排队系统研究的实质就是要解决上述问题，即合理地解决顾客等待时间与服分台空闲时间的矛盾，使得系统服务质量与设备利用率都达到较高的标准。

排队系统常用的性能指标有以下几个。

1. 服务台的利用率 ρ

$$\begin{aligned} \rho &= 平均服务时间/平均到达时间间隔 \\ &= \lambda/\mu \end{aligned} \tag{8.1}$$

式中，λ 为平均到达速率；μ 为平均服务速率，即单位时间内被服务的顾客数。在其他性能指标存在的前提条件下，通常 $\rho < 1$。

2. 平均等待时间 w_q

$$W_q = \lim_{n \to \infty} \sum_{t=1}^{n} \frac{D_i}{n} \tag{8.2}$$

式中，D_i 为第 i 个顾客的等待时间，n 为已接受服务的顾客数。

3. 平均逗留时间 w

$$W = \lim_{n \to \infty} \sum_{t=1}^{n} \frac{W_i}{n} = \lim_{n \to \infty} \sum_{t=1}^{n} \frac{(D_i + S_i)}{n} \tag{8.3}$$

式中，W_i 为第 i 个顾客在系统中的逗留时间，它等于该顾客排队等待时间 D_i 和接受服务时间 S_i 之和。

4. 平均队列长度 L_q

$$L_q = \lim_{t \to \infty} \int_0^T L_q(t) \, dt/T \tag{8.4}$$

式中，$L_q(t)$ 为 t 时刻正在等待的队列长度，T 为系统运行时间。

5. 系统中平均顾客数 L

$$L = \lim_{t \to \infty} \int_0^T L(t) \, dt/T = \lim_{t \to \infty} \int_0^T \left[L_q(t) + S(t) \right] dt/T \tag{8.5}$$

式中，$L(t)$ 为时刻系统中的顾客数，$L_q(t)$ 为 t 时刻正在等待的队列长度，$S(t)$ 为 t 时刻系统中正在接受服务的顾客数，T 为系统运行时间。

6. 忙期和闲期

忙期是指服务台全部处于非空闲状态的时间段，否则称为非忙期。而闲期指服务台全部处于空闲状态的时间段。对于单服务台来说，忙期与闲期交替出现。

除以上常见的性能指标外，具体的排队系统还可以根据系统本身的要求，采用其他体现系统性能的指标，如最长队列、顾客在系统中最大的逗留时间等。

8.1.3.3　排队系统的仿真实例

一个拥有一个出纳台的小杂货铺，顾客相隔 1~8 分钟随机到达出纳台，每个到达时间间隔的可能取值具有相同的发生概率，如表 8-1 所示。服务时间在 1~6 分钟的变化见表 8-2。通过仿真 100 个顾客的到达和接受服务来分析该系统。

表 8 - 1 到达间隔时间分布

到达时间间隔（分钟）	概率	累计概率	随机数字分配
1	0.125	0.125	001 ~ 125
2	0.125	0.250	126 ~ 250
3	0.125	0.375	251 ~ 375
4	0.125	0.500	376 ~ 500
5	0.125	0.625	501 ~ 625
6	0.125	0.750	626 ~ 750
7	0.125	0.875	751 ~ 875
8	0.125	1.000	876 ~ 999 和 000

表 8 - 2 服务时间分布

服务时间（分钟）	概率	累计概率	随机数字分配
1	0.10	0.10	01 ~ 10
2	0.20	0.30	11 ~ 30
3	0.30	0.60	31 ~ 60
4	0.25	0.85	61 ~ 85
5	0.10	0.95	86 ~ 95
6	0.05	1.00	95 ~ 99 和 00

为了产生到出纳台的时间，需要一组均匀分布的随机数，这些随机数满足下列条件：

（1）这些随机数在 0 - 1 均匀分布。

（2）相邻的随机数是相互独立的。

由于表 8 - 1 中的概率值精度为 3 位，那么 3 位的随机数就可以满足要求，必须列出 99 个随机数以便产生到达时间间隔。为什么仅需要 99 个数呢？因为第一个顾客是假定在 0 时到达的，所以只需要为 100 个顾客产生 99 个到达时间间隔。同样，对于表 8 - 2，两位的随机数足够了。

表 8 - 1 和表 8 - 2 的最右列分别用来生成随机到达时间和随机服务时间。在表 8 - 1 中，首先分配的随机数字是 001 ~ 125，这里三位数有 1000 个（000 ~ 999）。到达间隔的时间为 1 分钟的概率是 0.125，所以在 1000 个随机数字中有 125 个被分配到这种情况。99 名顾客的到达时间间隔的产生是由表 8 - 3 中列出的 99 个 3 位数字值与表 8 - 1 的随机数字分配比较得到的。

到达间隔时间的确定如表 8 - 3 所示。现以第一个随机数字是 064 做示范说明。为了得到其相应的到达时间间隔，要对照表 8 - 1。在表 8 - 1 中根据随机数字所在范围，找到其对应的到达时间间隔。表 8 - 1 第四列表示随机数字分配，064 位于 001 ~ 125 之间，根据该表第一列可知，001 ~ 125 对应的到达时间间隔为 1 分钟，所以 064 对应的到达时间间隔即为 1 分钟。

表 8 – 3　　　　　　　　　到达时间间隔的确定

顾客	随机数字	到达间隔时间（分钟）	顾客	随机数字	到达间隔时间（分钟）
1	—	—	11	413	4
2	064	1	12	462	4
3	112	1	13	843	7
4	678	6	14	738	6
5	289	3	15	359	3
6	871	7	16	888	8
7	583	5	17	902	8
8	139	2	18	212	2
9	423	4	…	…	…
10	039	1	100	538	5

同理，表 8 – 4 的服务时间的生成要对照表 8 – 2。表 8 – 4 中第一个顾客的服务时间是 4 分钟，因为随机数字 84 在表 8 – 2 中处于 61 ~ 85；或者，换句话说，因为导出的概率 0.84 落在累计概率 0.61 ~ 0.85。

表 8 – 4　　　　　　　　　服务时间的生成

顾客	随机数字	服务时间（分钟）	顾客	随机数字	服务时间（分钟）
1	84	4	11	94	5
2	18	2	12	32	3
3	87	5	13	79	4
4	81	4	14	92	5
5	06	1	15	46	3
6	91	5	16	21	2
7	79	4	17	73	4
8	09	1	18	55	3
9	64	4	…	…	…
10	38	3	100	26	2

手工仿真的本质是仿真表格，仿真表格是为了解决遇到的问题而专门设计的。表格填制从填写第一个顾客所在的单元初始化表格开始。第一个顾客假定在 0 时刻到达，服务马上开始并在 4 时刻结束，第一个顾客在系统中逗留 4 分钟。在第一个顾客以后，表中后续的各行都基于前一顾客的到达间隔时间、服务时间以及服务结束的时间的随机数。例如第二个顾客在时刻 1 到达，但服务不是马上开始，而是直到时刻 4 才开始，因为服务台（出纳员）在该时刻之前一直繁忙。第二个顾客在队列中要等待 3 分钟，服务时间为 2 分钟。这样，第二个顾客在系统中停留 5 分钟。跳到第 5 个顾客，服务结束于时刻 16，但是第 6 个顾客要在时刻 18 才到达，那时服务才开始。这样，服务台（出纳员）就要空 2 分钟。这一过程继续到 100 个顾客（见表 8 – 5）。表 8 – 5 最右边的两栏用来收集性能统计量度，比如每个顾客在系统中的时间以及服务台从前一顾客离去后的空闲时间（如果有的话）等。为了计算总统计量，表 8 – 5 中列出了服务时间、顾客在系统中花费的时间、服务台空闲的时间以及顾客在队列中等待的时间的总数。

表 8 – 5 单通道排队系统的仿真表格

顾客	到达间隔时间（分钟）	到达时刻	服务时间（分钟）	服务开始时间	顾客在对列中等待的时间（分钟）	服务结束时刻	顾客在系统中花费的时间（分钟）	服务台空闲的时间（分钟）
1	—	0	4	0	0	4	4	—
2	1	1	2	4	3	6	5	0
3	1	2	5	6	4	11	9	0
4	6	8	4	11	3	15	7	0
5	3	11	1	15	4	16	5	0
6	7	18	5	18	0	23	5	2
7	5	23	4	23	0	27	4	0
8	2	25	1	27	2	28	3	0
9	4	29	4	29	0	33	4	1
10	1	30	3	33	3	36	6	0
11	4	34	5	36	2	41	7	0
12	4	38	3	41	3	44	6	0
13	7	45	4	45	0	49	4	1
14	6	51	5	51	0	56	5	2
15	3	54	3	56	2	59	5	0
16	8	62	2	62	0	64	2	3
17	8	70	4	70	0	74	4	6
18	2	72	3	74	2	77	5	0
19	7	79	1	79	0	80	1	2
20	4	83	2	83	0	85	2	3
...								
100	5	415	2	416	1	418	3	0
总计	415		317		174		491	101

从表 8 – 5 得到如下一些结果：

（1）顾客的平均等待时间是 1.74 分钟：

$$平均等待时间 = \frac{顾客在队列中等待的总时间}{总顾客数}$$

$$= \frac{174}{100} = 1.74（分钟）$$

（2）顾客必须在队列中等待的概率是 0.46：

$$等待概率 = \frac{等待的顾客数}{总顾客数}$$

$$= \frac{46}{100} = 0.46$$

（3）服务台空闲的概率是 0.24：

$$服务台空闲的概率 = \frac{服务台空闲的总时间}{仿真的总运行时间}$$

$$= \frac{101}{418} = 0.24$$

服务台繁忙的概率 = 1 - 0.24 = 0.76

（4）平均服务时间是 3.17 分钟：

$$平均服务时间 = \frac{总服务时间}{总顾客数}$$

$$= \frac{317}{100} = 3.17（分钟）$$

这个结果可以和服务时间的期望值相比较。服务时间分布的期望值为：

$$E(S) = \sum_{s=0}^{\infty} sp(s)$$

应用表 8-2 的时间分布计算期望服务时间，得到：

期望服务时间 = 1 × 0.10 + 2 × 0.20 + 3 × 0.30 + 4 × 0.25 + 5 × 0.10 + 6 × 0.05 = 3.2（分钟）

期望服务时间要略高于仿真中的平均服务时间。仿真时间越长，平均值将会越接近 $E(S)$。

（5）平均到达间隔时间是 4.19 分钟：

$$平均到达间隔时间 = \frac{所用到达间隔时间总和}{到达数 - 1}$$

$$= \frac{415}{99} = 4.19（分钟）$$

因为第一个顾客是在 0 时刻到达的，所以分母减去 1。可以通过求离散均匀分布的均值将这个结果和期望到达间隔时间做比较。本例中，离散均匀分布的端点是 $a = 1$、$b = 8$，其均值为：

$$E(A) = \frac{a+b}{2} = \frac{1+8}{2} = 4.5（分钟）$$

所以，到达间隔时间的期望值要略高于平均值。仿真时间越长，所得出的期望值就会越接近理论的平均值 $E(A)$。

（6）有等待的顾客的平均等待时间是 3.22 分钟：

$$平均等待时间 = \frac{顾客在队列中等待的总时间}{等待的顾客总数}$$

$$= \frac{174}{54} = 3.22（分钟）$$

（7）顾客在系统中花费的平均时间是 4.91 分钟。这个值可以由两种方法获得，第一种方法通过以下关系式计算：

$$顾客在系统中花费的平均时间 = \frac{顾客在系统中花费的总时间}{顾客总数}$$

$$= \frac{491}{100} = 4.91（分钟）$$

第二种方法基于以下关系式计算：

顾客在系统中花费的平均时间 = 顾客在队列中等待的平均时间 + 顾客接受服务的平均时间

根据结果（1）和结果（4）可以得到：

顾客在系统中花费的平均时间 = 1.74 + 3.17 = 4.91（分钟）

决策者会对这类结果满意。如果增加仿真时间，结果会更加准确。但是，即便这样的结果，也能给许多实验性的推断提供依据。大约半数的顾客必须等待，但平均等待时间并不太长；服务台没有不适当的空闲时间。关于本结果更可信的说法可能取决于在等待的成本和增加服务台的成本之间取得平衡。

8.2　库存系统的建模与仿真

（完成本任务，并提交书面实验报告。建议学时：4 学时。）

8.2.1　任务描述

库存系统是供应链管理中的重要环节，起到缓冲、调节和平衡的作用。供应链上各结点企业库存水平的高低一方面影响产品的成本，另一方面影响客户服务水平和企业对市场波动的适应能力。现实库存系统多数属于复杂的离散事件系统，具有诸多不确定因素，而且各部分之间的关系复杂。企业在确定安全库存量、采购订货方式的时候遇到了很大的困难，直接表现为没有适当的库存控制策略、库存积压与库存短缺并存等问题。由于库存控制和管理水平还比较低，在国内企业中库存成本过高的现象尤为突出，有的企业库存积压的资金占到每年销售额的 30% 以上。

分析库存问题建立合理的库存水平，一直是广受关注的领域。研究者们在库存系统模型、订货策略、库存优化等领域进行了大量工作。常用的库存系统分析方法可以分为解析方法和仿真方法两类。

8.2.1.1　解析方法

解析方法根据设定的目标函数和约束条件，采用数学规划或者启发式算法来寻找库存水平最低，并满足交货期要求的系统方案。库存系统的参数可以是确定性变量，也可以是随机变量。

8.2.1.2　仿真方法

实际库存系统的结构复杂、环节众多，在模型结构比较复杂或不确定性因素比较多的场合下，采用数学规划或启发式算法进行系统分析会很困难。在这种情况下，使用系统仿真方法还可以克服算法上的困难，具有显著的优越性。系统仿真方法还可以在不同的层次上，分析不同约束条件和输入数据下仿真库存系统的动态响应，提供决策支持。

用随机模型表示产品需求和生产过程中的延迟，较好地反映了实际系统的不确定，真实地反应库存系统的特点。随机性库存系统中有很多不确定的随机参数，解析方法的应用受到了很大的局限性，很难采用数学规划或启发式算法进行准确分析。应用离散系统仿真技术，可以对库存系统全局或者局部变量进行分析和优化，例如库存系统规划、库存成本分析、库存控制策略分析等。

8.2.2　相关知识

8.2.2.1　库存系统的基本概念

库存问题是物流领域研究的重点问题之一。研究库存系统的目的是通过建立库存系统模型来确定库存策略，从而达到满足服务水平和控制库存费用的目标。对库存系统的研究主要有建立计算机仿真模型和建立优化模型两类方法。

库存系统仿真就是利用仿真方法对库存系统进行建模，通过仿真运行结果中的费用指标来对库存策略和库存结构进行评价。

1. 库存系统的功能

根据现代物流理论的观点，库存系统应具有以下的功能。

（1）调节供需的功能。生产活动的节奏与消费活动的节奏因产品的不同而存在差异，库存系统作为平衡环节能够对此加以调节和控制，从而使得生产和消费协调起来。

（2）调节货运能力的功能。由于各种运输工具的运量存在着很大的差距，因此在各个运输方式的衔接环节，通常由库存系统来调解和弥补。

2. 库存系统的分类

根据需求与订货的规律，库存系统分为随机型库存系统和确定型库存系统。随机型库存系统是指库存参数中至少有一个是随机变量的库存模型，即需求发生的时间、每次的需求量、订货时间和订货量以及订货提前期，均有可能是随机的。研究库存系统的目的一般是要确定或比较各种库存策略。对于确定型库存系统，一般采用解析法进行研究。现实的库存系统多数属于随机型库存系统，由于其具有随机复杂性的特点，采用传统的解析方法难以描述系统变量之间复杂的非线性关系，因此需要借助于计算机系统仿真的方法。

（1）确定型库存系统。在确定型库存系统中，需求量与需求发生时间，订货量与订货发生时间，从订货到货物入库的时间都是确定的。如果采用安全库存订货策略，库存量随时间的变动如图 8-5 所示，其中 T 为订货周期，Q 为入库量，r 为安全库存量。

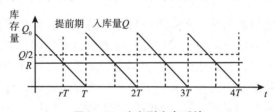

图 8-5 确定型库存系统

（2）随机型库存系统。在随机型库存系统中，需求量与需求发生时间，订货量与订货发生时间，从订货到货物入库的时间都可能是随机的，库存量随时间的变动如图 8-6 所示。从图 8-6 中可以看出订货提前期是为了能够提前订货，满足整个供应链稳定性和可靠性的需求。

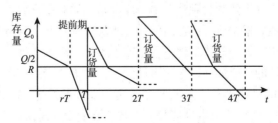

图 8-6 随机型库存系统

8.2.2.2 库存系统的仿真相关知识

库存系统是一类不同于排队系统的离散事件系统，它的变化除了具有离散性与随机性外，在仿真建模时表现为以下形式。

（1）仿真时钟的步进式推进。在库存系统中，由于每个仿真时刻都有需求发生，也就是每个仿真时刻都有事件发生，所以仿真时钟的推进是步进式的，每执行完一个时刻的事件后，仿真时钟加1，来到下一个特定时刻，再执行下一个时刻的事件。

虽然在库存系统中每个特定时刻都需执行需求事件，但对订货事件与到货事件却不是每个特定时刻都必须执行的，这两个事件应登记在事件表中，当执行完需求事件后再查找事件表，决定是否需执行订货事件和到货事件。

（2）事件类型分类特点。库存系统中事件有4类，如表8-6所示，不同类库存系统有不同的需求与供给，但它们的事件类型均属于这4类。

表8-6　　　　　　　　　　　　　　库存系统事件类型

事件类型	性质	事件描述	处理内容
1	原发	需求	根据系统的需求规律求解每个特定时刻的需求量改变库存量
2	原发或1类事件的后续事件	订货	根据订货规则确定订货数量及订货日期
3	原发	到货	改变库存量
4	原发	费用计算	每个时刻订货事件和到货事件结束后计算当天的费用

①需求事件：收到货物的需求订单并发出货物。仿真时，处理需求事件需要根据需求规律，得到每个特定时刻的需求量。对于确定性库存系统，通过解析的方法可以得到数学表达式；对于不确定性库存系统，其需求规律主要是由历史数据经统计分析后得出。当需求事件出现后，产生的结果是系统状态发生变化，即库存量改变。需求事件的发生不受系统中其他事件的影响，是系统之外的因素所为，只与时间因素有关，因而，其性质是一个原发事件。

②订货事件：根据需求和现库存量，依据库存管理规则，发出订购货物单。这一事件的性质在不同类型的库存系统中可能会有不同。要依据事先规定的订货原则，以及库存系统类型而定。对确定性库存系统，其发生可以预先明确，因而在仿真处理时，按原发事件的性质处理；对于随机系统，若采用最低、最高库存控制方法，则最低、最高库存量将对其是否发生以及订货量的多少成为必要的约束条件，即：当系统的存货低于最低库存量时，则必须补充货物，订货事件才会发生，补充的数量则涉及最高库存量；同时由于要考虑货物在订货后到达要延迟一段时间，因此，还要根据订货提前时间的分布规律确定此次订货的日期，并计算货物到达的特定时刻。在这种情形下，订货事件不仅是需求事件的后续事件，而且是条件事件。需要明确的是，无论订货事件的性质如何，这一事件的发生并不改变系统状态，不改变库存量。

③到货事件：订购的货物到达，进入库存。这一事件的发生必然改变系统状态，在特定时刻，库存量发生变化。显然这一事件应是一个原发事件，只是在不同系统中，依据订货提前时间的变化规律，使其发生的特定时刻的获得方法有所不同。在确定性库存系统中，因订货提前时间是固定的，所以其到达时间可以是明确计算的；在随机系统中，由于订货提前时

间按统计规律变化，故其发生时刻是根据统计分布规律，由随机数确定，与其他因素无关。

④费用计算事件：在库存系统仿真中，每个时刻必须执行的事件就是费用计算。由于它也是每个时刻就执行的，所以不必列在事件表中，但是在执行完其他所有事件后，必须执行该事件。费用计算就是根据该时刻的库存量计算费用，如有订货则计算订货费用。根据当天是否缺货再计算缺货费用，将这天所有的费用计算出来。

（3）事件表。由于事件类型 1 即需求事件是每个时刻都发生的事件，所以不登记在事件表中，在事件表中仅登记 2 类与 3 类事件。2 类事件订货发生的时刻有两种情况。一种是固定间隔 N，在 $T=0$ 时发生一个 1 类事件，同时产生一个订货事件，在执行订货事件时要计算 $T_{当前} + T_{间隔(N)} = T_{下一次订货}$，并将下一次订货时间登记在事件表上，此时订货事件是原发事件；另一种是假如订货时间是根据当前库存量来决定，如当前库存量等于或小于一定的值就需订货，则订货事件就成了 1 类事件的后续事件并且是一个条件事件。在执行订货事件时还需要根据到货时间的分布与参数，计算出到货时刻并登记在事件表上。

8.2.3　任务实施

8.2.3.1　库存系统仿真的建模参数

库存系统仿真是供应链建模中必不可少的关键环节，库存系统仿真的主要建模参数如表 8 - 7 所示。

表 8 - 7　　　　　　　　　　　库存系统仿真的建模参数和分类

建模参数	具体内容
模型参数	每件货物每月保管费、每件缺货损失费、每件订货费、订货附加费、仓库初始库存量、库存参数、库存控制量、平均需求间隔时间、需求量、事件发生概率
仿真控制参数	仿真运行的长度、运行次数、仿真步长
仿真运行过程变量	订货数量、实际需求量，动态库存量 $I(t)$、事件类型数、下一个最早发生的事件类型数、仿真时钟的数值、上次改变库存水平的时间、类型为 1 的事件（见表 8 - 6）发生的时间、上一次事件发生以来的时间、仿真运行长度单位、仿真运行时间长度
仿真运行的结果变量	订货策略的运行总费用、保管费用、订货费用、缺货损失费用、其他数据总计等

（1）模型参数。模型中供应方、仓库、需求方、货物的各单元属性是仿真模型的基本属性，如果属性数据发生改变，则模型本身也发生变化。

仿真模型除了确定各自单元属性外，还需要确定各个单元之间的逻辑关系，比如仓库、需求方和所需求的货物种类会决定需求请求的时间间隔、数量及其缺货损失费，不同的单元之间发生的逻辑关系属性会有不同。如果单元之间的逻辑关系发生变化，仿真模型结构即发生变化。

单元属性和逻辑关系属性是仿真模型的基本属性。

（2）仿真控制参数。仿真控制参数将决定仿真运行的时间长短、方式和其他属性。仿真控制参数改变，不改变仿真模型本身，但是改变仿真运行过程。

（3）仿真运行的过程变量。在仿真运行过程中需要执行变量，这些变量只在仿真运行过程中使用，可以作为状态记录输出。

（4）仿真运行的结果变量。仿真运行结束后将输出结果数据，结果变量即是在仿真运行中记录结果数据的变量，通常需要根据模型单元属性和仿真运行过程变量计算才能得出，比如仓储费就是根据仓储费用单价属性与仓储量来计算的。

8.2.3.2 确定性库存系统

确定性是指需求量及订货提前期为一个已知的确定量，这样的库存系统的最优库存方案是各项费用之和最少。当一个时期内的产品需求量及订货提前期确定以后，相应的库存成本就基本上确定了。如果暂时不考虑缺货成本，库存成本由产品成本、存贮成本和订货成本三部分组成。主要解决的问题是什么时候订货、订多少货；如果允许缺货，允许缺多少货等问题。解决确定性库存问题最常用的模型为 EOQ 模型，即经济订货批量（economic order quantity）模型，经济订货批量是存货维持与订货相结合的使成本最低的补给订货批量。

模型成立需要以下几个假设条件：缺货费用无穷大；当存贮降为零时，可以立即得到补充；需求是连续的、均匀的；每次订货量不变；单位存贮费不变。由于经济批量模型需要相当严格的假设才能直接应用，所以在其延伸的模型中往往有以下诸多假设：不允许缺货，生产需一定时间；允许缺货（缺货需补充），生产时间很短；允许缺货（需补足缺货），生产需一定时间。不同的假设，模型不尽相同。

（1）周期性检查模型。此类模型有六种情形：不允许缺货、允许缺货、实时补货三种情况下，每种情况又分瞬时到货、延时到货两种情形。

最常用的模型是不允许缺货、瞬时到货型，其最佳订货周期为：

$$T = \sqrt{\frac{2C_0}{C_H D}} \tag{8.6}$$

式中，C_0 为单位订货费用（元），C_H 为单位产品库存持有费用（元/件·年），D 为年需求率（件/年）。

（2）连续性检查模型。连续型检查模型需要确定订货点和订货量两个参数。此模型分为六种情形：不允许缺货、瞬时到货型；不允许缺货、延时到货型；允许缺货、瞬时到货型，允许缺货、延时到货型；补货、瞬时到货型；补货、延时到货型。

最常见的连续性检查模型是不允许缺货、瞬时到货型。此情形的模型是最经典的经济订货批量模型（EOQ）。

订货点为：

$$R = L_T \tag{8.7}$$

最佳订货批量为：

$$Q = \sqrt{\frac{2DC_0}{C_H}} \tag{8.8}$$

式中，C_0 为单位订货费用（元），C_H 为单位产品库存持有费用（元/件·年），D 为年需求率（件/年），L_T 为订货提前期。

8.2.3.3 随机性库存系统

随机性库存系统模型最重要的特点是订货提前期、需求量、需求周期这三个方面至少有一个是随机的，其概率或分布是已知的；对于需求通常分为需求是连续的还是离散的两种情况。对于这样的随机性库存系统，确定性库存系统解析模型不再适用，可供选择的策略主要有三种。第一种策略：定期订货，但订货数量需要根据上一个周期剩下货物的数量决定订货量，剩下的数量少，可以多订货；剩下的数量多，可以少订或者不订货。第二种策略：定点订货，存贮量降到某一确定的数量时立即订货，不再考虑间隔的时间；这一数量值称为订货点，每次订货的数量不变。第三种策略：把定期订货和定点订货综合起来的方法，隔一定时间检查一次存贮；如果存贮数量高于一个数值 s，则不订货；小于时则订货补充存贮，订货量要使存贮量达到 s。这种策略可以简称为 (s, S) 存贮策略。

另一种更为复杂的模型是具有随机需求过程和随机供货时间的库存模型。由于随机库存模型与排队论和控制论联系紧密，这就需要相当严格的假设才能直接应用，所以在其延伸的模型中往往有以下诸多假设：不允许缺货，生产需一定时间；允许缺货（缺货需补充），生产时间很短；允许缺货（需补足缺货），生产需一定时间。不同的假设，模型不尽相同。另外，为了利用特殊的购买形式和单位化特征而必须做出某些调整，与 EOQ 有关的两种调整分别是运量费率和数量折扣。常看到某种商品有所谓的零售价、批发价和出厂价，购买同一种商品的数量不同，商品单价也不同，一般情况下购买数量越多，商品单价越低。

8.2.3.4 库存系统的仿真实例

1. 报纸经销商问题

报纸的订购与销售问题是一个经典的库存问题。报摊以 0.33 元买进每张报纸，以 0.50 元卖出。当日结束时未销售的报纸作为废品处理，每份卖 0.05 元。报纸以 10 份为一捆订购，因此，报摊可以买 50 份或 60 份等。销售情况一般分为"良""中""差"，它们的概率分别是 0.35、0.45 和 0.20。每天对于报纸需求量的分布见表 8 - 8，要解决的问题是，计算报摊应该订购报纸的最优数量。为完成这项工作，进行 20 天的仿真和 400 次的实验并记录每天的利润。

表 8 - 8   每天报纸需求量的分布

需求量	需求概率分布		
	良	中	差
40	0.03	0.10	0.44
50	0.05	0.18	0.22
60	0.15	0.40	0.16
70	0.20	0.20	0.12
80	0.35	0.08	0.06
90	0.15	0.04	0.00
100	0.07	0.00	0.00

利润按照以下公式计算：

利润 = 销售收入 - 报纸成本 - 额外需求的利润损失 + 报废报纸的回收费

根据问题的描述，每份报纸的销售收入是 0.50 元，订购每份报纸的成本是 0.33 元。未满足的额外需求的利润损失每份是 0.17 元。这种短缺损失存在着一些争议，但是会使问题变得更为有趣。报废报纸的回收收入为每份 5 分。

表 8-9 和表 8-10 提供了报纸类型和需求量的随机数字分配。用仿真模型解决这一问题，需要设定每天购买的报纸的数量（购买策略），然后进行周期为 20 天的报纸需求仿真来确定总利润。改变购买策略（报纸订购数）为其他的值，然后重新运行仿真直到找出最佳的值。

表 8-9   报纸类型的随机数分配

报纸类型	概率	累计概率	随机数字分布
良	0.35	0.35	01 ~ 35
中	0.45	0.80	36 ~ 80
差	0.20	1.00	81 ~ 99 和 00

表 8-10   报纸需求的随机数字分配

需求	累积分布			随机数字分配		
	良	中	差	良	中	差
40	0.03	0.10	0.44	01 ~ 03	01 ~ 10	01 ~ 44
50	0.08	0.28	0.66	04 ~ 08	11 ~ 28	45 ~ 66
60	0.23	0.68	0.82	09 ~ 23	29 ~ 68	67 ~ 82
70	0.43	0.88	0.94	24 ~ 43	69 ~ 88	83 ~ 94
80	0.78	0.96	1.00	44 ~ 78	89 ~ 96	95 ~ 99 和 00
90	0.93	1.00	1.00	79 ~ 93	97 ~ 99 和 00	
100	1.00	1.00	1.00	94 ~ 99 和 00		

表 8-11 为每天订购 70 份报纸的策略的仿真表格。

表 8-11   订购 70 份报纸的仿真表格

时间	报纸类型的随机数字	报纸类型	需求的随机数字	需求（份）	销售收入（元）	额外需求的利润损失（元）	废品回收收入（元）	每日利润（元）
第 1 天	58	中	93	80	35.00	1.70	—	10.20
第 2 天	17	良	63	80	35.00	1.70	—	10.20
第 3 天	21	良	31	70	35.00	—		11.90
第 4 天	45	中	19	50	25.00	—	1.00	2.90

续表

时间	报纸类型的随机数字	报纸类型	需求的随机数字	需求（份）	销售收入（元）	额外需求的利润损失（元）	废品回收收入（元）	每日利润（元）
第 5 天	43	中	91	80	35.00	1.70	—	10.20
第 6 天	36	中	75	70	35.00	—		11.90
第 7 天	27	良	84	90	35.00	3.40		8.50
第 8 天	73	中	37	60	30.00	—	0.50	7.40
第 9 天	86	差	23	40	20.00		1.50	−1.60
第 10 天	19	良	20	40	20.00		1.50	−1.60
第 11 天	93	差	53	50	25.00		1.00	2.90
第 12 天	45	中	96	80	35.00	1.70	—	10.20
第 13 天	47	中	33	60	30.00		0.50	7.40
第 14 天	30	良	86	90	35.00	3.40		8.50
第 15 天	12	良	16	60	30.00		0.50	7.40
第 16 天	41	中	70	40	20.00		1.50	−1.60
第 17 天	65	中	64	60	30.00		0.50	7.40
第 18 天	57	中	94	80	35.00	1.70	—	10.20
第 19 天	18	良	55	80	35.00	1.70	—	10.20
第 20 天	98	良	13	40	20.00	—	1.50	−1.60
总计					600.00	17.00	10.00	131.00

在第一天，报纸的需求量是 80 份，但是仅有 70 份可卖。70 份报纸的销售收入是 35.00 元，额外需求的 10 份报纸的利润损失是 1.70 元。这样第一天的利润计算如下：

利润 = 35.00 − 23.10 − 1.70 + 0 = 10.20（元）

在第 4 天，需求小于供应。卖出 50 份报纸的收入是 25.00 元，20 份报纸按每份 0.05 元回收共得 1.00 元，当天的利润确定如下：

利润 = 25.00 − 23.10 − 0 + 1.00 = 2.90（元）

20 天的总利润是每天利润的总和，共计 131.00 元。也可以由仿真的 20 天的总数进行计算如下：

总利润 = 600.00 − 462.00 − 17.00 + 10.00 = 131.00（元）

表 8−11 所示的利润总和为 131.00 元。一个 20 天的结果和 400 次实验的平均值 137.61 元差别不大，但是一个 20 天仿真的结果有可能出现最大值和最小值。这也证明了进行多次试验的必要性。

2. 上限订货库存系统的仿真

考虑某个公司销售冰箱的情况。为维护库存，系统每经过一段固定的时间都会检查销售情况，然后决定下一步的行动。策略是上限订货，依据下述关系确定订购量：

订购量 = 上限订货水平 − 盘点库存量 + 短缺量

比如说，定义上限订货水平（M）为11，盘点库存是3。进一步，假设检查周期（N）是5天。这样，在每个周期的第5天，从供货商那里订购8台冰箱。如果第5天有两台冰箱的短缺，则需要订购13台（盘点库存和短缺不可能同时发生）。如果有3台冰箱的短缺，则收到的第一批（3个）冰箱将会首先提供给订货单已经到达的客户，这称为"延期交货"。当消费者有需求而库存量又不满足时就会出现失销情况。

每天需要的冰箱量是随机的，其分布见表8-12。另一个随机性的来源是供货到达前订单交给供货商后的天数，或者称为提前期。表8-13为提前期的分布，假设每天结束以后才进行订购，如果提前期为0天，则第2天早上供应商的冰箱就会运到，并且当天可以销售；如果提前期是1天，则冰箱在第3天早晨运到，并且当天可以销售。

表8-12 每日需求的随机数字分配

需求（台）	概率	累计概率	随机数字分配
0	0.10	0.10	01~10
1	0.25	0.35	11~35
2	0.35	0.70	36~70
3	0.21	0.91	71~91
4	0.09	1.00	92~99 和 00

表8-13 提前期的随机数字分配

提前期（天）	概率	累计概率	随机数字分配
1	0.6	0.6	1~6
2	0.3	0.9	7~9
3	0.1	1.0	0

仿真开始时，库存水平是3，订购了8台冰箱，在两天后到达，仿真表格见表8-14。

表8-14 (M，N) 库存系统的仿真表格

时间	周期	周期内的天数	初始库存（台）	需求的随机数字	需求（台）	盘点库存（台）	短缺量（台）	订购量（台）	需求的随机数字	提前期（天）	到货天数（天）
第1天	1	1	3	26	1	2	0	—	—	—	—
第2天	1	2	2	68	2	0	0	—	—	—	—
第3天	1	3	8	33	1	7	0	—	—	—	—
第4天	1	4	7	39	2	5	0	—	—	—	—
第5天	1	5	5	86	3	2	0	9	8	2	3
第6天	2	1	2	18	1	1	0	—	—	—	—
第7天	2	2	1	64	2	0	—	—	—	—	—

续表

时间	周期	周期内的天数	初始库存（台）	需求的随机数字	需求（台）	盘点库存（台）	短缺量（台）	订购量（台）	需求的随机数字	提前期（天）	到货天数（天）
第 8 天	2	3	9	79	3	5	0	—	—	—	—
第 9 天	2	4	5	55	2	3	0	—	—	—	—
第 10 天	2	5	3	74	3	0	0	11	7	2	2
第 11 天	3	1	0	21	1	0	1	—	—	—	1
第 12 天	3	2	0	43	2	0	3	—	—	—	—
第 13 天	3	3	11	49	3	6	0	—	—	—	—
第 14 天	3	4	6	90	3	3	0	—	—	—	—
第 15 天	3	5	3	35	1	2	0	9	2	1	1
第 16 天	4	1	2	80	0	2	0	—	—	—	—
第 17 天	4	2	11	98	4	7	0	—	—	—	—
第 18 天	4	3	7	61	2	5	0	—	—	—	—
第 19 天	4	4	5	85	3	2	0	—	—	—	—
第 20 天	4	5	2	81	3	0	1	12	3	1	1
第 21 天	5	1	0	53	2	0	3	—	—	—	—
第 22 天	5	2	12	15	1	8	0	—	—	—	—
第 23 天	5	3	8	94	4	4	0	—	—	—	—
第 24 天	5	4	4	19	1	3	0	—	—	—	—
第 25 天	5	5	3	44	2	1	0	10	1	1	1
总计						68	9				
平均					2.04	2.72	0.36				

选定 25 天的跟踪仿真表格来观察上限订货库存系统的运行情况。在第 1 个周期第 3 天的早上，订购的 8 台冰箱到货，将库存水平从 0 台提升到 8 台。在第 1 个周期剩余的几天期间需求不断将库存减少，到第 5 天，盘点库存下降到了两台，所以订购 9 台。该订单的提前期是两天，9 台冰箱在第 2 个周期的第 3 天早晨加入库存。

注意，第 4 个周期的第 5 天的初始库存是 2，当天的订货是 3，所以就产生了短缺情况（当天 1 台冰箱需要延期交货）。这样，当天的订购量就是（11＋1），提前期是 1 天。第二天（即第 5 个第 1 天）的需求量是 2，增加了短缺。

第 5 个周期的第 2 天早上订货到达，3 台冰箱用于满足延期交货，当天的需求是 1 台，所以最后的库存是 8。

经过 5 个周期的仿真，平均盘点库存近似为 2.72（68/25）台，在 25 天中有 5 天出现了短缺现象。

在此例中，供货商那边任何时候不能出现多于一个未完成的订单。但是，存在这样一种情况，即提前期如此之长，以至于前面给出的关系式需要修改为：

$$订购量 = 上限订货水平 - 盘点库存量 - 已订购量 + 短缺量$$

这个关系保证了不会出现多余的订购。为了估计在库存盘点时冰箱平均数量的情况，应该进行多次仿真试验。

8.3　手工仿真

（完成本任务，并提交书面实验报告。建议学时：4 学时。）

8.3.1　任务描述

仿真的输入数据是仿真的基础和源泉，收集和分析仿真数据输入是系统仿真的前提和基础。仿真模型中的输入数据直接影响着仿真输出结果分析。几乎所有的仿真模型都包含了随机输入，例如在排队系统仿真中，典型的输入数据可以是到达的时间间隔和服务时间的分布；在库存系统仿真中，输入数据包括需求的分布和提前期的分布等。许多仿真系统模型存在一些随机变量，对此类系统的仿真结果进行分析时，一般采用统计方法来估计系统的性能，用随机变量的概率分布、数学期望和方差等统计特征进行描述。

仿真输出数据同样在人工仿真过程中发挥十分重要的作用。通过采取适当的统计技术对仿真数据统计分析，能获得系统状态变量高精度的统计特性，并且能够实现对位置参数的估计。

手工仿真的步骤：

（1）确定仿真的每个输入的特征。

（2）构造一个仿真表。

（3）针对每一重复运行 i，可以由每一组 p 个输入产生一个值，并评价其功能，计算响应 y_i 的值。

8.3.2　相关知识

8.3.2.1　仿真输入数据分析概述

对具有随机变量的系统进行仿真时，为了在仿真模型中对这些分布进行取样以得到需要的随机变量，必须确定其随机变量的概率分布。确定随机变量的概率分布是搜集随机模型的观测数据，当输入随机变量的分布已知时，可以用合适的方法生成相应分布的随机数作为系统的输入。在实际问题中，常常是只能通过对系统的观察收集到感兴趣的输入随机变量的观察数据，而对输入的总体分布一无所知或仅有部分信息。确定随机变量的分布模型通常采用两种方法：一种是利用观察数据建立实验分布函数，并用实验分布抽样法生成相应的输入随机数；另一种是通过对这些数据的分布形式假定、参数估计和分布拟合优度检验等过程，确定输入随机变量的分布模型。

输入数据模型确定的基本方法如图 8-7 所示。

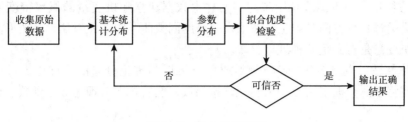

图 8-7 输入数据模型

8.3.2.2 数据的收集与处理

数据收集是针对实际问题，经过系统分析或经验的总结，以系统的特征为目标，收集与此有关的资料、数据、信息等反映特征的相关数据。数据收集是输入数据分析的基础，需要对收集的方法、数据做预先的设计和估算。因此收集的原始数据是进行系统仿真的一个关键因素。实际系统中会存在很多输入数据，根据仿真目的收集资料和数据是十分重要的，因此数据的收集也是项工作量很大的工作。统计收集到的数据通过计数统计、频率分析、直方图制作等，得出统计分布的假设函数（如正态分布机分布、负指数分布、爱尔朗分布等），对数据进行分析。如果收集到的输入数据不准确或者采用的分析方法不正确，即使仿真系统的模型是正确的，利用该数据进行仿真也不能得到正确的结果。最终造成决策失误和损失，仿真的意义没有得到充分体现。

在进行数据收集时应该注意以下几个问题：根据问题的特征，进行仿真的前期研究，分析影响系统的关键因素，做好仿真计划，了解仿真时所需要的数据。尽量把性质相同的数据集组合在一起，形成不同类型的数据分组，便于数据本身的管理和仿真的对比分析。在收集数据时应注意对数据的分析，抓住仿真研究的关键，对于仿真无用的数据无须收集。数据的自相关性的检验，通常是检验观察序列数据是否存在自相关性，而自相关最有可能存在于相继的时间周期或相继的顾客中。通过进行回归分析，判断两个随机变量之间的相关性。

在进行系统仿真时，可以通过以下方式获得数据：对原始数据的收集；实际观察获得系统的输入数据（例如，观测在一段时间内到银行的顾客数目，观测超市中顾客到达收银台的时间间隔）；项目管理人员提供的实际系统的运行数据（配送中心在一段时间内收到的订单数目）；文献参考，从公开发表的研究资料、论文等文中收集相关系统的输入数据模型。利用研究机构或组织提供的用于测试仿真或算法的数据包进行仿真或算法性能对比。同时由于这些数据具有较高的可信度和权威性，给仿真对比分析带来极大便利。

通过对系统输入数据的分析来确定输入数据模型，使建立的输入数据模型能够准确反应数据的随机特征。数据模型的确定是得到正确仿真结果的前提。

8.3.2.3 数据分布的分析

观测数据自连续分布最常用的预处理方法有 3 种，即点统计法、直方图法及概率图法。

（1）点统计法。点统计法是基于连续分布的变异系数特征进行分布类型的假设。观测数据的预处理是计算其变异系数，根据偏差系数的特征寻求与其相近的理论分布。

（2）直方图法。直方图法是用观测到的样本数据建立随机变量的概率密度函数分布的直方图，然后通过将直方图与理论分布的概率密度函数曲线图形做对比，从图形上直观地判断被观测随机变量是否满足某种理论分布。

（3）概率图法。直方图法是将观测数据的直方图与理论分布的密度函数进行比较，而概率图法则是将观测数据定义为一个实验分布函数，然后将它与理论分布函数进行比较后再进行假设。

8.3.2.4 仿真输出数据分析概念和特点

仿真输出的目的是用适当的统计技术对仿真过程中产生的数据进行统计分析，从而实现对未知参数的估计。在多数的情况下，仿真实验的结果是由计算机计算得出，而这些数据通常不能直接反映系统的性能，需要经过分析整理并形成仿真报告。

在现实世界中，物流系统存在很多类型（如某仓库统计每周的存货量，得到一组存货量的统计数据，则这些数据是不独立的）。

根据研究目的和模型的内部逻辑不同，仿真运行方式可分为终态仿真（暂态仿真）和稳态仿真两大类。终态仿真是指仿真实验在某个持续时间段上运行。在该模型中明确地规定了仿真开始和仿真结束的条件，这些条件是目标系统实际运行模型的反映。稳态仿真则是通过系统的仿真实验，得到一些系统性能测度指标在系统达到稳态时的估计值；对于数量的估计是建立在长期运行的基础上，理论运行时间是趋于无穷的。终态仿真的结果对初始状态的依赖性很强，而稳态仿真的实验结果一般应该与初始状态无关。

对仿真的输出结构进行统计分析的主要目的是获得系统状态变量的高精度的统计特性，以便能够对仿真结构加以正确的利用。

8.3.3 任务实施

8.3.3.1 顾客排队仿真

1. 理发店系统手工仿真

（1）模型基本介绍。仿真初始条件：系统中没有顾客，即：排队的队列中没有顾客等待，服务台无服务对象。

（2）仿真开始。以第一个顾客到达时刻为仿真的起始点。

（3）模型。实体：顾客、服务员；状态：系统中的顾客数、服务员忙闲；事件：到达事件、离开事件（完成服务）；活动：服务。

2. 确定输入数据的特征

假定到达事件——顾客到达间隔时间服从概率分布，表8-15表示到达间隔时间为8分钟的均匀分布情况。

到达事件的产生如表8-16所示，该表是按照顾客的到达间隔时间来确定事件产生的。

服务事件是按照服务时间的分布来确定的，具体如表8-17所示。

表 8 - 15　到达间隔时间分布

到达间隔时间（分钟）	概率	累计概率	随机数区间
1	0.125	0.125	001 ~ 125
2	0.125	0.250	126 ~ 250
3	0.125	0.375	251 ~ 375
4	0.125	0.500	376 ~ 500
5	0.125	0.625	501 ~ 625
6	0.125	0.750	626 ~ 750
7	0.125	0.875	751 ~ 875
8	0.125	1.000	876 ~ 999 和 000

表 8 - 16　到达间隔时间的确定

顾客	随机数字	到达间隔时间（分钟）	顾客	随机数字	到达间隔时间（分钟）
1	—	—	6	309	3
2	913	8	7	922	8
3	727	6	8	753	7
4	015	1	9	235	2
5	948	8	10	302	3

表 8 - 17　服务时间分布

服务时间（分钟）	概率	累计概率	随机数区间
1	0.10	0.10	01 ~ 10
2	0.20	0.30	11 ~ 30
3	0.30	0.60	31 ~ 60
4	0.25	0.85	61 ~ 85
5	0.10	0.95	86 ~ 95
6	0.05	1.00	96 ~ 99 和 00

服务事件的产生主要是按照每个顾客的服务时间来确定和定义的，具体数据如表 8 - 18 所示。

表 8 - 18　服务时间确定

顾客	随机数字	服务时间（分钟）	顾客	随机数字	服务时间（分钟）
1	84	4	6	79	4
2	10	1	7	91	5
3	74	4	8	67	4
4	53	3	9	89	5
5	17	2	10	38	3

3. 构造仿真表及重复运行结果

根据数据输入输出的步骤，进行手工仿真模拟，得出如表 8 - 19 ~ 表 8 - 28 所示的结果分析，它们是直接根据仿真软件导出的程序，表中的深色和浅色框代表陆续从第一个顾客开始到最后一个顾客到来并结束任务的时候整个活动动态。

表 8 - 19　　　　　　　　　　　　　　　第 1 个顾客到达时的仿真表　　　　　　　　　　　　单位：分钟

顾客	到达时间间隔	到达时刻	服务开始时刻	服务时间	等待时间	服务结束时间	逗留时间	服务员空闲时间
1	—	0	0	4	0			
2								
3								
4								
5								
6								
7								
8								
9								
10								
总计				35	9		44	18

表 8 - 20　　　　　　　　　　　　　　　第 2 个顾客到达时的仿真表　　　　　　　　　　　　单位：分钟

顾客	到达时间间隔	到达时刻	服务开始时刻	服务时间	等待时间	服务结束时间	逗留时间	服务员空闲时间
1	—	0	0	4	0	4	4	0
2	8	8	8	1	0			
3								
4								
5								
6								
7								
8								
9								
10								
总计								

表 8–21　　　　　　　　　　　　　　第 3 个顾客到达时的仿真表　　　　　　　　　　　　　单位：分钟

顾客	到达时间间隔	到达时刻	服务开始时刻	服务时间	等待时间	服务结束时间	逗留时间	服务员空闲时间
1	—	0	0	4	0	4	4	0
2	8	8	8	1	0	9	1	4
3	6	14	14	4	0			
4								
5								
6								
7								
8								
9								
10								
总计				35	9		44	18

表 8–22　　　　　　　　　　　　　　第 4 个顾客到达时的仿真表　　　　　　　　　　　　　单位：分钟

顾客	到达时间间隔	到达时刻	服务开始时刻	服务时间	等待时间	服务结束时间	逗留时间	服务员空闲时间
1	—	0	0	4	0	4	4	0
2	8	8	8	1	0	9	1	4
3	6	14	14	4	0	18	4	5
4	1	15	18	3	3			
5								
6								
7								
8								
9								
10								
总计								

表 8 – 23　　　　　　　　　　第 5 个顾客到达时的仿真表　　　　　　　　单位：分钟

顾客	到达时间间隔	到达时刻	服务开始时刻	服务时间	等待时间	服务结束时间	逗留时间	服务员空闲时间
1	—	0	0	4	0	4	4	0
2	8	8	8	1	0	9	1	4
3	6	14	14	4	0	18	4	5
4	1	15	18	3	3	21	6	0
5	8	23	23	2	0			
6								
7								
8								
9								
10								
总计								

表 8 – 24　　　　　　　　　　第 6 个顾客到达时的仿真表　　　　　　　　单位：分钟

顾客	到达时间间隔	到达时刻	服务开始时刻	服务时间	等待时间	服务结束时间	逗留时间	服务员空闲时间
1	—	0	0	4	0	4	4	0
2	8	8	8	1	0	9	1	4
3	6	14	14	4	0	18	4	5
4	1	15	18	3	3	21	6	0
5	8	23	23	2	0	25	2	2
6	3	26	26	4	0			
7								
8								
9								
10								
总计								

表8-25　　　　　　　　　　　　　第7个顾客到达时的仿真表　　　　　　　　　　　　单位：分钟

顾客	到达时间间隔	到达时刻	服务开始时刻	服务时间	等待时间	服务结束时间	逗留时间	服务员空闲时间
1	—	0	0	4	0	4	4	0
2	8	8	8	1	0	9	1	4
3	6	14	14	4	0	18	4	5
4	1	15	18	3	3	21	6	0
5	8	23	23	2	0	25	2	2
6	3	26	26	4	0	30	4	1
7	8	34	34	5	0			
8								
9								
10								
总计								

表8-26　　　　　　　　　　　　　第8个顾客到达时的仿真表　　　　　　　　　　　　单位：分钟

顾客	到达时间间隔	到达时刻	服务开始时刻	服务时间	等待时间	服务结束时间	逗留时间	服务员空闲时间
1	—	0	0	4	0	4	4	0
2	8	8	8	1	0	9	1	4
3	6	14	14	4	0	18	4	5
4	1	15	18	3	3	21	6	0
5	8	23	23	2	0	25	2	2
6	3	26	26	4	0	30	4	1
7	8	34	34	5	0	39	5	4
8	7	41	41	4	0			
9								
10								
总计								

表 8 – 27　　　　　　　　　　　第 9 个顾客到达时的仿真表　　　　　　　　　　单位：分钟

顾客	到达时间间隔	到达时刻	服务开始时刻	服务时间	等待时间	服务结束时间	逗留时间	服务员空闲时间
1	—	0	0	4	0	4	4	0
2	8	8	8	1	0	9	1	4
3	6	14	14	4	0	18	4	5
4	1	15	18	3	3	21	6	0
5	8	23	23	2	0	25	2	2
6	3	26	26	4	0	30	4	1
7	8	34	34	5	0	39	5	4
8	7	41	41	4	0	45	4	2
9	2	43	45	5	2			
10								
总计								

表 8 – 28　　　　　　　　　　　第 10 个顾客到达时的仿真表　　　　　　　　　单位：分钟

顾客	到达时间间隔	到达时刻	服务开始时刻	服务时间	等待时间	服务结束时间	逗留时间	服务员空闲时间
1	—	0	0	4	0	4	4	0
2	8	8	8	1	0	9	1	4
3	6	14	14	4	0	18	4	5
4	1	15	18	3	3	21	6	0
5	8	23	23	2	0	25	2	2
6	3	26	26	4	0	30	4	1
7	8	34	34	5	0	39	5	4
8	7	41	41	4	0	45	4	2
9	2	43	45	5	2	50	7	0
10	3	46	50	3	4	53	7	0
总计				35	9		44	18

4. 仿真结果计算

（1）全部顾客的平均等待时间 = 9/10 = 0.9（分钟）。

（2）顾客必须在队中等待的概率 = 3/10 = 0.3。

（3）服务员空闲的概率 = 18/53 = 0.34。

（4）服务员忙碌的概率 = 1 - 0.34 = 0.66。

（5）平均服务时间 = 35/10 = 3.5（分钟）。

（6）平均到达间隔时间 = 46/9 = 5.1（分钟）。

（7）在队列的排队顾客的平均等待时间 = 9/3 = 3（分钟）。

（8）顾客在系统中逗留的平均时间 = 44/10 = 4.4（分钟）。

8.3.3.2　汽车加油站系统仿真

1. 模型基本介绍

一个汽车加油站有 A、B 两个加油工作台。A 工作台距入口近，如 A、B 都空闲，A 优先被占用；如 A、B 都忙，汽车排队等待。仿真的目的是分析系统中车辆平均排队时间和加油工作台的利用率。

通过一组变量来描述系统状态：LQ(t) 表示在 t 时刻等待服务的汽车数；LA(t) 表示在 t 时刻 A 工作台忙或闲（1 或 0）；LB(t) 表示在 t 时刻 B 工作台忙或闲（1 或 0）。

2. 确定输入数据的特征

汽车随机到达，到达间隔时间分布如表 8 - 29 所示。

表 8 - 29　　　　　　　　　　　　　汽车到达间隔时间分布

到达间隔时间（分钟）	概率	累计概率	随机数区间
1	0.25	0.25	01 ~ 25
2	0.40	0.65	26 ~ 65
3	0.20	0.85	66 ~ 85
4	0.15	1.00	86 ~ 99 和 00

汽车在 A、B 工作台的加油时间分布如表 8 - 30 所示

表 8 - 30　　　　　　　　　　　　汽车在 A、B 工作台的加油时间分布

A 服务分布时间				B 服务分布时间			
服务时间（分钟）	概率	累计概率	随机数	服务时间（分钟）	概率	累计概率	随机数
2	0.30	0.30	01 ~ 30	3	0.35	0.35	01 ~ 35
3	0.28	0.58	31 ~ 58	4	0.25	0.60	36 ~ 60
4	0.25	0.83	59 ~ 83	5	0.20	0.80	61 ~ 80
5	0.17	1.00	84 ~ 99 和 00	6	0.20	1.00	81 ~ 99 和 00

3. 构造仿真表及重复运行结果

汽车加油站构造仿真表及重复运行结果如表8－31所示。

表8－31 汽车加油站仿真（两台加油设备）

顾客编号	到达随机数	到达时间间隔（分钟）	到达时钟时间（分钟）	服务随机数	A 开始服务时间（分钟）	A 服务时间（分钟）	A 完成服务时间（分钟）	B 开始服务时间（分钟）	B 服务时间（分钟）	B 完成服务时间（分钟）	排队时间（分钟）
1	—	—	—	95	0	5	5	—	—	—	0
2	26	2	2	21	—	—	—	2	3	5	0
3	98	4	6	51	6	3	9	—	—	—	0
4	90	4	10	92	10	5	15	—	—	—	0
5	26	2	12	89	—	—	—	12	6	18	0
6	42	2	14	38	15	3	18	—	—	—	1
7	74	3	17	13	18	2	20	—	—	—	1
8	80	3	20	61	—	—	—	20	5	25	0
9	68	3	23	50	—	—	—	23	4	27	0
10	22	1	24	49	24	3	27	—	—	—	0
11	48	2	26	39	—	—	—	27	4	31	1
12	34	2	28	53	28	3	31	—	—	—	0
13	45	2	30	88	—	—	—	31	6	37	0
14	24	1	31	1	31	2	33	—	—	—	1
15	34	2	33	81	33	4	37	—	—	—	0
16	63	2	35	53	—	—	—	37	4	41	2
17	38	2	37	81	37	4	41	—	—	—	0
18	80	3	40	64	—	—	—	41	5	46	1
19	42	2	42	1	42	2	44	—	—	—	0
20	56	2	44	67	44	4	48	—	—	—	0
21	89	4	48	1	—	—	—	48	3	51	0
22	18	1	49	47	49	3	52	—	—	—	0
23	51	2	51	75	—	—	—	51	5	56	0
24	71	3	54	57	54	3	57	—	—	—	0
25	16	1	55	87	—	—	—	56	6	62	1
26	92	4	59	47	59	3	62	—	—	—	0
总计					450	49	499	348	51	399	8

4. 仿真结果计算

（1）全部加油车辆的平均等待时间 $= 8/26 = 0.307$（分钟）。

（2）加油车辆的平均被服务时间 $= (51 + 49)/26 = 3.846$（分钟）。

（3）车辆的总等待时间 $= 8$（分钟）。

（4）A 设备忙碌的概率 $= 51/62 = 0.823$。

（5）B 设备忙碌的概率 $= 49/62 = 0.790$。

8.4　配货系统仿真

（完成本任务，并提交书面实验报告。建议学时：4 学时。）

8.4.1　任务描述

现生产 5 种不同类型的产品（临时实体），并且按照正态分布时间到达（均值 20，标准差 2）。产品的类型在 1~5 五个类型之间均匀分布。生产完成后 5 种产品被送到检测车间暂存区。然后由 3 个操作员组成的小组协助搬运产品到检测装置上，并先预置产品（预置时使用操作员），预置时间 6s，预置结束后进入检测过程，检测时间 16s。检测完成后通过各自的传送带将产品运输出去（传送带速度 2m/s），在传送带末端按照客户定单进行装盘。业务员带来 5 个客户的订单以及客户到达时间表如表 8 – 32、表 8 – 33 所示；货物被装盘后先放入暂存区 2（容量为 25），然后产品被运输机（速度 2m/s）放到仓储中心的货架上（货架 8 层，8 列）。

表 8 – 32　　　　　　　　　　　　顾客订单数量　　　　　　　　　　单位：个

产品	顾客 1	顾客 2	顾客 3	顾客 4	顾客 5
产品 1	4	4	4	4	4
产品 2	4	5	6	5	3
产品 3	5	4	3	4	5
产品 4	6	4	5	4	5
产品 5	5	6	4	5	4

表 8 – 33　　　　　　　　　　　　顾客到达时间

顾客	到达时间（s）	客户名称	客户类型	托盘数量（个）
顾客 1	0	A	1	2
顾客 2	1500	B	2	1
顾客 3	1800	C	3	3
顾客 4	2550	D	4	2
顾客 5	3600	E	5	3

8.4.2 相关知识

8.4.2.1 Flexsim 仿真建模

1. 模型的总体布局

模型的总体布局如图 8-8 所示，由于该图是在 Flexsim 软件中运行，系统直接指出各个实体模块。

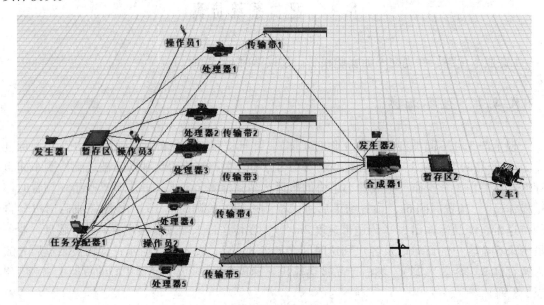

图 8-8 总布局模型

2. 产品参数设置

（1）第一个产品发生器（Source1）的设置。双击 Source1 打开参数设置对话框，单击"触发器"选项卡，在"离开触发"的下拉列表中，选择"设置临时实体类型和颜色"，将"临时实体类型"设置为均匀分布：duniform(1, 5)，设置结果如图 8-9 所示。

产品在到达的过程中服从正态分布（均值 20，标准差 2）。设置如下：在 Source1 参数设置对话框中，单击"发生器"选项卡，在"到达时间间隔"的下拉列表中选择统计分布，设置为正态分布：normal(20, 2, 1)，结果如图 8-10 所示。

（2）第一个暂存区 Queue1 的设置。5 种产品从暂存区由 3 个操作员组成的小组协助搬运产品，并且送到检测装置上，其中使用操作员的参数设置如图 8-11 所示，具体设置为：双击 Queue1 打开参数设置，单击"临时实体流"选项卡，选中"使用运输工具"复选框。5 种货物在运输的过程中，不同货物进入不同的处理器，然后进行货物的预置和处理。具体操作为：打开 Queue1 的参数设置对话框，单击"临时实体流"选项卡，在"发送至端口"下拉列表选择 Value By Case，如图 8-11 所示设置。Value By Case 的意思是根据返回值选择不同的输出端口。

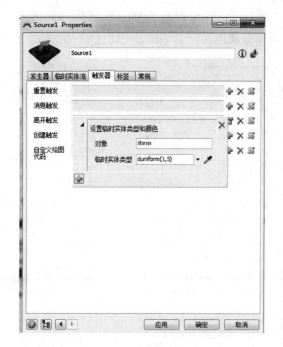

图 8-9 发生器 Source1 的设置

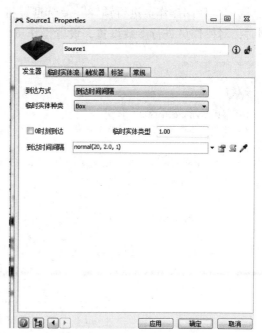

图 8-10 产品到达时间分布

图 8-11 暂存区 Queue1 分货设置

（3）处理器（Processor）的设置。货物由操作员从暂存区搬运到处理器，并先预置产品，之后对产品进行处理。5 个处理器参数设置相同，以 Processor 1 为例进行说明。处理器参数设置如图 8-12 所示。具体设置为：单击"处理器"选项卡，将"预置时间"设置为

6，选中"使用操作员进行预置"复选框，将"加工时间"设为16，如图8-12（a）所示。同时，对操作员进行参数设置，设置操作员的动作即操作时间，如图8-12（b）所示。

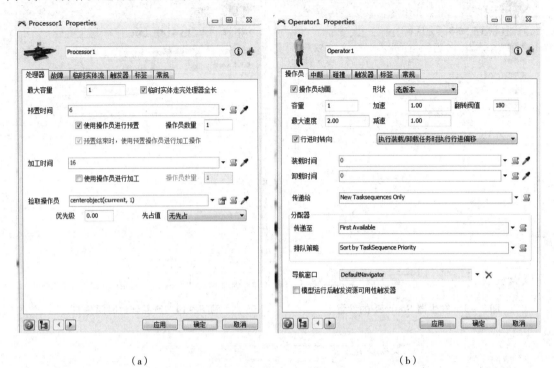

（a）   （b）

图 8-12 处理器 Processor1 参数设置

（4）传送带（Conveyor）设置。当货物从处理器出来，到达传送带时传送带速度为2m/s。5个传送带参数设置相同，以 Conveyor 1 为例进行说明。具体设置为：双击 Conveyor 1 打开参数设置对话框，在 Conveyor 选项卡中设置"速度"为2，如图8-13所示。

图 8-13 传送带参数设置

（5）第二个发生器（Source2）的设置。当货物从传送带出来到达合成器时，合成器上存在通过发生器根据顾客的到达时间发出的托盘，并且在合成器上根据顾客订单进行装盘作业。其中，需要对发生器 Source 2 发出的托盘进行参数设置，具体设置为：双击 Source 2 打开参数设置对话框，单击 Source 选项卡，在"临时实体流"下拉列表中设置实体发送到端口的时间为第一个到达，如果没有运输工具，系统默认发送到端口就行实现运输，如果选择使用的运输工具，则可以进行进一步的定义，设置结果如图 8 - 14 所示。

顾客到达参数按到达时间表方式设置：点击 Source2 打开参数设置对话框，单击 Source 选项卡，在"到达方式"下拉列表中选择"到达时间表"，将"到达次数"设置为 5，单击"刷新到达"按钮，出现客户到达时间表，然后根据表 8 - 31 填入相应的数据，如图 8 - 15 所示。

图 8 - 14　Souece2 运输参数设置

图 8 - 15　顾客到达时间参数设置

（6）全局表（Global Table）的设置。合成器根据客户订单对货物进行装盘，其中全局表的具体设置为：单击菜单栏上的"工具箱"，在其下拉列表中选择"全局表"，单击选项中的"添加"，添加新的全局表。根据表 8 - 31 可知有 5 种产品，5 个客户，所以设置全局表时，将行设置为 5，列设置为 5，全局表命名为"Order"，然后单击空白处，生成全局表。最后，根据客户订单表 8 - 31，往全局表内添加具体的数据，设置结果 8 - 16 所示。

（7）合成器（Combiner1）的设置。合成器按照客户订单进行装盘，组合方式为打包，进入方式是更新合成器组合列表。具体参数设置为：双击 Combiner1 打开参数设置对话框，单击"触发器"选项卡，设置"进入触发"为"Update Combiner Component List"即更新合成器组件表，然后将全局表改为之前新建的全局表 Order，方法为：双击表名称，会出现"Order"，然后双击"Order"，即修改成功，具体如图 8 - 17 所示。

图 8-16　设置全局表

（8）第二个暂存区（Queue2）的设置。装盘后的产品放入暂存区，并用叉车放到货架上。暂存区 Queue2 的参数具体设置为：双击 Queue2 打开参数设置对话框，单击"暂存区"选项卡，将"最大容量"设置为25（见图 8-18）；单击"临时实体流"选项卡，选中"使用运输工具"复选框（见图 8-19）。

图 8-17　合成器 Combiner1 的参数设置

图 8-18　暂存区 Queue2 的容量设置

（9）货架（Rack1）的设置。仓储中心的货架为8层、8列，其参数具体设置为：双击 Rack1 打开参数设置对话框，单击"尺寸表格"选项卡，将列数设置为8，列宽设置为2，层数设置为8，层高设置为1，然后单击"应用基本设置"按钮。结果如图 8-20所示。

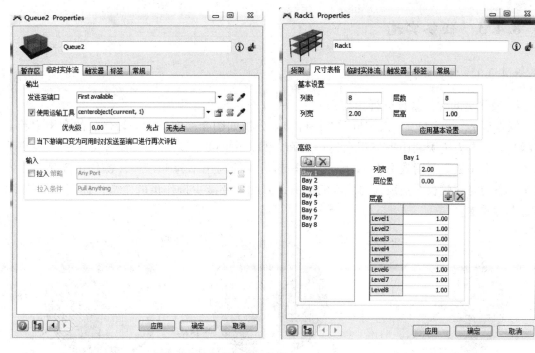

图 8-19　暂存区 Queue2 的临时实体参数设置　　　　图 8-20　货架 Rack1 的设置

8.4.2.2　整体运行模型图

整体运行模型图如图 8-21 所示。

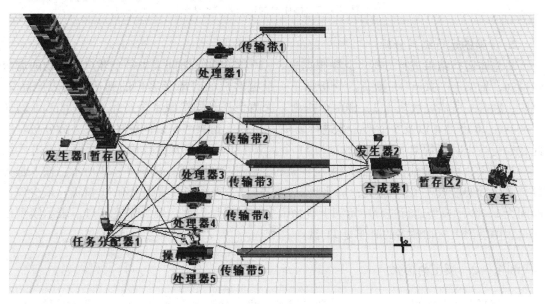

图 8-21　整体运行模型

8.4.3 任务实施

8.4.3.1 仿真分析

1. 操作员的运行结果分析

操作员1、操作员2、操作员3的运行结果分析如图8-22所示。操作员的利用率等于忙碌时间、人力资源利用率与正在运行时间之和，由图8-22可知，操作员1利用效率为31.6%，操作员2利用效率为32.6%，而操作员3的利用率为11.7%。操作员3处于没有工作状态的时间较长，造成人力成本的浪费，因此需要减少操作员的个数，提高搬运效率，节约人力成本。

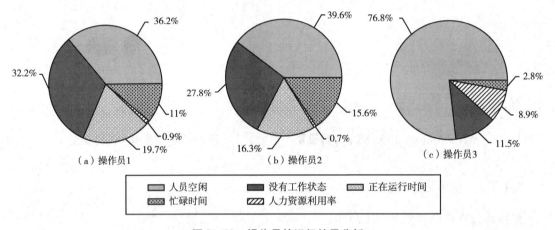

图 8-22 操作员的运行结果分析

2. 货架的运行结果分析

对总体运行结果进行分析，其中根据表8-30客户到达时间表中每个客户对货物的需求量可知，货架上一共有11盘货。分析如下：根据客户的订单及客户的到达时间表产品2，可知，顾客1所需要数量为2，即两个托盘。这两个托盘均按照4个产品1，4个产品2，5个产品3，6产品4以及5个产品5进行装货。顾客2到顾客5以同样的方式进行分析。因此在运行终止时，货架上托盘的数量为11个。双击Rack1打开参数设置对话框，单击"统计"选项卡，可以看到模型运行结束后货架的一些相关统计量，如图8-23所示：输入量为11，表示货架被放入了11盘货；货架倾斜容量为11，表示当前货架上有11盘货；最少停留时间为1，表示模型运行过程中货架上货物最少的时候是1盘；最大容量为11，表示模型运行过程中货架上货物最多的时候是11盘。

8.4.3.2 模型的优化

由仿真结果分析可知，操作员的数量较多，造成搬货效率降低，人力资源的浪费，成本增加。为此通过减少操作员的个数，对模型进行优化。操作员的数量由3位降低到2位，2位操作员的运行结果如图8-24所示。由图8-24分析可知，当操作员数量减少1个后，操作人员 1 的利用效率为 38.5%，操作人员 2 的利用效率为 32.1%，搬货效率不仅没有降低，反而提高了，尤其操作员 1 提高了接近 7%。

图 8 – 23　货架上的货物总量

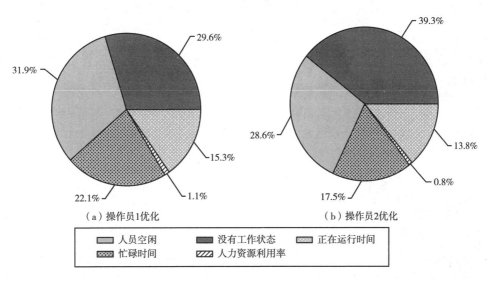

（a）操作员1优化　　　　　　（b）操作员2优化

图 8 – 24　仿真结果改进分析

思 考 题

1. 简述排队系统的主要特征。

2. 简述库存系统的主要特征。

3. 排队系统和库存系统的区别和联系是什么?

4. 请在下列系统中命名一些实体、属性、事件、活动和进程:零售商店、汽车总装线、医院手术室、银行储蓄所。

5. 在系统仿真中,仿真时钟起什么作用?

6. 假设有一家超市请你去为他们建立商场的仿真模型,分析超级市场的运行现状并提出改进建议。简述你的工作计划。

7. 四大仿真系统有哪些? 如何提升每个模块的运作效率?

8. 在排队系统仿真中,试着通过调整仿真参数设置,进行仿真结果分析,如顾客等待时间、服务台空闲率,判断排队系统是否可行,是否可以为其他实验性推断提供依据。

第 9 章

物流信息系统实验

📖 **本章学习目标**

- 掌握条码技术设备、无线射频技术设备的工作原理及应用。
- 掌握管理信息系统设计的基本步骤和设计方法，并能够根据需求开展方案设计。

9.1 自动识别技术设计与应用

（独立完成本设计，并提交书面实验报告。建议学时：2 学时。）

9.1.1 任务描述

通过实验使学生掌握自动识别技术的概念、各种自动识别技术的特点，以及物流中的应用情况、常用的自动识别技术设备的类型和条码技术设备、无线射频技术设备的工作原理，了解技术设备可以应用的物流环节，从而使学生自动识别技术的应用对物流行业或企业产生的影响。

通过实验能够根据实际场景需要生成条码，掌握典型条码校验位的计算方法，并能够掌握及射频识别（RFID）技术的基本特点。

9.1.2 相关知识

9.1.2.1 条码自动识别技术的种类介绍

条码是由一组按一定编码规则排列的条、空符号，用以表示一定的字符、数字及符号组成的信息。条码系统是由条码符号设计、制作及扫描阅读组成的自动识别系统。它是实现快速、正确并可靠地采集数据的有效手段。

条码种类很多，常见的大概有二十多种，其中包括：Code39 码（标准 39 码）、Codabar 码（库德巴码）、Code25 码（标准 25 码）、ITF25 码（交叉二五条码）、Matrix25 码（矩阵 25 码）、UPC－A 码、UPC－E 码、EAN－13 码（EAN－13 国际商品条码）、EAN－8 码（EAN－8 国际商品条码）、Code－B 码、MSI 码、Code11 码、Code93 码、ISBN 码、ISSN 码、Code128 码（包括 EAN128 码）、Code39EMS（EMS 专用的 39 码）等一维条码和

PDF417 等二维条码。

1. 商品条码

（1）EAN-13 码。EAN 码是国际物品编码协会制定的一种商品用条码，通用于全世界，分为标准版和缩短版两种。标准版商品条码的代码由 13 位阿拉伯数字组成，简称 EAN-13 码。缩短版商品条码的代码由 8 位数字组成，简称 EAN-8 码（如图 9-1）。EAN-13 码和 EAN-8 码的前 3 位数字叫"前缀码"，是用于标识 EAN 成员的代码，由 EAN 统一管理和分配，不同的国家或地区有不同的前缀码。

图 9-1 EAN 码示例

一个完整的 EAN-13 条码由左侧空白区、起始符、左侧数据符、中间分隔符、右侧数据符、校验符、终止符、右侧空白区及供人识别字符组成（见图 9-2）。从起始符到终止符结束共有 95 个模块，它的结构如表 9-1 所示。

图 9-2 EAN-13 码的结构

表 9-1　　　　　　　　　　　　　　　EAN-13 码的代码结构

结构	左侧空白区	起始符	左侧数据符	中间分隔符	右侧数据符	校验符	终止符	右侧空白区
模块数（个）	9	3	42	5	35	7	3	9
对应数字位置	第 1 位	第 2~7 位			第 8~12 位	第 13 位		

（2）EAN-8 码。EAN-8 码是 EAN-13 码的压缩版，由 8 位数字组成，它用于包装面积较小的商品上，EAN-8 条码的结构如表 9-2 所示。

表 9-2　　　　　　　　　　　　　　　EAN-8 码的代码结构

结构	左侧空白区	起始符	左侧数据符	中间分隔符	右侧数据符	校验符	终止符	右侧空白区
模块数（个）	7	3	18	5	21	7	3	7
对应数字位置			第 1~4 位		第 5~7 位	第 8 位		

（3）EAN 码的校验符计算方法。校验码用于校验条码代码的正误，是根据条码字符的数值按一定的数学方法计算得出，EAN 码标准版和缩短版的校验码计算方法相同。

校验码计算程序如下。

步骤 1：从代码位置序号 2 开始，所有偶数位的数字代码求和为 a，即：

$$a = X_2 + X_4 + X_6 + X_8 + X_{10} + X_{12}$$

步骤 2：将步骤 1 中的 a 乘以 3 为 c，即：

$$c = 3 \times a$$

步骤 3：从代码位置序号 1 开始，所有奇数位的数字代码求和为 b，即：

$$b = X_1 + X_3 + X_5 + X_7 + X_9 + X_{11}$$

步骤 4：将 b 和 c 相加为 d，即：

$$d = b + c$$

步骤 5：取 d 的个位数 e。

步骤 6：用 10 减去 e 即为校验码位数值。

2. 储运单元条码

储运单元条码是专门表示储运单元编码的条码，储运单元是指为便于搬运、仓储、订货、运输等，由消费单元组成的商品包装单元。储运单元条码的基本结构为原印条码，当同一商品的包装数量不同或同一包装中有不同商品组合时，就必须用储运标识码加以识别。

在储运单元条码中，又分为定量储运单元和变量储运单元。定量储运单元是指由定量消费单元组成的储运单元，如成箱的牙膏、瓶装酒、药品、服装、烟等。变量储运单元是指由变量消费单元组成的储运单元，如布匹、农产品、鲜肉类等。

（1）定量储运单元。定量储运单元一般采用 13 位或 14 位数字编码，具体可分为下列几种情况。

一是与定量消费单元同为一体的定量储运单元的编码。当定量储运单元同时又是定量消费单元时，应按定量消费单元进行编码。如电冰箱、彩电等，其定量消费单元的编码需按《商品条码　零售商品编码与条码表示》（GB12904—2008）的编码方法赋予一个 13 位的代码。

二是由不同种类的定量消费单元组成的定量储运单元编码。当定量储运单元内含有不同种类定量消费单元时，储运单元的编码方法是按定量消费单元的编码规则为定量储运单元分配一个区别于它所包含的消费单元代码的 13 位数字代码。

三是由相同种类的定量消费单元组成的定量储运单元编码。当由相同种类的定量消费单元组成定量储运单元时，定量储运单元可用 14 位数字代码进行编码标识，其编码的代码结构如图 9 – 3 所示。

$$V\ X_1\ X_2\ X_3\ X_4\ X_5\ X_6\ X_7\ X_8\ X_9\ X_{10}\ X_{11}\ X_{12}\ C$$

图 9 – 3　含相同种类的定量消费单元组成的定量储运单元代码结构

图 9 – 3 中，V 为定量储运单元包装指示符，用于指示定量储运单元的包装级别，取值

范围为 V = 1，2，…，8；定量消费单元代码是指包含在定量储运单元内的定量消费单元的代码（去掉校验字符 C 后的 12 位数字代码）。

定量储运单元的条码标识可以有以下几种：

第一，定量储运单元 14 位数字代码的条码标识。定量储运单元 14 位数字代码的条码标识可用 14 位交叉二五条码（ITF – 14）标识定量储运单元，也可用 EAN – 128 条码标识定量储运单元的 14 位数字代码。

第二，定量储运单元 13 位数字代码的条码标识。当定量储运单元同时又是定量消费单元时，应使用商品条码（EAN – 13 码）表示。

当定量储运单元是由不同种类的定量消费单元组成时，其代码的编码可用商品条码（EAN – 13 码）或 14 位交叉二五条码（IFT – 14）标识。采用 14 位交叉二五条码标识的方法是：在 13 位数字代码前加一位"O"变成 14 位数字代码，然后用 IFT – 14 码的编码规则编码标识。

（2）变量储运单元编码。变量储运单元编码由 14 位数字的主代码和 6 位数字的附加代码组成，代码结构如表 9 – 3 所示，

表 9 – 3　　　　　　　　　　　　　变量储运单元代码结构

主代码			附加代码	
定量储运单元包装指示符	右侧数据符	校验字符	商品数量	校验字符
LI	$X_1 X_2 X_3 X_4 X_5 X_6 X_7 X_8 X_9 X_{10} X_{11} X_{12}$	C	$Q_1 Q_2 Q_3 Q_4 Q_5$	C_2

变量储运单元包装指示字符（LI）指示在主代码后面有附加代码，取值为 LI = 9。

附加代码（$Q_1 \sim Q_5$）是指包含在变量储运单元内，按确定的基本计量单位（如 kg，m 等），计量取得的商品数量。

变量储运单元的主代码用 ITF – 14 码标识，附加代码用 ITF – 6（6 位交叉二五条码）标识。变量储运单元的主代码和附加代码也可以用 EAN – 128 条码标识。

（3）交叉二五条码。交叉二五条码在仓储和物流管理中被广泛采用。1983 年，交叉二五条码完整的规范被编入有关物资储运的条码符号美国国家标准 ANSI MH10.8 中。交叉二五条码如图 9 – 4 所示。

图 9 – 4　交叉二五条码

3. 贸易单元 128 条码

商品条码与储运条码都属于不携带信息的标识码，在物流配送过程中，如果需要将生产日期、有效日期、运输包装序号、重量、尺寸、体积、送出地址、送达地址等重要信息条码化，以便扫描输入，这时就可应用贸易单元 128 条码（EAN – 128）。

贸易单元 128 条码（以下简称"128 条码"）是一种可变长度的连续型条码，可携带大量信息，所以其应用领域非常广泛，包括制造业的生产流程控制、批发物流业的仓储管理、车辆调配、货物跟踪、医院血液样本的管理、政府对管制药品的控制追踪等。贸易单元 128 码是物流条码实施的关键，其样式如 9 - 5 所示。

图 9 - 5 贸易单元 128 条码示意

（1）128 条码的结构。128 条码从 1981 年开始推出，是一种长度可变的、连续型的字母数字条码。与其他一维条码相比，128 条码是较为复杂的条码系统，因此它所能支持的字母数字也比其他的一维条码多，又可交互使用不同的编码方式，因此，应用范围较大。

128 条码的内容由左侧空白区、起始符、数据符、校验符、终止符、右侧空白区组成；每个条码字符由 3 个条、3 个空共 11 个模块组成。每个条、空由 1 ~ 4 个模块构成。起始符标识是 128 条码的开始，由 2 个条码字符组成；校验符用以校验 128 条码的正误，条码结构同数据符；校验符的值是根据起始符及数据符的值，按一定的计算方法而得；校验符可有可无；终止符标识 128 条码的结束，由 13 个模块构成，其中有 4 个条、3 个空，左右侧空白区则分别由 10 个模块组成。128 条码的模块分配见表 9 - 4。

表 9 - 4 128 条码的模块分配

左侧空白区	起始符	数据符	校验符	终止符	右侧空白区
10 个模块	22 个模块	11N 个模块	11 个模块	13 个模块	10 个模块

注：N 为数据字符与辅助字符数。128 条码模块的宽度尺寸为 1.0mm，条码长度计算公式为 $w = (66 + 11N) \times 1.0$mm。

（2）EAN - 128 条码。目前普遍使用的 128 条码是 EAN - 128 条码，我国制定的《商品条码 128 条码》（GB/T15425—2014）国家标准采用了国际物品编码协会（GS1）的规范，并在此基础上做了部分修订。

应用 EAN - 128 条码的优越性在于：可使生产过程中一些经常变化的产品信息条码化；它是国际通用的协议标准；可使产品的运送过程得到更佳的品质管理；可更有效地控制生产及配销；提供更安全可靠的供给线。

在 EAN - 128 条码中最重要且应用最广泛的编码内容是运输包装序号，用来识别不同的运输包装，如瓦楞纸箱、物流箱、货柜等。EAN - 128 条码的号码组成依据所要携带的信息而定，各种信息可以联结在一起，以应用识别码加以区隔，但以最长不超过 48 个字元为原则（含应用识别码及信息码）。EAN - 128 条码的组成如图 9 - 6 所示，EAN - 128 条码的内容说明见表 9 - 5。

图 9 – 6　EAN – 128 条码示意

表 9 – 5　　　　　　　　　　　　EAN – 13 条码的模块分配

代号	条码内容	码长度	说明
A	应用识别码	18	00 代表之后的内容为运输包装序号
B	包装形式码	1	3 代表无定义的包装指示码
C	EAN 前置码与公司码	7	代表 EAN 前置码与公司码
D	自行编码的序号	9	与公司制定的序号
E	校验码	1	校验码
F	应用识别码		420 代表之后的内容为配送邮政编码
G	配送邮政编码		配送邮政编码

4. 二维条码

（1）二维条码概述。传统的一维条码有一定的局限性，而二维条码的诞生解决了一维条码不能解决的问题，它能够在横向和纵向两个方位同时表达信息，不仅能在很小的面积内表达大量的信息，而且能够表达汉字和存储图像。

二维条码是用某种特定的几何图形按一定规律在平面（二维方向上）分布的黑白相间的图形记录数据符号信息的一种条码技术。简单地说，在水平和垂直方向的二维空间存储信息的条码，称为二维条码。

（2）二维条码的优势。由于一维条码所表示的数据量有限，且不具备纠错功能，而二维条码弥补了这一不足。二维条码超越了字母数字的限制，并且条码尺寸相对小，具有一定的抗损毁能力。

二维条码可以分为堆叠式/行排式二维条码和矩阵式二维条码。

堆叠式/行排式二维条码又称堆积式二维条码或层排式二维条码，如图 9 – 7（a）所示，其编码原理是建立在一维条码基础之上，按需要堆积成二行或多行。它在编码设计、校验原理、识读方式等方面继承了一维条码的一些特点，识读设备与条码印刷与一维条码技术兼容。但由于行数的增加，需要对行进行判定，其译码算法与软件也不完全相同于一维条码。有代表性的行排式二维条码有：Code16K、Code49、PDF417、MicroPDF417 等。

矩阵式二维码，最流行莫过于 QR 码，即我们常说的二维码，如图 9 – 7（b）所示。矩阵式二维条码（又称棋盘式二维条码）是在一个矩形空间通过黑、白像素在矩阵中的不同分布进行编码。在矩阵相应元素位置上，点（方点、圆点或其他形状）表示二进制"1"，点不出现表示二进制的"0"，用这种点的排列组合确定了矩阵式二维条码所代表的意义。

矩阵式二维条码是建立在计算机图像处理技术、组合编码原理等基础上的一种新型图形符号自动识读处理码制。具有代表性的矩阵式二维条码有：Code One、MaxiCode、QR Code、Data Matrix、Han Xin Code、Grid Matrix 等。

（a）PDF417码

（b）QR码

图 9 - 7　二维条码示意

9.1.2.2　物流条形码信息识别及数据采集

1. 条形码识读原理

条形码的阅读与识读涉及光学、电子学、数据处理等多学科技术，就阅读条码信息而言，一般都要经过以下几个环节：

第一，要求建立一个光学系统，该光学系统能够产生一个光点，该光点能够在自动或手工控制下在条形码信息上沿某一轨迹做直线运动，同时，要求该光点直径与待扫描条码中最窄条幅的宽度基本相同。

第二，要求一个接收系统能够采集到光点运动时打在条码条幅上反射回来的反射光。光点打在着色条幅上的反射光弱，而光点打在白色条幅及左右空白区的反射光强，通过对接收到的反射光的强弱及延续时间的测定，就可以分辨出扫描到的是着色条符还是白色条符以及条符的宽窄。

第三，要求一个电子电路将接收到的光信号不失真地转换成电脉冲。

第四，要求建立某种算法，并利用这一算法对已经获取的电脉冲信号进行译解，从而得到所需信息。

总之，条码阅读器是用于读取条码所包含的信息的设备，条码阅读器的结构通常为以下几部分：光源、接收装置、光电转换部件、译码电路、计算机接口。它们的工作原理为：由光源发出的光线经过光学系统照射到条码符号上面，被反射回来的光经过光学系统成像在光电转换器上，使之产生电信号，信号绕过电路放大后产生模拟电压，它与照射到条码符号上被反射回来的光成正比，再经过滤波、整形，形成与模拟信号对应的方波信号，经译码器解释为计算机可以直接接受的数字信号。

普通的条码阅读器通常采用以下三种技术：光笔、CCD、激光。它们都有各自的优缺点，没有一种阅读器能够在所有方面都具有优势。

2. 常用条形码扫描器

（1）手持式条形码扫描器。手持式条形码扫描器（见图 9 - 8）内一般都装有控制扫描光束的自动扫描装置。阅读条形码时不需要与条形码符号接触，因此，对条形码标签没有损伤。扫描头与条形码标签的距离短的在 0 ~ 20mm 范围内，而长的可达到 500mm 左右。

（2）台式条形码自动扫描器。台式条形码自动扫描器适合于不便使用手持式扫描方式阅读条形码信息的场合。如果工作环境不允许操作者一只手处理附有条形码信息的物体，而另一只手操纵手持条形码扫描器进行操作，就可以选用台式条形码扫描器自动扫描。如图 9 – 9 所示，这种嵌入式的条形码扫描平台由于读角度和区域大，条码可以快速识读。

图 9 – 8　手持式条形码扫描器

资料来源：https：//www. china-autoid. com/。

图 9 – 9　台式条形码自动扫描器

资料来源：https：//www. china-autoid. com/。

（3）激光自动扫描器。激光自动扫描器（见图 9 – 10）的最大优点是扫描光照强，可以远距离扫描且扫描景深长。激光扫描器的扫描速度高，有时产品扫描速度可以达到 1200 次/秒，这种扫描器可以在 0. 01 秒时间内对某一条形码标签扫描阅读多次，而且可以做到每一次扫描不重复上一次扫描的轨迹。扫描器内部光学系统可以从单束光转变成十字光或米字光，从而保证被测条形码从各个不同角度进入扫描氛围时都可以被识读。

（4）便携式条形码阅读器。便携式条形码阅读器（见图 9 – 11）本身就是一台专用计算机，阅读器本身具有对条形码信号的译解能力，条形码译解后，可直接存入机器内存。同时阅读器具有与计算机主机通信的能力，特别适用于流动性数据采集环境。

图 9 – 10　工业激光条码扫描器

图 9 – 11　便携式条形码阅读器

3. 条码系统的原理

（1）条码识读系统组成。条码识读系统一般由扫描系统、信号整形、译码三部分组成，如图 9 – 12 所示。

扫描系统：由光学系统及探测器及光电转换器组成，完成对条码符号的光学扫描，并通过光电探测器，将条码条空图案的光信号转换成为电信号。

信号整形：由信号放大、滤波和波形整形组成，主要作用是将条码的光电扫描信号处理成为标准电位的矩形波信号，其高低电平的宽度和条码符号的条空尺寸相对应。

译码：由译码器和接口电路组成，它的功能就是对条码的矩形波信号进行译码，其结果通过接口电路输出到条码应用系统中的数据终端。

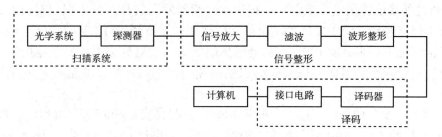

图 9 – 12　条码识读系统的组成

（2）条码识读系统原理。由光源发出的光信号经过光学系统照射到条码符号上面，被反射回来的光经过光学系统成像在光电转换器上，使之产生电信号。由于不同颜色的物体反射的可见光的波长不同，所以光电转换器可以接收到强弱不同的反射光信号，并转换成相应的电信号（模拟信号）输出到放大整形电路，如图 9 – 13 所示。

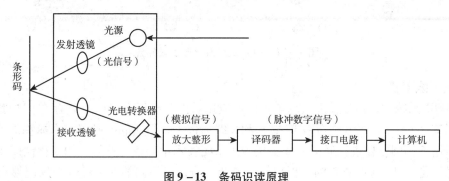

图 9 – 13　条码识读原理

放大整形电路通过识别起始符、终止符来判别出条码符号的码制及扫描方向，通过测量脉冲数字信号 0、1 的数目来判别条和空的数目，通过测量 0、1 信号持续的时间判别条和空的宽度，从而可将脉冲数字信号转换成计算机可以识别的信息；然后通过接口电路发送给计算机，便完成了条码识读的全过程。

9.1.2.3　射频识别（RFID）技术的组成

射频识别是无线电频率识别（radio frequency identification，RFID）的简称。数据存储在电子数据载体（应答器）之中。应答器的能量供应以及应答器与阅读器之间的数据交换不是通过电流的触点接触而是通过磁场或电磁场，即通过无线电波进行识别。

RFID 技术按频率分为高频系统、中频系统及低频系统。高频系统应用于需要较长的读写距离和高的读写速度的场合，如火车监控、高速公路收费等系统，但天线波束较窄、价格较高。中频系统在 13.56MHz 的范围，这个频率用于门禁控制和需传送大量数据的应用。低频系统用于短距离、低成本的应用中，如多数的门禁控制、动物监管、货物跟踪。

RFID 技术依据其标签的供电方式可分为三类，即无源 RFID、有源 RFID、半有源RFID。无源 RFID 是电子标签通过接受射频识别阅读器传输来的微波信号，所以无源RFID 产品的体积小，成本低，但有效识别距离通常较短。无源 RFID 主要工作在较低频段，如 125KHz、13.56MKHz 等，其典型应用包括公交卡、二代身份证、食堂餐卡等。有源 RFID 通过外接电源供电，主动向射频识别阅读器发送信号。但体积相对较大，在高速公路电子不停车收费系统中发挥着不可或缺的作用。半有源 RFID 又叫作低频激活触发技术。在通常情况下，半有源 RFID 产品处于休眠状态，仅对标签中保持数据的部分进行供电，因此耗电量较小，当标签进入射频识别阅读器识别范围后，激活标签使之进入工作状态。

RFID 系统在具体的应用过程中，根据不同的应用目的和应用环境，其组成会有所不同，但从 RFID 系统的工作原理来看，系统一般都由信号发射机（电子标签）、信号接收机（阅读器）、编程器、天线四部分组成（见图 9 – 14）。

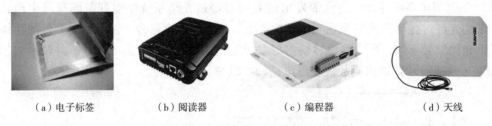

（a）电子标签　　　（b）阅读器　　　（c）编程器　　　（d）天线

图 9 – 14　射频识别系统各组成部分

1. 信号发射机

在 RFID 系统中，信号发射机为了不同的应用目的，会以不同的形式存在，典型的形式是电子标签（TAG）。标签是指由 IC 芯片和无线通信天线组成的超微型的小标签，其内置的射频天线用于和阅读器进行通信。标签相当于条码技术中的条码符号，用来存储需要识别传输的信息，是 RFID 系统真正的数据载体。另外，与条码不同的是，标签必须能够自动或在外力的作用下，把存储的信息主动发射出去。标签一般是带有线圈、存储器与控制系统的低电压集成电路。

2. 信号接收机

在 RFID 系统中，信号接收机一般叫作阅读器，其频率决定了 RFID 系统工作的频段，功率决定了射频识别的有效距离。阅读器一般由读写模块和射频模块构成。阅读器基本的功能就是与电子标签双向通信，并提供与标签进行数据传输的途径。另外，阅读器还提供相当复杂的信号状态控制、奇偶错误校验与更正功能等。标签中除了存储需要传输的信息外，还必须含有一定的附加信息，如错误校验信息等。识别数据信息和附加信息按照一定的结构编制在一起，并按照特定的顺序向外发送。阅读器通过接收到的附加信息来控制数据流的发送。一旦到达阅读器的信息被正确的接受和译解后，阅读器通过特定的算法决定是否需要发射机对发送的信号重发一次，或者指导发射器停止发送信号，这就是"命令响应协议"。使用这种协议，即便在很短的时间、很小的空间阅读多个标签，也可以有效地防止"欺骗问题"的产生。

3. 编程器

只有可读可写标签才需要编程器。编程器是向标签写入数据的装置。编程器写入数据一般来说是离线完成的，也就是预先在标签中写入数据，等到开始应用时直接把标签附在被标识项目上。也有一些 RFID 应用系统，写数据是在线完成的，尤其是在生产环境中作为交互式便携数据文件来处理时。

4. 天线

天线是标签与阅读器之间传输数据的发射、接收装置。在实际应用中，系统功率、天线的形状和相对位置均会影响数据的发射和接收，需要专业人员对系统的天线进行设计、安装。

9.1.3　任务实施

9.1.3.1　了解编码结构

根据所找到的条码标准材料，写出 EAN – 13、EAN – 12、EAN – 8、EAN – 128、EAN – 14、SSCC 等编码标准的编码结构，并试算 EAN – 13 条码的校验位，以计算"692116853200"的校验码为例。条例分析见表 9 – 6。

表 9 – 6　　　　　　　　　　　　　　　校验码计算

代码	数据码												校验码
序号	X_1	X_2	X_3	X_4	X_5	X_6	X_7	X_8	X_9	X_{10}	X_{11}	X_{12}	X_{13}
数字码	6	9	2	1	1	6	8	5	3	2	0	0	
偶数位置		9		1		6		5		2		0	
奇数位置	6		2		1		8		3		0		23

计算过程如下：

步骤 1：$a = 9 + 1 + 6 + 5 + 2 + 0 = 23$

步骤 2：$c = 23 \times 3 = 69$

步骤 3：$b = 6 + 2 + 1 + 8 + 3 + 0 = 20$

步骤 4：$d = 69 + 20 = 89$

步骤 5：$e = d$ 的个位数 $= 9$

步骤 6：校验码 $= 10 - e = 10 - 9 = 1$

查找其他商品的 EAN – 13 码，并试验算 2 ~ 3 个条码的校验码。

9.1.3.2　设计条码

使用条码软件，根据使用场景需要（超市、仓库、学校图书等）设计并打印生成的条码。同时总结在物流单元上使用商品条码的方法。

1. 安装 BarTender 标签打印软件

安装 BarTender 标签打印软件（见图 9 – 15），然后单击中文版，并按照安装程序提供的指示操作，完成后续操作。

2. 页面布局设计

点击文件，选择"页面设计"对标签进行设置，其中"布局"的"行数"和"列数"分别用于指定页面上的标签行数和列数（见图 9 – 16）。

【模板大小】在已启用手动设置选项的情况下，用于指定设置标签的宽度（见图9-16）。

图9-15　BarTedner 软件安装

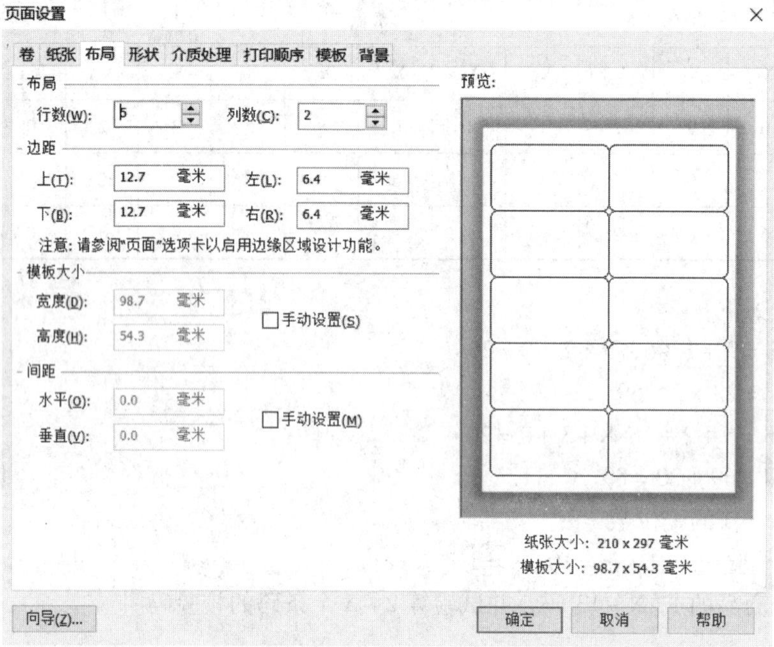

图9-16　BarTedner 页面布局设置

3. 创建标签格式上的对象

在标签上添加条形码、文本或不同图形对象时，可有几种选择。具体操作如下：单击主工具栏上的相应按钮，然后单击该标签。将所需类型的对象从工具箱的默认对象窗格拖到标签上。将以前创建和配置的对象（或对象组）从工具箱的组件窗格拖到标签上。在已将某一对象插到标签上后，调整其外观和属性。

如图9-17所示，这里创建了类型为 EAN-13 的条码，并可以对条码的具体属性，如字体、边框、位置等进行属性设置（见图9-18）。

图 9 – 17　新建 EAN – 13 条码标签

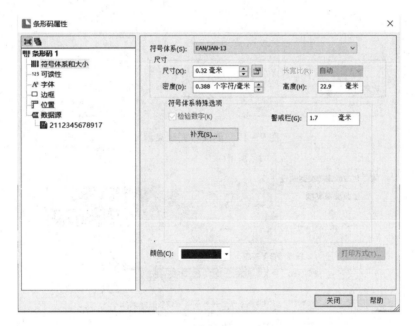

图 9 – 18　条码标签属性设置

4. 链接数据源

通过数据源属性可以指定打印标签的数据来源，可以选择从键盘录入、从外部数据文件读取，或是从其他可能的来源获取。在使用数据源图片时，通过数据源属性页可以指定外部数据文件中包含要读取的图片名称的字段。

使用数据源属性页上的来源选项可以指定创建条形码或文本对象所需的信息类型以及导入数据源图片所需的字段。通常使用的数据源有屏幕数据等。

（1）屏幕数据。直接键入标签格式的数据。由于 BarTender 的默认"来源"设置始终是屏幕数据。如果未指定使用来自其他类型的数据源的数据，那么，在打印时，BarTender 也将使用屏幕数据来打印条形码对象或文本对象。要输入屏幕数据，只需直接在屏幕数据选项中输入所需数据。当数据量比较大时，这种直接输入的方式效率就比较低。

（2）其他来源。使用更改数据来源图标（如图 9 – 19 所示），可以更改并设置数据来源。在数据源类型向导页面，选择数据库来源，如图 9 – 20 所示。点击下一步，这里选择的数据库来源为 Excel 格式，根据向导设置其连接路径。

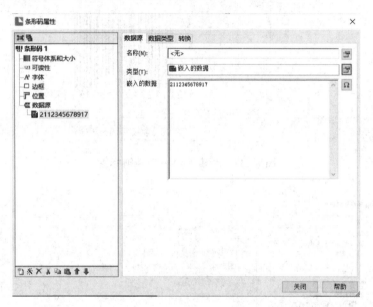

图 9 – 19　更改数据源来源

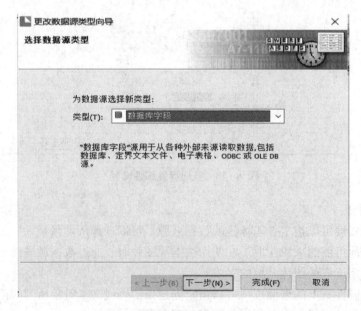

图 9 – 20　选择数据源来源

如图 9 – 21 所示，在这个名称为"商品库存表"的文件中存储了以商品编码、商品编码、数量、品牌等为字段的数据表。选择此文件位置所在的数据为数据源，并对此数据库的连接进行配置（见图 9 – 22），选择并设定数据所在的表以及和 EAN – 13 条码连接的字段。这里选择"商品编码"字段，最后点击【确定】完成设置。

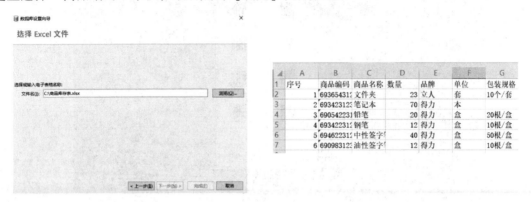

图 9 – 21　选择数据源为 Excel 文件

图 9 – 22　数据库连接属性设置

当数据库连接成功时（见图 9 – 23），设计界面的 EAN – 13 条码则读取了 Excel 数据库"商品编码"字段的数据。可以通过"打印预览"观察已经成功连接好的设计界面，无误后打印输出，如图 9 – 24 所示。

图 9 – 23　成功连接数据库的设计界面

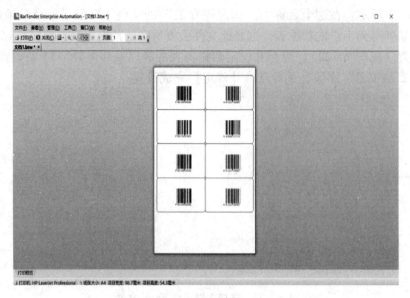

图 9 - 24 打印预览页面

9.1.3.3 收集相关资料，删选条码采集设备

找到三种以上条码采集设备和一种以上射频采集设备（读写器\电子标签\天线等）的厂家、技术参数及价格。

9.2 物流信息系统分析与设计

（独立完成本设计，并提交书面实验报告。建议学时：4 学时。）

9.2.1 任务描述

通过具体实例了解物流信息管理的内容、特点；了解物流信息的构成及物流信息管理技术；掌握物流信息系统设计、开发的基本方法；掌握进行物流信息系统分析、设计和实施的基本理论和方法。

为了使学生更好地理解和深刻地把握这些知识，并在此基础上，训练和培养进行物流信息系统分析、设计和实施的技能，设计物流信息系统分析、物流信息系统设计与实施、物流业务数据库设计等实验。

物流信息系统分析实验主要了解系统分析的内容、业务流程、数据流程分析及优化、数据字典编写等知识。训练学生进行系统分析的基本技能。

物流信息系统设计与实施实验主要了解系统设计和实施阶段的主要工作内容，以及系统编程、代码设计、系统调试、系统运行等知识。训练学生编程和代码设计的基本技能。

物流业务数据库设计实验主要了解数据库基本含义、数据库设计内容和方法、E-R 联系图、关系模型及规范化等知识。训练学生针对实体进行关系分析和设计规范化关系表的技能。

9.2.2 相关知识

9.2.2.1 系统分析

1. 企业组织结构及相关业务分析

以某小型超市 A 为例。假设日常工作的员工只有 5 人，业务分工不是很详细。目前设有一名店长，总体负责指挥调度与管理；一名日常工作主管，负责日常的超市管理和领导其余 3 名员工；一名会计；2 名进货人员，其中一名为采购主管。该超市的组织结构如图 9 - 25 所示。

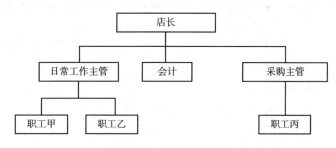

图 9 - 25 超市组织结构

2. 超市相关业务功能分析

（1）供应商信息管理。非固定供应商通过审核，符合条件的可以列入供应商档案中，录入供应商档案的信息包括供应商名称和编号、供应商提供的商品编号、采购负责人、厂址、订货方式、退货方式及备注。不符合条件不列入。已有固定的供应商，可以对其档案内容可以进行查询、修改及删除。

（2）订单管理。根据供应商提供的商品目录，选择需要订购的商品，核对无误后，向供应商发出订单，同时根据订单进行订单统计、存档，上报店长。

（3）入库管理。商品的查点验收，将供应商开具的发票交给会计，用于账务管理。对于数量和种类正确的商品办理入库；供应商提供的货物种类或数量与订单上不符时与供应商联系，更换商品或者退货。

如图 9 - 26 所示，A 超市的采购业务流程表述如下：供应商向店长发出商品目录，店长根据超市的商品情况，确定需要采购的商品及数量，将采购清单交给采购主管，由采购主管及职工丙进行商品采购。采购人员检查核对采购清单后，填写打印采购订单，发给供应商进行订货，并将订单汇总、存档。供应商根据订单发货并开具货物发票，采购人员根据订单进行商品查点验收，若商品合格，则将合格商品发票交给会计，同时登记供应商信息，并可以对已有供应商进行信息管理；若商品不合格，则与供应商联系，更换商品或退货；核对商品数目，对数量正确的商品办理入库，数量不符的则与供应商联系。

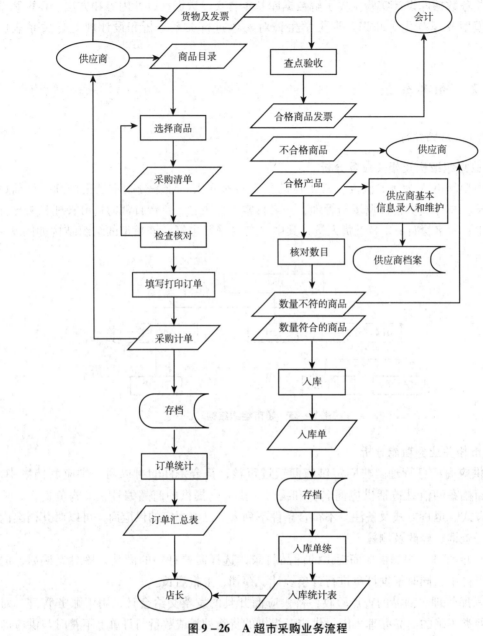

图 9 –26 A 超市采购业务流程

3. 数据流程分析

根据 A 超市的采购业务流程可以绘制出其数据流程图。从顶至下，逐层分解，对商品采购管理信息系统进行数据流程分析，便可以得出商品采购信息系统的最终数据流程图（见图 9 – 27）。

4. 数据字典

数据字典是对系统数据流程图中的数据项、数据结构、数据流、处理逻辑、数据存储和外部实体进行定义和描述的工具，是数据分析和管理的工具，同时也是系统设计阶段进行数据库设计的重要依据。

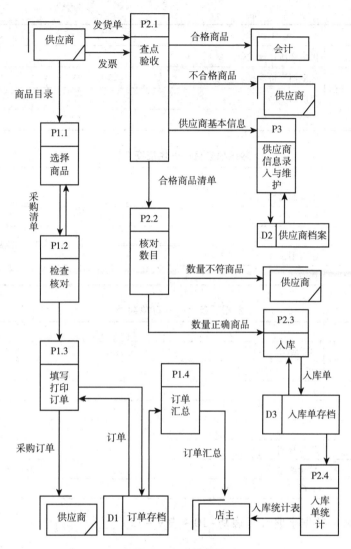

图 9 – 27　超市采购数据流程

（1）数据项的数据字典（部分），如表 9 – 7 ～ 表 9 – 9 所示。

表 9 – 7　　　　　　　　　　　　　数据项条目——供应商编号

名　　称	内　　容
数据项名称	供应商编号
数据项编号	101
别名	sno
简要说明	每个供应商的唯一编码
类型及长度	字符型，8 位
有关编码说明	
第 1 ~ 2 位	供应商提供商品编号

名　　称	内　　容
第 3 ~ 6 位	供应商所在地代码
第 7 位	供应商评价等级
第 8 位	供应商类型
数据类型	离散

表 9 - 8　　　　　　　　　　　　数据项条目——供应商名称

名　　称	内　　容
数据项名称	供应商名称
数据项编号	102
别名	sname
类型及长度	字符型，32 位
数据类型	离散

表 9 - 9　　　　　　　　　　　　数据项条目——订单编号

名　　称	内　　容
数据项名称	订单编号
数据项编号	103
别名	bno
类型及长度	字符型，10 位
有关编码说明	
第 1 ~ 8 位	订货日期
第 9 ~ 10 位	订单顺序号
数据类型	离散

（2）数据结构的数据字典（见表 9 - 10 ~ 表 9 - 12）。

表 9 - 10　　　　　　　　　　　　数据结构条目——订单

名　　称	内　　容
数据结构名称	订单
数据结构编号	201
简要说明	采购订单汇总表
组成	订单编号
	供应商编号
	供应商提供商品编号
	采购负责人
	订货数量
	订货方式
	订货日期

表 9 - 11　　　　　　　　　　数据结构条目——供应商基本信息

名　　称	内　　容
数据结构名称	供应商基本信息表
数据结构编号	202
简要说明	供应商的基本信息
组成	供应商编号
	供应商名称
	供应商提供商品编号
	厂址
	退货方式

表 9 - 12　　　　　　　　　　数据结构条目——入库单

名　　称	内　　容
数据结构名称	入库单
数据结构编号	203
简要说明	入库商品汇总统计表
组成	供应商编号
	供应商提供商品编号
	商品名称
	入库数量
	入库时间

（3）数据流的数据字典（部分），如表 9 - 13 和表 9 - 14 所示。

表 9 - 13　　　　　　　　　　数据流条目——发货单

名　　称	内　　容
数据流名称	发货单
数据流编号	301
简要说明	供应商向超市采购人员开出的发货单
数据流来源	外部项"供应商"
数据流去向	处理逻辑"查点验收"
数据流组成	商品名称、数量

表 9 - 14　　　　　　　　　　数据流条目——合格商品清单

名　　称	内　　容
数据流名称	合格商品
数据流编号	302
简要说明	查点验收合格的商品清单
数据流来源	处理逻辑"查点验收"
数据流去向	处理逻辑"核对数目"
数据流组成	商品名称、数量

（4）处理逻辑的数据字典（部分），如表9–15所示。

表9–15　　　　　　　　　　　　　　处理逻辑条目——选择商品

名　　称	内　　容
处理逻辑名称	选择商品
处理逻辑编号	P1.1
简要说明	根据供应商提供的商品目录选择需要采购的商品
输入数据流	商品目录
输出数据流	采购清单
处理	根据供应商提供的商品目录选择需要采购的商品，列出采购清单

（5）数据存储的数据字典（见表9–16和表9–17）。

表9–16　　　　　　　　　　　　　　数据存储条目——订单存档

名　　称	内　　容
数据存储名称	订单存档表
数据存储编号	D1
简要说明	采购订单汇总表
组成	订单编号
	供应商编号
	供应商提供商品名称
	采购负责人
	订货数量
	订货方式
	订货日期

表9–17　　　　　　　　　　　　　　数据存储条目——供应商档案

名　　称	内　　容
数据存储名称	供应商档案
数据存储编号	D2
简要说明	供应商的基本信息汇总的档案
组成	供应商编号
	供应商名称
	厂址
	退货方式

（6）外部项的数据字典（见表 9 – 18）。

表 9 – 18　　　　　　　　　　　　外部项条目——供应商

名　　称	内　　容
外部项名称	供应商
外部项编号	S1
简要说明	需要向其采购的供应商
外部项产生数据流	商品目录、发货单、发票
系统传给外部项的数据流	采购订单、不合格商品清单、数量不符商品清单

5. 数据存取分析

在数据流程图中定义了数据存储，在数据字典中表述了数据存储的结构后，可以使用数据立即存取图来进行数据存取分析（见图 9 – 28）。

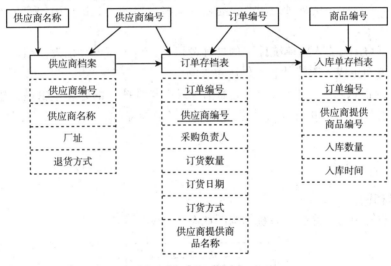

图 9 – 28　数据立即存取

在该系统中，可以按供应商编号等来查询该供应商的基本信息，可以通过订单编号等查询订单的信息以及对应的入库商品的信息，也可以通过供应商名称等查询对应订单信息及商品的入库信息。相应地，通过输入商品编号等也可以查询对应的订单信息和供应商信息。

该系统还可以通过这些存档的数据，完成汇总报表操作，包括订单信息的汇总、入库单的汇总，生成订单汇总表和入库统计表。还可以通过输入订购方式、供应商提供商品编号等完成汇总操作。

通过数据存储之间这种关联管理，实现快速查询供应商、订单、入库商品信息的操作，且有效地控制了数据的冗余，提高了系统查询的效率。

6. 处理逻辑描述

（1）选择商品。"选择商品"的处理逻辑是：超市人员从供应商提供的商品目录中选择希望购买的商品，被选中的商品，列入采购清单当中，以备核查后生成订单。

（2）检查核对。采购清单"检查核对"的处理逻辑是：超市人员对采购清单进行检查核对，若核对结构为清单正确，则填写打印订单；若不正确，则返回到上一步重新选择商品，修改采购清单。

（3）填写打印订单。"填写打印订单"的处理逻辑是：超市人员根据核对后的采购清单，录入订单信息，并向供应商提交订单。

（4）订单汇总。"订单汇总"的处理逻辑是：将订单存档表按照一定的方法，进行分类汇总，进而生成订单汇总单，供店主查阅。

（5）查点验收。商品"查点验收"的处理逻辑是：超市人员对货物进行查点验收，查看商品是否符合超市要求，例如，是否在保质期内、包装是否完好等。若商品合格，则将合格商品发票交给会计，同时登记供应商信息，并对供应商进行档案管理；若商品不合格，则与供应商联系，更换商品或退货。

（6）核对数目。商品"核对数目"的处理逻辑是：超市人员根据订单清点供应商提供的商品的数量。若数量正确，则将商品入库；若数量与订单上不符，则与供应商联系，采取相应的处理办法。

（7）入库。"入库"的处理逻辑是：超市人员将合格的、数量正确的商品入库，并同时录入相应的入库单。

（8）入库单统计。"入库单统计"的处理逻辑是：将入库单存档表按照一定的方法，进行分类汇总，进而生成入库统计表，供店主查阅。

（9）供应商信息录入与维护。"供应商信息录入与维护"的处理逻辑是：超市人员将供应商基本信息进行录入，并可以对其进行查询和修改及删除，进而可以得到相应的供应商档案。

9.2.2.2　系统设计

1. 系统结构图

A 超市采购管理信息系统的系统结构图如图 9 – 29 所示。

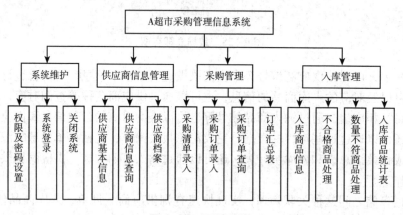

图 9 – 29　系统结构

2. 代码设计

A 超市采购管理信息系统为供应商编号、订单编号、商品编号进行了代码设计。分别设计如下。

（1）供应商编号。

××	××××	×	×
（供应商提供的商品编号）	（供应商所在地代码）	（供应商评价等级）	（供应商类型）

其中，"供应商提供的商品编号"是该超市对于商品的自编号；"供应商所在地代码"是该超市自定的区域代码；"供应商评价等级"分为优、良、可、差四级，对应数字为1、2、3、4；"供应商类型"分为固定供应商、临时供应商，对应数字为1、2。例如，供应商编号为01031011，表示该供应商提供的商品的编号为01，供应商的所在地代码为0310，评价等级为优，属于固定供应商。

（2）订单编号。

××××××××	××
（订货日期）	（订单顺序号）

其中，"订货日期"的格式是年、月、日的形式；"订单顺序号"是该超市的自编号。例如，订单号为2009062504，表示订单发出日期为2009年6月25日，订单顺序号为04。

（3）商品编号。

××	××
（供应商提供的商品编号）	（商品类型代码）

其中，"供应商提供商品编号"是该超市对于商品的自编号；"商品类型代码"是根据商品属于食品、文化用品、生活用品中的分类，对应的代码分别为01、02、03。例如，商品编码为0101，表示商品编号为01的食品。

3. 模块功能说明

（1）系统登录模块（见图9-30）。

模块名称	系统登录
模块功能	识别系统用户身份，赋予不同的操作权限
处理概要说明：（设计操作界面见下图）	

单击"系统登录"命令按钮，将弹出如下所示的身份验证窗口，用户输入用户编号及密码后，单击"确定"按钮，对所输入的编号和密码进行验证，若验证通过，则登录如窗口，否则就通过信息框弹出错误信息，密码输入错误3次，即自动关闭窗口

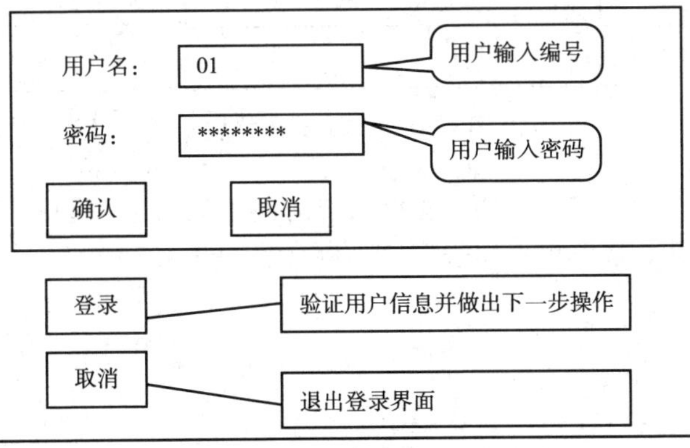

图 9-30 系统登录模块

（2）信息录入模块，以供应商基本信息录入模块为例（见图9-31）。

模块名称	供应商基本信息录入
模块功能	录入供应商编号、名称、厂址及其所对应的所有商品的编号和名称的等基本信息，并可以进行"添加""删除""修改""保存""打印"等操作
处理概要说明：（设计操作界面见下图）	
采购清单录入、订单录入、入库商品信息录入、不合格商品处理录入、数量不符商品录入都属于信息录入的类型，可以根据以下操作界面的设计，分别依照需要录入的信息和可以实现的操作，来设计界面	

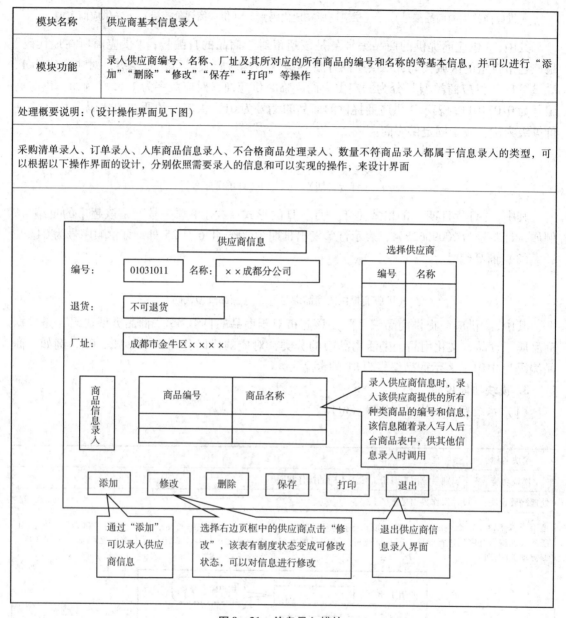

图9-31 信息录入模块

（3）信息查询模块，以供应商信息查询模块为例（见图9-32）。

（4）报表输出模块，以订单汇总表模块为例（见图9-33）。

模块名称	供应商信息查询
模块功能	通过设置查询条件，完成对供应商信息的查询、保存及打印操作

处理概要说明：（设计操作界面见下图）

采购订单查询也属于信息查询的类型，可以依照订单按年、月、日、供应商、商品等类别查询。类比以下操作界面的设计，可以设计出其查询操作界面

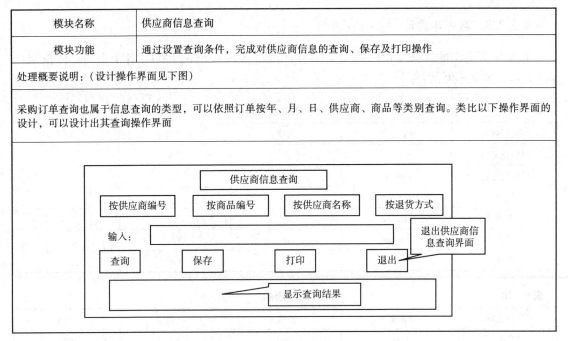

图 9－32　信息查询模块

模块名称	订单汇总表
模块功能	完成与订单相关的统计表的查询和输出功能，数据表自动完成统计，并可以打印和保存

处理概要说明：（设计操作界面见下图）

采购订单汇总表可以按订货日期、采购负责人等类别进行订单查询。入库统计表和供应商档案可以类比以下操作界面的设计，可以设计出其报表输出操作界面

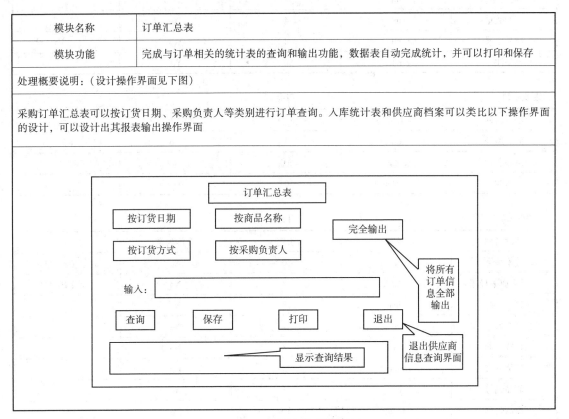

图 9－33　报表输出模块

9.2.2.3 数据库设计

该系统所选用的数据库管理系统（DBMS）是 MS SQL Sever2000，各个表的具体框架如表 9-19~表 9-26 所示。

表 9-19 供应商基本信息

字段名称	数据类型	长度	准许为空	主码
供应商编号	int	8	No	主码
供应商名称	varchar	32	No	
厂址	varchar	50	Yes	
电话	varchar	15	No	
退货方式	varchar	50	Yes	
备注	varchar	50	Yes	

表 9-20 采购清单

字段名称	数据类型	长度	准许为空	主码
清单编号	int	2	No	主码
供应商编号	int	8	No	
订购数量	int	4	No	
商品编号	int	4	No	
备注	varchar	50	Yes	

表 9-21 商品

字段名称	数据类型	长度	准许为空	主码
商品编号	int	4	No	主码
商品名称	varchar	50	No	
备注	varchar	50	Yes	

表 9-22 订单

字段名称	数据类型	长度	准许为空	主码
订单编号	int	10	No	主码
供应商编号	int	8	No	主码
采购负责人	char	8	No	
订货数量	int	4	No	
订货日期	date	8	No	
订货方式	varchar	20	Yes	
商品编号	int	4	No	
商品名称	varchar	50	No	
备注	varchar	50	Yes	

表 9-23   入库单

字段名称	数据类型	长度	准许为空	主码
订单编号	int	10	No	主码
商品编号	int	4	No	
入库数量	int	4	No	
入库时间	date	8	No	
商品名称	varchar	50	No	
备注	varchar	50	Yes	

表 9-24   不合格商品

字段名称	数据类型	长度	准许为空	主码
订单编号	int	10	No	主码
商品编号	int	4	No	
不合格数量	int	4	No	
处理办法	varchar	50	No	
商品名称	varchar	50	No	
备注	varchar	50	Yes	

表 9-25   数量不符商品

字段名称	数据类型	长度	准许为空	主码
订单编号	int	10	No	主码
商品编号	int	4	No	
数量	int	4	No	
处理办法	varchar	50	No	
商品名称	varchar	50	No	
备注	varchar	50	Yes	

表 9-26   用户

字段名称	数据类型	长度	准许为空	主码
用户编号	int	2	No	主码
用户权限	varchar	50	No	
密码	int	8	No	

9.2.3 任务实施

A 超市是一家坐落于××大学的小型超市,主要服务于××大学的学生、教职工及附近居民,现在经营的项目主要有食品、文化用品、生活用品等。

该超市有一台 POS 机,通过扫描仪在销售商品时直接读取商品信息;有一台××一卡通射频识别读卡器,方便××大学学生刷卡付费,结算方式是上报××大学财务处变现;后台有一台电脑，负责整个超市的进货、销售、仓储、会计等的管理。

该超市设有一间库房，供应商主要是以批发商为主，且批发商相对固定。每周的进货次数为 1~2 次，但也会同时根据货物的不同种类而定。采用打电话的方式订货，但也接受上门推销订货的形式。具体订货量是靠后台电脑的统计数据结果和一定的经验得出。

该超市大约每 15 天清点一次货物。对过期或将要过期以及滞销的货物，若可以到批发商那里退货的，采取退货方式；不可以退货的，就采取销毁或其他方式解决。

请针对 A 超市采购管理信息系统的系统现状，运用管理信息系统分析与设计 A 超市采购管理信息系统。任务主要包括：组织结构分析、业务流程分析、数据流程分析、数据字典描述、数据存取分析、处理逻辑描述，以及系统结构设计、软硬件配置、代码设计、数据库设计、输入/输出设计、模块功能描述等；为程序开发人员开发该采购管理信息系统提供依据，进而达到为 A 超市设计出一款适合的采购管理信息系统，辅助其完成商品采购及供应商管理等业务，提高采购管理效率，加强超市管理，提高超市竞争力的目的。

9.2.3.1　系统分析

（1）根据所述系统功能需求，开展实地调查或通过互联网查阅相关资料或结合个人经验，进行系统分析。

（2）明确管理业务调查过程和方法，包括物流企业的管理功能及业务流程。

（3）明确数据流程的调查与分析过程，绘制数据流程图，编制数据字典。

（4）在上述工作基础上，完成信息系统的系统化分析，提出新系统逻辑方案。

9.2.3.2　系统设计及实施

（1）联系企业实际，分析系统的管理功能，绘制系统功能结构图。

（2）根据物流企业信息系统的要求，联系物流运输实际，进行代码设计、数据存储设计、输入输出设计等。

9.2.3.3　数据库设计

（1）根据上述系统功能需求，描述该信息系统的实体联系。

（2）完成该管理信息系统的数据库总体设计方案，明确数据库中表的结构、各表中关键字的设置、表与表之间的关系。

（3）选用熟悉的数据库工具，根据设计方案正确建立数据库，并成功实现上述数据操作。

思　考　题

1. 信息系统开发的步骤是什么？
2. 物流行业中有哪些信息系统？其作用如何？
3. 物流环节中条码的应用情况有哪些？如何配置？
4. 条码和射频产品应用场景和资金投入是多少？

第 10 章

AnyLogic™ 仿真建模实验

📖 **本章学习目标**

- 了解并掌握 AnyLogic™ 建模技术，建立产品生命周期模型，用于预测新产品的销售情况。
- 建立柔性生产供应链系统模型，进行相应的应用分析。

10.1 AnyLogic™ 仿真

（独立完成本设计，并提交书面实验报告。建议学时：4 学时。）

10.1.1 任务描述

根据实例，使用 AnyLogic™ 建立产品生命周期模型，用于预测新产品的销售情况。

10.1.2 相关知识

AnyLogic™ 是一种创新的建模工具①，它是基于过去十年内建模科学和信息技术中出现的最新进展而创建的。使用 AnyLogic 进行建模能为你带来远远超出传统工具的收益，这是因为：

（1）AnyLogic 能够更快速地创建可视化的、灵活的、可扩展的、可复用的活动对象，这些活动对象可以是标准对象或自定义对象，也可以是 Java™ 对象。

（2）AnyLogic 通过使用多重建模方法，能够更精确地建模和捕捉更多的事件，并针对你所面临的特定问题对这些事件进行联合和调整。

（3）AnyLogic 在建模环境中可以直接使用一组优秀的分析和优化工具。

（4）AnyLogic 能够轻松有效地将 AnyLogic 开放式体系结构模型与办公或企业软件，包括电子表格、数据库、ERP 和 CRM 系统等集成起来，或将模型直接嵌入实时运行环境中。

（5）当现实世界中的系统发生变化时，通过对模型进行有效的维护，可以增长模型的寿命周期。

---

① 本书使用的是该软件的英文版。

10.1.2.1　主要功能

1. 最灵活、最强大的仿真建模技术

AnyLogic™是一种优于其他建模软件的新型软件，用于结构、行为和系统数据的描述。该软件包括对象、接口和不同等级层次的块图和流图，利用计时器、端口来传递消息，通过变量和目标函数插入Java™语言表达式，变为终极工具语句或函数来为建模者构建模型。

2. 开放式体系结构

AnyLogic™模型具有开放式的体系结构，因而可以与任何办公或企业软件及用Java™语言或其他语言（通过JNI）编写的自定义模块协同工作。模型可以动态地对电子表格、数据库、ERP或CRM系统进行数据读写，或嵌入实时运行环境中。可以在模型中任何地方调用外部程序，反之，可以借助AnyLogic™仿真引擎的开放API从任何外部程序中调用仿真模型。在AnyLogic中可以使用自定义的随机数发生器、数值方法或优化算法等。

在AnyLogic™中，可以创建随机性或确定性的模型，并对模型的输出数据进行分析。AnyLogic™支持超过35种随机分布，也允许自定义分布。可以使用Stat：Fit随机分布拟合软件对历史数据进行分析，并创建AnyLogic可用的解析分布。

AnyLogic™中包含了数据采集与统计分析的工具，以及强大的数据展示框架。用户可以根据实际情况进行蒙特卡罗试验、敏感性分析、优化，以及自定义试验计算等。

AnyLogic中无缝地集成了世界领先的OptQuest™优化器。OptQuest™使用启发式方法、神经网络和数学优化方法，找到使目标函数值最大或最小的离散和/或连续模型参数的值。OptQuest™已经表现出它是一种在处理最具挑战性的非线性模型方面极为有效的优化方法。它能够根据约束条件和不确定性给出最优解。OptQuest™在模型开发环境中进行设置和运行。

3. 可交互的二维和三维动画

AnyLogic™拥有十分灵活的动画框架。你可以创建具有任意可想象的复杂度的可交互动画，只需在AnyLogic™动画编辑器中绘制和导入图形，并将其与模型对象相关联起来（库对象具有预定义的动画）。与模型一样，它的动画也具有可缩放的动态等级结构。在一个动画中可以包含多个视图，或多个细节层次。一套丰富的可用控件（按钮、滑块、编辑框等）以及各种业务图形元素（柱状图、点线图、Gantt图等），帮助你将仿真模型转化为一个适合决策者的图板。

4. 灵巧的可用于网络运行的模型

只要AnyLogic™模型（包括仿真引擎和动画）是100%的Java™程序，它们就可以运行在任何可以使用Java™的平台上（例如Windows、Solaris、Linux、MacOS等），甚至可以被当作Java小程序而放在网站上。这一独特的能力让远端的客户能够直接通过网络浏览器运行全功能的可交互模型，而不需要安装任何运行用或观察用版本。这是与其他人交流你的模型的最好方法。

10.1.2.2　建模的层次

AnyLogic™的独到之处体现在它能够有效地解决任何复杂度、任何尺度、任何抽象层次的建模问题，包括高度异质系统的建模能力。

AnyLogic™的使用跨越了全部领域，从"微观"——考虑精确的尺寸、距离、速度和时间事件的操作层次的模型，到"宏观"——考虑全局回馈动态系统、累计值、更长期趋势和战略决策的战略层。

1. 战略层

战略层包括市场与竞争、项目管理、社会和生态系统动力学、城市动力学、卫生经济学。AnyLogic™模型被处于领先地位的公司用作战略决策支持工具。它们帮助这些公司的分析师识别出概念化，展现和分析战略层面的业务问题。可以被战略性的或是"宏观"AnyLogic™模型解决的业务范围包括：

（1）预测在特定市场内进行广告的有效性，并选择在竞争中的最优战略。

（2）评估与进入新市场，推出新产品，收购或与另一家公司合并相关的风险和收益。

（3）在给定的风险因素下，得出可以从特定的投资计划中得到的回报，以及在不确定性、冲突和复杂的相互依赖的情况下，确定最优的研发项目规划。

（4）比较城市区域发展的不同状况，预测在人口、基层组织和生态方面的影响。

（5）估计疾病传播的动态系统，并找到适当的解决方案。

AnyLogic™完全支持系统动力学的所有元素（有层次的块流图、速率辅助变量和反馈回路、表格功能、数组或下标等）。不过 AnyLogic™通过引入对象、接口和层次化，为系统动力学模型提出了更好的结构。此外，在 AnyLogic™中，你可以定义复杂高超的离散事件逻辑（例如，使用状态图或过程流图），并将它们与连续的系统动力学部分结合起来。这给你提供了有效地捕捉到公司及其环境之间的交互关系的独特能力。

AnyLogic™是唯一能够有效地进行基于主体建模的工具。AnyLogic™活动对象是主体天然和现成的基础，因为它们拥有所有必需的属性：可以被动态地创建和销毁、在空间中移动、相互之间交流，具有行为、知识和目的。基于主体的建模用于建模市场（主体是客户）、竞争和供应链（主体是公司）、人口（主体是家庭或个人）或其他大型系统的建模。这样的模型可以从个体行为的规则和假定（例如，忠于产品或更换产品、药物使用、位置改变等）来得到系统全局的动态，而不需要了解全局的规则；换句话说，就是在最普通、最常见的情况下，通过结合公司战略层面的系统动力学和基于主体的市场模型，以及生产和物流的离散事件模型，可完成目前最准确有效的全球供应链描述，为决策提供坚实的基础，从而提高公司的竞争力。

通过结合公司战略层面的系统动力学、基于主体的市场模型以及生产和物流的离散事件模型，你可以完成目前最准确有效的全球供应链的描述，这为决策提供坚实的基础，从而提高公司的竞争力。

2. 操作层

操作层包括供应链、交通、废料管理、电力网、运输、动态系统与控制、机电系统、保健、计算机与电信网络、医院急诊部、呼叫中心、物流与仓储、工厂车间、物料流。

一些具体应用领域（例如工厂车间、仓库、超市、医院、计算机网络等）的"行业解决方案"都构建于丰富强大的用于离散和混合离散/连续建模的核心语言之上。

有一些通用的对象，如队列、延时、传送带、资源等，以及一些专用的库如物料流库、卫生保健库等，都包含在 AnyLogic™企业库的标准发行包中。库对象使得通过鼠标拖放就可以快速地开发模型，这些对象都可以十分灵活地参数化，并可以用在 AnyLogic™模型的等级化的面向对象结构中。

模型库对象的具体实现结果对用户开放，因此用户可以更改或扩充库对象的功能，并创建你自己的对象和库。特别设计的动画技术使你能够迅速地将模型连接到工程绘图，并为排队、处理、运输和其他操作提供了许多有用的模板。

通过使用 AnyLogic™在操作层建模，可以：

（1）研究影响性能的关键因素，并定位瓶颈所在。

（2）最小化中间产品库存量，并对生产线进行平衡。

（3）优化布局和资源配置，分析和提高生产能力。

（4）解决在不确定条件下进行规划的问题。

（5）精确快速地对可选择的制造技术进行评估。

（6）评估对器材或人员的计划投入能带来的回报。

（7）最大化员工的利用率，减少对客户进行回应的时间和每次交易的成本。

（8）为公司评估 IT 解决方案的效率并最小化其成本。

3. 物理层

物理层包括：行人和车辆的移动；公路和快速路的交通；服务区、体育馆、博物馆、机场等的布局计划以及紧急情况的人员疏散。

这种类型的问题需要在二维和三维空间中对对象的行为进行更为详细的建模，而传统的离散事件方法只考虑预先计算好的时间延时和预定义的路径，因此在这里用处很小。作为基于主体的建模工具，AnyLogic™很自然地提供了对空间敏感的对象（人、车辆等）的建模，这些对象相互之间能够看见，相互之间能够进行交流，具有目的，并且能够做决定。Any-Logic™支持对移动对象流以及设施布局图中发生特殊行为的区域进行直接的定义。

通过使用 AnyLogic™在物理层进行建模，可以：

（1）计量公路、交通枢纽、地铁站等的吞吐量。

（2）分析、比较和优化交通管理算法。

（3）定位设置标志牌的最优地点。

（4）对生产车间、仓库、超市、停车场等地的布局图进行设计。

（5）仿真疏散过程。

（6）找出"恐怖分子"可能袭击的最薄弱地点。

上述的部分功能可能没有包含在标准发行包中。我们现在使用的软件是免费版，不包含相关操作应用层面的具体功能。

10.1.3 任务实施

10.1.3.1 创建一个新工程

首先，创建一个新工程模型。

（1）点击"New Project 🔳"工具条按钮。此时即出现 New Project 对话框。

（2）点击"Choose Location…"按钮，然后浏览找到你希望保存你的工程文件的文件夹。

（3）指定工程名称。在 Project name 编辑框中，输入"Product Life Cycle"。点击"OK"。

（4）此时即创建了一个新工程。你可以看到结构图显示于 AnyLogic™工作区中，Project 窗口显示于左侧面板中，Properties 窗口显示于右侧面板中（见图 10 – 1）。

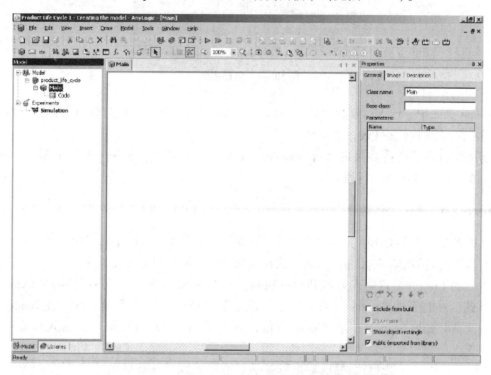

图 10 – 1　创建工程

当在一个工程中工作之后，不要忘记点击"Save "以保存此工程。

10.1.3.2　创建主体

创建基于主体的模型时，要做的第一件事情就是创建主体。主体是基于主体的模型的基本构建模块。基于主体的模型包括多个主体以及它们的环境。根据一个主体与哪些其他主体发生交互，每个主体都被给予一系列规则；这些交互将产生整个系统的总体行为。在这一模型中，主体是人。

为了在 AnyLogic™中创建主体，需要使用活动对象类（active object class）定义主体的内部结构，然后创建所需数量的类实例，每一实例即代表一个主体。

（1）创建一个主体。点击"New Active Object Class "工具条按钮。在打开的对话框中，指定新类的名称（Name of the new class）：Person（见图 10 – 2）。Person 类图即自动打开。

这样就成功创建了一个类，此类将定义主体的内部结构。现在向模型中加入主体。为将主体放置于模型环境中，需要将建模主体（人）的对象封装到建模环境的类（Main）中去。

（2）将主体放置于环境中。在 Project 窗口中双击 Main 项目，打开 Main 类图。将 Person 类从 Project 窗口中拖动到 Main 类的结构图中。在 Properties 窗口的 General 页面中，输入对象的名称（Name）：people。指定使用者希望放置于模型中的主体数量。在 Properties 窗口的

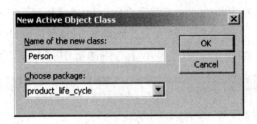

图 10-2　创建主体

Replication 页面中，输入对象的数量（Number of objects）：1000。此时将自动创建所指定数量的类实例，每个实例代表一个主体。

这样就创建了所需数量的主体。现在需要使用类参数（parameter）和状态图（state-chart）来定义主体属性和行为。

10.1.3.3　定义主体特性

使用类参数定义主体属性。由于所有主体都是同一个活动对象类的实例，因此对每个主体，其基本的内部结构是相同的。类参数允许为每个主体分别定义其属性。

（1）在 Project 窗口中，点击 Person 项目。在 Properties 窗口，点击"New Parameter…⬚"按钮。在打开的 Parameter 对话框中，设定参数属性。改变参数名称。在 Name 编辑框中输入 Ad_Effectiveness，定义参数数值，在 Default value 编辑框中，输入 0.011（见图 10-3）。

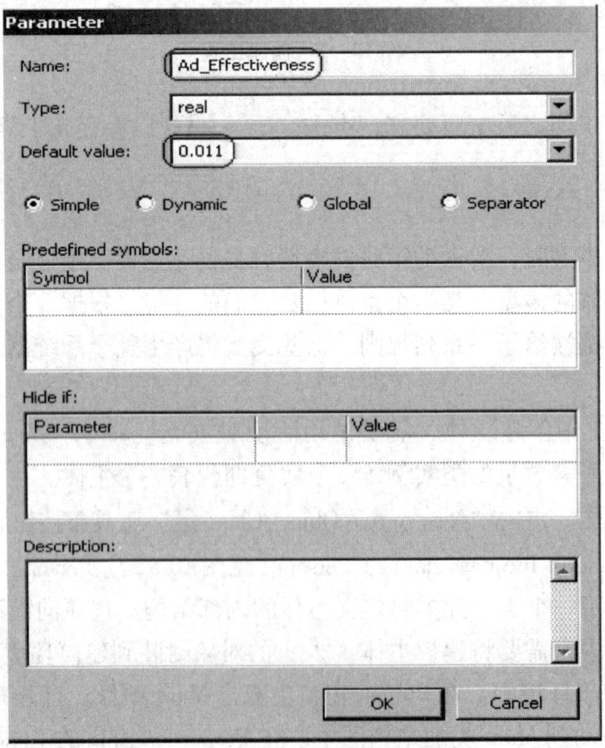

图 10-3　定义主体特性

在 Description 编辑框中输入对此参数的简短描述。输入文本用于帮助向不熟悉此模型的人进行解释。图 10 - 4 显示的是在 Parameters 表格中加入了新参数后的界面。

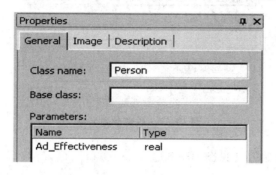

图 10 - 4　添加新的参数后的结果

（2）定义每人每年联系的数目。以同样方法创建参数。输入名称：Contact_Rate。假定每人每年的联系频率为 100，在 Default value 编辑框中，输入 100（见图 10 - 5）。

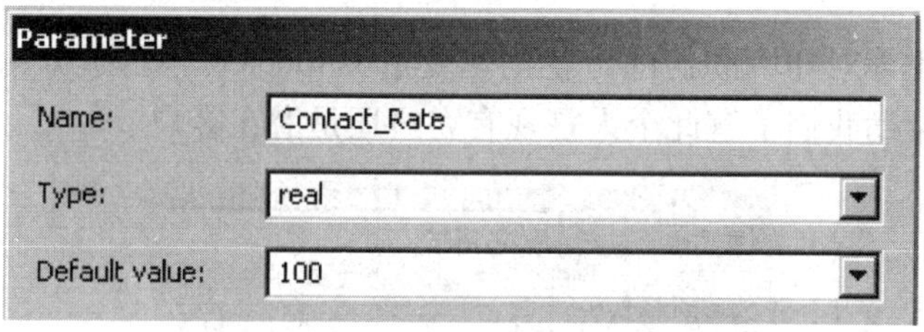

图 10 - 5　定义每人每年联系的数目

（3）定义个人的说服力程度。指定此人的说服力，即其与别人的联系中多大比例可以说服其熟人来购买此产品。将参数命名为 Adoption_Fraction。设定参数值为 0.015（见图 10 - 6）。

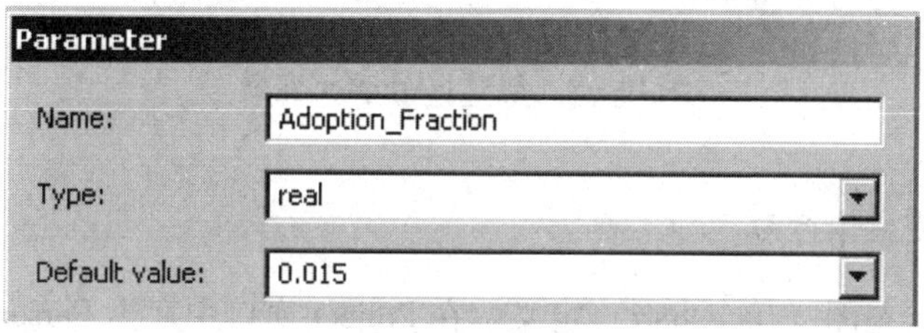

图 10 - 6　定义个人的说服力

（4）创建附加参数。在 Project 窗口中双击 Person 项目，打开 Person 类图。点击"New Variable ◎"工具条按钮，然后点击类图。此时图中即出现一个变量，显示为蓝色圆圈。

一旦元素被放置于结构图中，它即被选定，同时其属性将显示于 Properties 窗口中。你可以根据你的模型需求，调整元素属性。

请注意 Properties 窗口是上下文相关的——根据所选择的元素类型不同，它将显示不同的选项。如果稍后调整属性，应首先在 Project 窗口中点击一元素以将其选定，或在结构图中选定它。

（5）改变参数名称。在 Properties 窗口中，在 Name 编辑框中输入 model。

（6）定义变量类型（Type）：Main。这里 Main 是环境对象类（见图 10 – 7）。

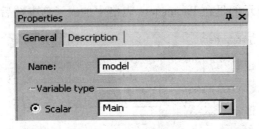

图 10 – 7 改变参数名称

（7）指定参数的起始值（见图 10 – 8）。

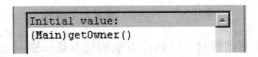

图 10 – 8 指定参数的起始值

如果需要简化主体对环境的访问，就创建变量 isAdopter（见图 10 – 9）。此变量有如下属性：这一变量将帮助我们了解此个人是现有客户还是潜在客户。

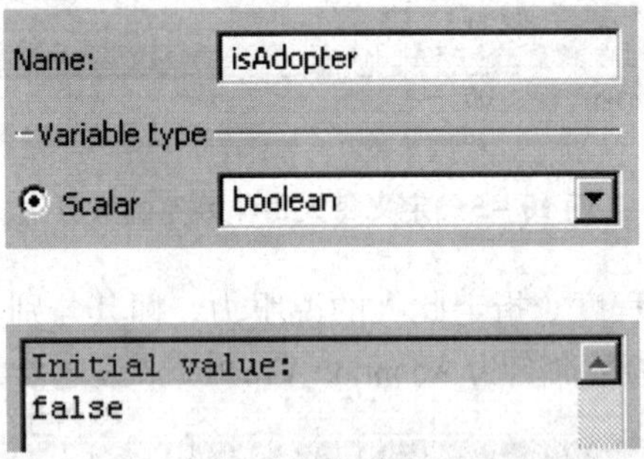

图 10 – 9 创建 isAdopter 变量

10.1.3.4 定义主体行为

主体行为通过状态图（statechart）定义。在 Project 窗口中双击 Person 项目，打开 Person 类图。首先，点击"Statechart 🔲"工具条按钮，然后点击类图。此时图中即显示状态图图标。具体操作步骤如下所示：

（1）双击此图标。即打开状态图，如图 10 – 10 所示。

（2）在 Properties 窗口中，改变此状态图名称为 adoption。在状态图中，点击此状态，然后按 F2 键，将其重命名为 PotentialAdopter。由于起始状态指针指向此状态，因此它为起始状态。直到此状态变为活跃，这个人将一直保持为潜在客户。

（3）绘制如图 10 – 11 所示的状态图。点击"State ⭕"工具条按钮，以加入更多状态，然后点击 PotentialAdopter 状态之下的状态图标。将此状态命名为 Adopter。这样在这一状态变为活跃时，这个人即变为客户。

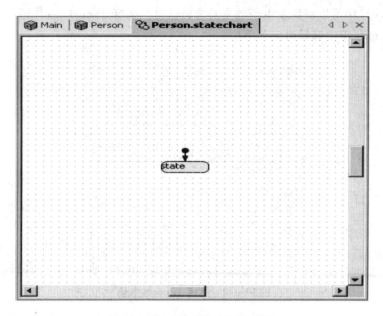

图 10 - 10　状态图打开时的界面

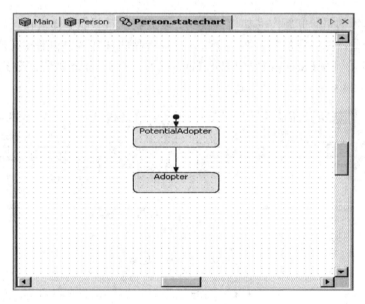

图 10 - 11　状态图显示

（4）加入一个从 PotentialAdopter 状态到 Adopter 状态的转变。点击"Transition ⬊"工具条按钮，然后点击上方状态的边缘，再点击下方状态的边缘。

（5）在 Properties 窗口中，从 Fire 下拉选单中选择 After timeout，然后指定 Timeout 数值（见图 10 - 12）。此转变模拟了此人购买产品的过程。决定购买产品的决策时间与此人的广告建议性成指数关系。exponential（ ）函数是标准 AnyLogic™随机数发生器。AnyLogic™也提供了其他随机数分布，如正态分布、均匀分布、三角分布等。请参考该软件的用户手册（Users' Manual）了解所有这些随机数发生器的细节描述。在 AnyLogic™的类参考手册

（Class Reference）中可以查到发生函数及其参数信息。要打开 AnyLogic™ 用户手册或类参考手册，请从 Help 菜单中选择对应菜单项。

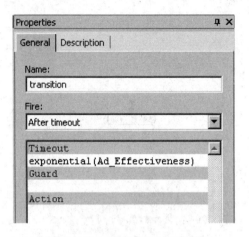

图 10－12　指定 Timeout 数值

10.1.3.5　计数产品客户

模型的主要目的是研究新产品如何被接受，因此我们希望能够知道在任一时刻有多少人已经购买了我们的产品。我们创建两个变量以计算产品的现有客户和潜在客户。

（1）创建变量。在 Project 窗口中双击 Main 项目，打开 Main 类图。分别创建两个变量 potential_adopters 和 adopters（见图 10－13）。

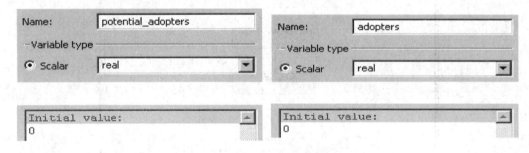

图 10－13　创建变量

（2）修改状态图。在 Project 窗口中双击 adoption 项目，打开 adoption 状态图。点击 PotentialAdopter 状态。在 Properties 窗口中，指定该状态的进入行为（Entry action）和离开行为（Exit action），如图 10－14（a）所示。当进入此状态时，我们将用于计数潜在客户的变量增加 1。当离开此状态时，我们将此变量减少 1。为确认所做出的改动，我们调用环境对象的 setModified() 函数。变量 isAdopter 标明此人是否已经购买此产品（如果是，则为 true，否则为 false）。

用同样方法，我们设定 Adopter 状态的属性，如图 10－14（b）所示。

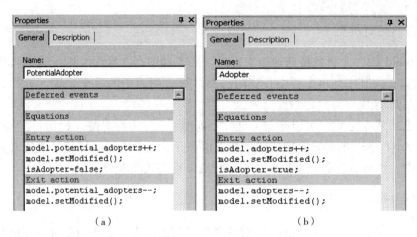

（a）　　　　　　　　　　　　　（b）

图 10 - 14　修改状态

10.1.3.6　配置模型

一组模型的设定称之为一个实验（experiment）。可以创建多个替代模型设定，然后只需改变此模型的当前实验即可改变模型工作配置。

默认情况下即已创建一个实验并命名为 Simulation。这是一个简单实验（simple experiment），提供了过程可视化的工具，也可对模型参数进行分析，从而明确参数如何影响模型行为，或决策者希望得到模型的最优参数时，也可以使用多种其他类型的实验（如优化、风险评估、变化测试）。

如果我们现在即运行此模型，则它将无限期工作。由于我们只想观察在用户接受产品过程发生时模型行为是怎样的，因此我们需要在系统达到平衡状态时停止此模型。在此模型中，超过 8 年购买过程将趋于平稳。由于在此模型中一个单位模型时间对应于一年，因此我们需要在 8 个单位时间之后停止模型。

在 Project 窗口中，点击 Simulation 实验项目。在 Properties 窗口的 Additional 选项卡中，选中 Stop at time 选框。在右侧的编辑框中，输入 8（见图 10 - 15）。这一模型将在 8 个单位模型时间后停止。

图 10 - 15　设置模型停止条件

10.1.3.7 运行模型

点击"Build 🔨"工具条按钮建造工程。如果工程中存在错误，则此建造操作失败，显示 Output 窗口，在其中列出工程中找到的错误。双击列表中的一个错误，打开此错误的位置，然后改正此错误。

在工程成功建立之后，可以通过点击"Run ▷"工具条按钮开始运行此模型。至此，系统一直在 AnyLogic™ 的编辑器模式中工作。模型开始运行之后，即切换到查看器模式。在查看器模式中，你可以控制模型执行、查看图表、动态改变参数等。

10.1.3.8 研究此过程

可以使用 AnyLogic™ 图表（chart）对所考察过程的动态行为进行研究。下面将创建一个图表以显示客户数目如何变化。

1. 创建图表

点击"Step ▷"工具栏按钮准备运行模型。

点击"New Chart 📄"工具条按钮。此时即出现一个图表窗口。

选择需要在图表中显示的变量。右键点击图表窗口，从弹出菜单中选择 Chart Setup，此时即出现 Chart Setup 对话框。

向下滚动"Variable，parameters，and datasets"列表，然后双击 root. potential_adopters 变量，将其加入图表中（见图 10 – 16）。

用类似方法加入变量 root. adopters。

点击"OK"。

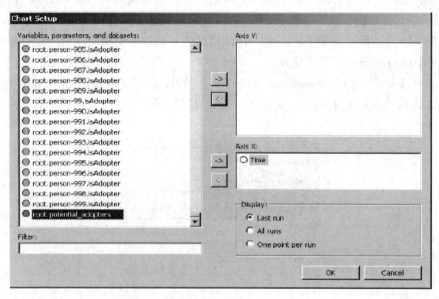

图 10 – 16　创建图表

2. 配置图表

点击"Step ▷"工具栏按钮准备运行模型。

右键点击图表窗口，从弹出菜单中选择 Chart Options…，在出现的对话框中设定图表的时间范围（见图 10 - 17）。

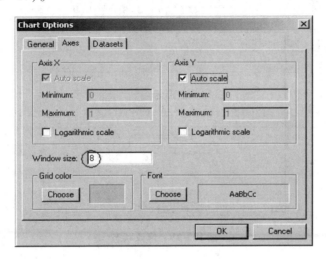

图 10 - 17　配置图表

点击"Restart 🐾"以重新开始模型，然后点击"Run ▷"。图表中就显示变量 potential_adopters 和 adopters 随着仿真过程如何变化（见图 10 - 18）。

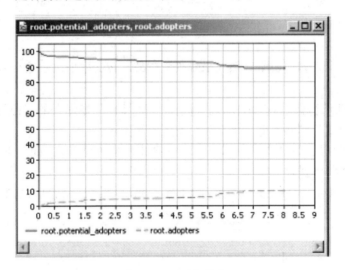

图 10 - 18　过程仿真

10.1.3.9　考虑口碑的影响

在当前模型中，人们购买产品的原因只是由于受到广告的影响。实际上，广告效应只有在该产品刚刚投放到市场时才起主要作用。随时间推移，人们购买产品的原因更多是由于受到已经购买此产品的熟人的影响。

考虑口碑的影响，我们应略微修改我们的模型。在 Project 窗口中双击 adoption 项目，打开 adoption 状态图。

（1）向 Adopter 状态加入一个内部转变。点击"Transition ⬇"工具条按钮，然后点击 Adopter 状态的任一边（见图 10 – 19）。

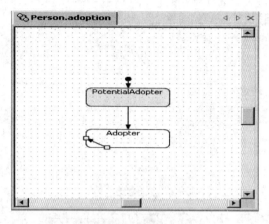

图 10 – 19 修改状态

将此转变设置为发生于指定的延时之后（见图 10 – 20）。

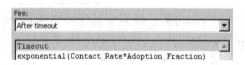

图 10 – 20 修改行为和状态

此转变模拟一个人如何说服其熟人来购买该产品。转变率取决于这个人的说服力和联系频率。

（2）指定转变的行为（action）。这一转变为此人的一些熟人的状态图产生信号事件。因此，该模型还可以模拟熟人购买该产品时发生的转变。

信号事件通过调用状态图的 fire Event() 函数来产生。可以在 State Chart Base 类页面中找到对这个方法的详细描述。

加入另一个从 PotentialAdapter 状态到 Adopter 状态的转变（见图 10 – 21）。

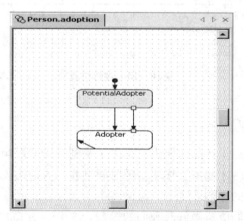

图 10 – 21 指定转变的行为

这一转变模拟了由于口碑影响而带来的产品购买。当信号事件发生后这一转变也将发生。在此转变的属性页中，从 Fire 组合框中选择 If signal event occurs，然后指定 Signal event 的类型（见图 10 – 22）。

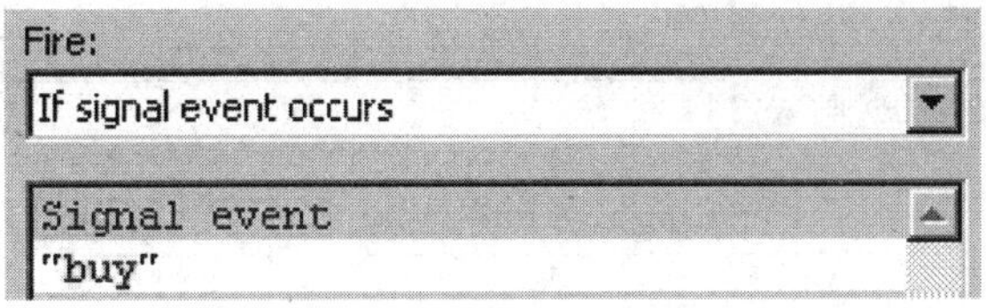

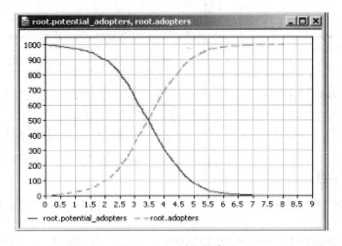

图 10 – 22　指定 Signal event

（3）点击"Run ▷"工具条按钮以开始运行模型。你将看到如图 10 – 23 所示的两条经典的 S 形扩散曲线——这一过程与传染病扩散过程类似。

图 10 – 23　过程仿真

10.1.3.10　加入产品消耗逻辑

我们创建的模型并未覆盖产品被消耗、被丢弃或被升级的情况，而这些情况都将引起对此产品的重复购买。

我们将通过假定客户在其购买的第一件产品被丢弃或消耗之后变为潜在客户来建模重复购买行为。首先，我们定义平均产品寿命时间。

（1）定义产品的平均寿命时间。在 Project 窗口中双击 Main 项目，打开 Main 类图。创建 Discard_Time 参数。假定我们的产品的平均活跃使用时间为 1 年。将此参数设置为"Global"，如图 10 – 24 所示。

（2）修改状态图。在 Project 窗口中双击 adoption 项目，打开 adoption 状态图。加入一个从 Adopter 状态到 PotentialAdopter 状态的转变（见图 10 – 25）。

设置此转变的属性（见图 10 – 26）。

这样我们就完成了替代产品购买的建模。点击"Run ▷"工具条按钮开始运行模型，然后研究图中的产品扩散过程。可以看到在此模型中未达到市场饱和（见图 10 – 27）。

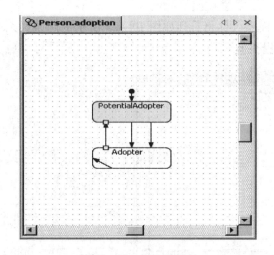

图 10 -24 定义产品的平均寿命时间

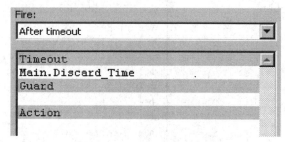

图 10 -25 修改状态图　　　　　　　　　　　图 10 -26 设置此转变

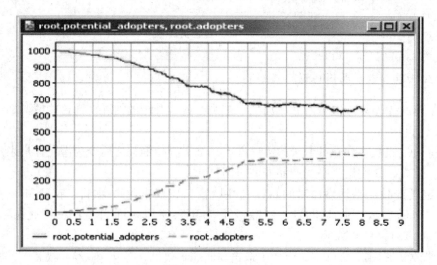

图 10 -27 过程仿真

10.1.3.11 创建空间模型

（1）定义人的地点。在 Project 窗口中双击 Person 项目，打开 Person 类图。创建实数类型（real）的变量 x 和 y。为这两个参数设置相同的起始值。使用均匀分布函数 uniform（ ），我们将人放置在坐标为 0 ~ 300 之间的随机位置（见图 10 – 28）。

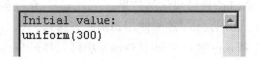

图 10 – 28　定义人的地点

（2）创建函数以计算人们之间的距离。首先，在 Project 窗口，右键点击 Person 项目，然后从弹出菜单中选择 "New Mathematical Function..."。在打开的对话框中，设定函数名称：distance，如图 10 – 29 （a）所示。

然后，在 Properties 窗口中，将函数类型（Function type）设置为 real。定义参数，以将另一个人的位置坐标传递给此函数，如图 10 – 29 （b）所示。

最后，指定函数表达式（Expression）。函数 sqrt（ ）是 AnyLogic™ 预定义的函数。AnyLogic™ 提供了一系列常用函数，如 sin（ ）、cos（ ）、exp（ ）等。在输入表达式时，可以使用函数向导（Function Wizard），在此向导中所有预定义函数和变量都列出以供选择。为打开函数向导，点击 Expression 框中希望插入函数名称的位置，然后点击 Function Wizard 按钮。滚动向导列表，找到所需的函数名称，然后双击它，如图 10 – 29 （c）所示。

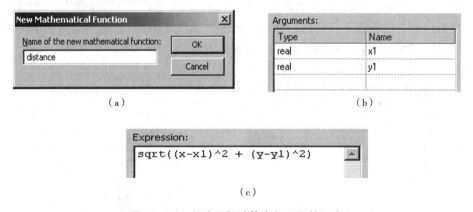

图 10 – 29　创建函数计算人们之间的距离

（3）修改状态图。在 Project 窗口中双击 adoption 项目，打开 adoption 状态图。点击 A-dopter 状态的内部转变，然后改变此转变的行为（action），如图 10 – 30 所示。

```
Action
Person p;
do {
  p = model.people.item(uniform_discr(model.people.size()-1));
} while( distance( p.x, p.y ) > 25 );

p.adoption.fireEvent( "buy" );
```

图 10 – 30　修改状态

10.1.3.12 创建动画

现在我们创建模型动画以达到可视化的效果。AnyLogic™允许创建可以在模型仿真过程中改变参数的可交互动画。AnyLogic™动画使用动画图表绘制。

（1）创建新变量。在 Project 窗口中双击 Person 项目，打开 Person 类图。

创建变量 "color"，其类型为 Color。Color 是标准 Java™类，它包含了预定义的颜色，如黑色、白色、青色、紫红色、红色等；这个类也允许创建自定义颜色。这一变量将定义动画中的主体外形颜色。

（2）创建一个动画图表。在 Project 窗口，右键点击 Main 项目，然后从弹出菜单中选择 "New Animation…"。在打开的对话框中，为模型动画输入一个名称：Animation。

动画编辑器（animation editor）窗口将自动打开。为查看预定义的颜色列表以及 Color 类提供允许自定义颜色的方法，请打开 http：//java. sun. com/j2se/1. 4. 2/docs/api/java/awt/Color. html 或查看本地安装的 Java™文档。

（3）编辑动画画框。移动画框，使其坐标为（-20，-20），然后改变其大小为（520，340）。

可以通过改变画框的 X、Y、Height、Weight 属性，或拖动图形手柄（鼠标光标位置显示于状态条上）来移动任一动画画框和改变其大小，能达到在动画中显示所在区域的居民的动画效果。用不同颜色的点显示产品现有客户和潜在客户。

拖动 explored area 动画的限制框，点击 "Rectangle ▢" 工具条按钮。在图中点击（-10，-10）点，然后按下鼠标键，移动鼠标到（310，310）。此矩形应与图 10-31 中的实心矩形相似。现在绘制一个形体，例如小矩形，以标明动画中有一个主体。

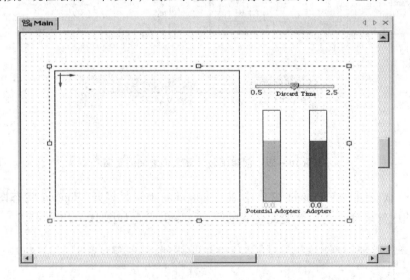

图 10-31　创建动画

（4）绘制主体。点击 "Rectangle ▢" 工具条按钮。在属性窗口中，指定此矩形的名称（Name），并设置此矩形的大小，指定此图形的数目。

我们需要为每个主体都绘制一个矩形。为此需要调用 size( ) 函数，以返回多重对象

people 所含有的元素数目，即模型中的主体数目。

在动画中定义形体位置。根据其 x 和 y 变量的值，对每一个主体分别定义其动画形体的坐标（见图 10 – 32）。主体也可以通过 agentObject. item（index）函数来访问，其中 agentObject 是建模主体的对象名称。

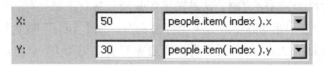

图 10 – 32　定义形体位置

使用如图 10 – 33 所示的表达式定义形体的颜色。这一表达式检测一个人是否为顾客（即检测 isAdopter 参数值）。客户将用黑色点表示，潜在客户用灰色点表示。

图 10 – 33　定义形态颜色

现在我们向动画中加入一些标记，以研究多少人已经购买了该产品。

（5）加入潜在客户标记。点击 Bar Indicator 工具条按钮。在区域的限制框中点击正确位置，以将标记放置于动画中。在 Properties 窗口的 General 页面中，输入标记的大小，如图 10 – 34（a）所示。

在 Properties 窗口的 Bar Indicator 页面，选择用这个标记标明的变量。设置最大显示值（Max value），改变数值颜色（Value color），并选择 Show value 选框，如图 10 – 34（b）所示。

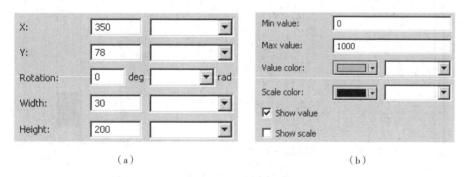

（a）　　　　　　　　　　（b）

图 10 – 34　加入潜在客户标记

（6）加入客户标志。右键点击绘制的标记，从弹出菜单中选择 Copy。右键点击图表，从弹出菜单中选择 Paste。新的标记即出现于图中。将此标记放置于潜在用户标记的右边。设置 Value to indicate 为变量 adopters，并且改变 Value color。

向标记加入描述标签，点击 Text 工具条按钮。点击左边的标记下方，将标签放置于图中。定义在所创建的文本框中显示的文本。在 Properties 窗口的 Text 页面，在 Text 编辑框中输入 Potential Adopters。改变文字字体。在 Font 部分，点击 Choose 按钮，在弹出的对话框中设置字体为 Times New Roman，大小为 8 号。

用同样的方法把标签 Adopters 放置于右边的标记下方。下面将通过加入改变产品的平均寿命时间的控件，使动画变得可交互。

（7）加入控件。点击 Slider  工具条按钮。点击图中的标记，将滑块放置于图中。在 Properties 窗口的 General 页面中，输入控件的大小。

在 Properties 窗口的 Slider 页面，选择需要控制的变量。

指定最小和最大值。在动画中放置三个标签："Discard_Time" 放置于滑块下方，"0.5" 放置于滑块左边缘附近，"2.5" 放置于滑块右边缘附近（见图 10 – 35）。

Variable name:	Discard_Time ▾

（a）

Min value:	0.5
Max value:	2.5

（b）

图 10 – 35　加入控件

（8）移除模型停止条件。若希望研究一个较长时间段内的扩散过程，可将模型设置为无限期工作。

在 Project 窗口中，点击 Simulation 实验项目。在 Properties 窗口的 Additional 选项卡中，清除 Stop at time 选框。这样就完成了创建动画。现在可以通过点击 Run ▷ 工具条按钮开始运行模型。可以看到如图 10 – 36 所示的动画。

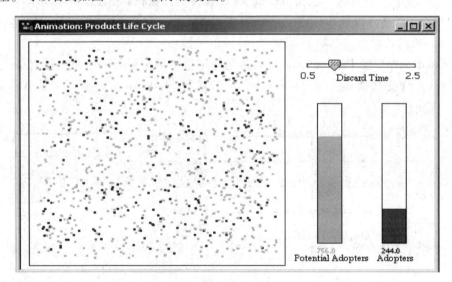

图 10 – 36　运行模型

（9）打开抗锯齿（anti-aliasing）。为在运行时获得更好的图像，可以打开抗锯齿（anti-aliasing）模式，该模式默认情况下被关闭，以加快模型执行速度。

点击 Animation Settings 🖼️ 工具条按钮。在出现的对话框中，选择 Enable anti-aliasing 选项（见图 10 – 37）。

为调整执行速度，使用工具条上的 Decrease model speed 🔻 按钮和 Increase model speed 🔺 按钮。

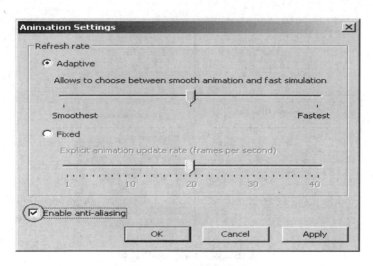

图 10-37　抗锯齿模式

10.2　柔性生产供应链系统模型

（独立完成本设计，并提交书面实验报告。建议学时：4 学时。）

10.2.1　任务描述

本次实验考虑的是生产环节的供应链，该供应链以生产为核心，涵盖原材料供应商、基本零件供应商、零件制造、部件制造商、成品制造商和消费者。其运作模式为：零件供应商在多个原材料供应商中选择最优的供应商进货，部件制造商在多个零件制造商中选择最优的供应商进货，组合件制造商在多个部件制造商中选择最优的制造商进货，依此类推，消费者也会在多个成品制造商中选择最好的制造商购买其需要的产品。每个生产商仓库的成品达到一定数量后则会停止生产，同样仓库中原材料数量（包括在途原材料）低于订购阈值，则会订购原材料。显然供应链中的各个参与者都是带有一定认知能力的智能体。

10.2.2　相关知识

10.2.2.1　建模方法

AnyLogic™支持几乎所有现有的离散事件和连续建模方法，例如过程流图、系统动力学以及基于主体的建模、状态图、方程系统等（见图 10-38）。借助这个丰富的工具箱，可以达到分析问题、找到最佳方法，然后解决方案的目的。

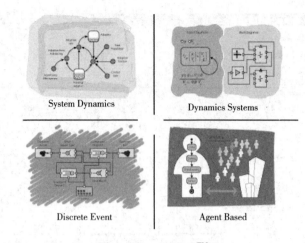

图 10 – 38 AnyLogic^{TM}建模

10.2.2.2 行人和运输库

在十分精确的物理层对行人和运输流进行仿真建模，通过运行最真实的场景仿真，对翻修计划、工程设计、操作计划等进行评估。

在同一个物理空间中对行人和车辆进行同步仿真。捕捉行人和车辆之间的相互影响，以提高模型的精确性。

AnyLogic^{TM}与企业库之间的无缝整合，只在需要的地方使用物理层建模，而保留模型的其他部分为传统的离散事件类型。

AnyLogic^{TM}行人和运输库能从详细的"物理空间"层次对行人和车辆进行建模。对象的大小、对象的加速和减速能力、对象的视野范围、墙壁、障碍物、楼梯、驾驶规则、优先次序等，都得到考虑。借助于这个库，可以对被建模的系统有更深入的理解，能够更精确地对系统进行测量和优化，能够发现系统中的瓶颈所在，并预测可能出现的危险情况，也可以生成最为真实的动画。

与在离散事件建模中通常使用的抽象层次相比，行人和运输库支持十分不同的抽象层次。在几乎所有的离散事件建模工具中，从一个人或一辆汽车从 A 点到 B 点所花费的时间至多只取决于其速度和 A 与 B 之间的距离，并且可能有一些随机变化。这一方法不能捕捉到运动对象之间的相互干扰，以及对象根据自己观察到的情况在未被占用的空间中进行决策的能力。

例如，在地铁站内，售票处前的购票队列可能被径直走向旋转门的旅客流部分阻断（见图 10 – 39）；在购物中心停车场，从汽车里出来和往汽车去的人流会减慢那里的车流速度；在货架处卸货的叉车会让另一个叉车停下来等待，这显然会给仓库里工作效率带来影响。离散事件仿真器无法捕获在物理空间中共享资源这一重要特性，因而无法发现所有的这些效应。

并不是需要停留在低抽象层次对所有的空间细节进行建模才能得到合理的模型。假定物理对象之间不发生相互干扰也很有意义，这样，普通的包含队列、延时和资源的离散事件模型就可以很好地满足要求。例如，如果在机场安检门后面人流稠密，则有必要考虑空间限制；但对于来到一个空间足够宽敞的美术馆的游客来说，有足够的控件让每个人都按自己喜

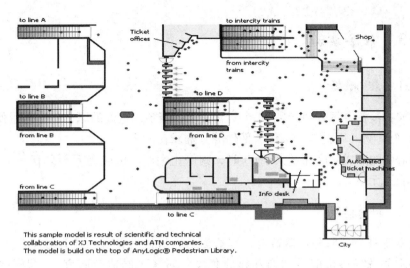

图 10 - 39　地铁入口示例

欢的速度行走，因此在这个美术馆的模型中就不需要考虑空间的限制。对于这样的情况，AnyLogic™行人和运输库可以与企业库无缝地协作：可以将行人和汽车转化为实体。通常的离散事件建模方法就可以使用，例如分析机场处的主要业务过程，只在可能出现高人流密度的地方使用物理层的建模方法。AnyLogic™的这一功能无疑是独特的，该软件可以针对特定的问题对模型的抽象层次进行仔细的调整。

使用行人和运输库进行建模十分容易。模型包含两个部分：空间标志与行人或车辆流逻辑。为定义空间，应使用建筑物或区域的工程绘图作为 AnyLogic™动画的背景，并使用 AnyLogic™矢量图形在其中标出关键的地点（例如入口、出口、墙壁、路径、服务点、交通灯、电动扶梯等）。然后通过使用由库对象组成的流图，可以定义如何生成演员（人或车辆）、它们将往何处去、做出什么样的决定等。从图 10 - 40 可以看出模型空间结构。

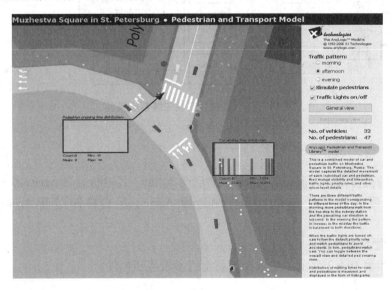

图 10 - 40　Muzhestva 广场示例

10.2.3　任务实施

10.2.3.1　系统数据

产生需求：消费者每分钟产生 30 个货物需求，当各制造商的原材料库存量低于 20 时同样会产生 30 个货物（原材料、零件、部件等）需求。

当各制造商的产成品库存量大于 60 时，则停止生产。供应链上游只有一个原材料供应商，其供货能力无限大。

10.2.3.2　概念模型

该系统主要分为三部分：消费者、制造商、原材料供应商。对消费者而言，其行为主要是产生需求并选择最优的供应商和接收货物；对各个制造商而言，主要行为是接收下级客户的需求（需求排队、需求处理），检查原料（零件、部件、组合件）库存，在上级多个制造商中择优选择并发送补货需求，接收补货，检查产成品库存，即当产成品达到一定量时则停止生产；对原材料供应商而言，其行为是接收下级的补货需求，并补货，如图 10-41 表示。

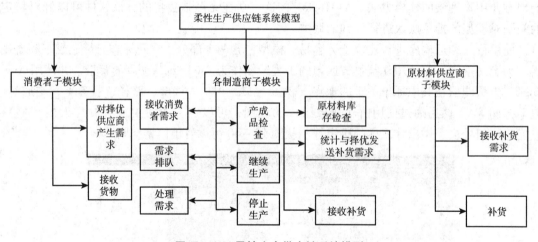

图 10-41　柔性生产供应链系统模型

10.2.3.3　建立 Anylogic™ 模型

仿真模型的主体部分为消费者 Agent、制造商 Agent。其中制造商 Agent 群里包括原材料供应商 Agent、零件制造商 Agent、部件制造商 Agent、组合件制造商 Agent、产品制造商 Agent。

1. 参数设置和控件含义

表 10-1 和表 10-2 列示了要求设计系统的参数值和控件。

表 10 − 1　　　　　　　　　　　　　　　　　　　参数设置

参数名称	参数值
消费者每次订购量	30
制造商每次订购量	30
制造商的原材料安全库存	20
制造商产成品最大库存	60
制造商的原材料初始库存	100

表 10 − 2　　　　　　　　　　　　　　　　　　　控件含义

控件名称	含　义
参数	存储事先定义的常数
数据集	统计各制造商的产成品库存和原材料库存
函数	定义各制造商如何统计产成品和原材料库存的行为
事件	定义消费者的需求触发行为和制造商的补货和生产触发行为
变量	存储在仿真过程中产生的数据：例如在途原料库存，在生产的成品
滑块	调节订购量的值

2. 各模块设计

柔性生产供应链主要包括以下几类智能体：消费者、制造商、订购行为。因为消费者和各个制造商在选择供应商时都是在多个供应商中择优选择，故"订购"是带有一定选择性的智能体。

（1）消费者 Agent。消费者主要是产生需求，并在众多供应商中选择最优的供应商，接收货物，具体如图 10 – 42 所示。其主要变量和含义见表 10 – 3。

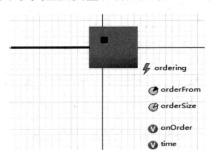

图 10 – 42　消费者 Agent 选择供应商

表 10 − 3　　　　　　　　　　　　消费者 Agent 的主要变量和含义

变量名称	类型	作　用
ordering	事件	触发消费者订货需求
orderFrom	参数	消费者从哪个制造商订货
orderSize	参数	消费者每次订购数量
onOrder	变量	消费者已经订购的数量
time	变量	订购时间

消费者订货需求思路：首先消费者在一定时期内会产生订货的需求，接着会确认是否需要订购，若需要订购，则会在众多供应商中择优选择，确定最优供应商之后，向该供应商发送订货信息，然后将订货信息中的订货量作为已经订购的状态，并为其设置订货时间。用行动图 10－43 表示。

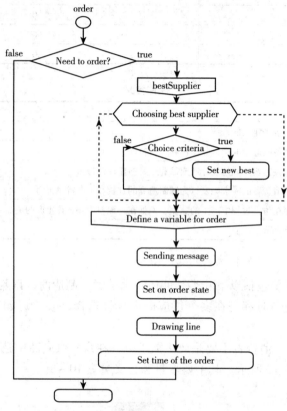

图 10－43　行动图

（2）各制造商（供应商）Agent。各制造商（供应商）Agent 内部的主要内容包括来自下游的补货需求管理、原材料库存控制、产成品库存控制。其主要变量和含义如表 10－4 所示。

表 10－4　　　　　　　　　各制造商（供应商）相关参数

变量名称	类型	作　用
orderFrom	参数	各个制造商的上级供应商
orderThreshold	参数	原材料订货下限值
orderSize	参数	原材料订购量
finishedGoodsThreshold	参数	产成品上限值
utilizationScheme	函数	统计产成品的数量
rawMaterialOnOrdered	变量	订购的原材料数量
finishedGoodsOrdered	变量	已订购的产成品
onOrder	变量	正在订购的产成品数量
ordersQueue	集合	产成品订购量队列
transfers	时间	各制造商的补货需求和满足消费者的订货

　　因为各制造商不仅需要满足下游的补货需求，还需要根据自身原材料库存进行生产，其生产环节用系统动力学表示如下：在生产环节中，原材料以一定生产速率成为产成品，其中原材料库存初始值对原材料库存产生影响，生产能力、原材料利用率、原材料库存共同影响生产率，同时产成品又影响原材料利用率，如图 10 - 44 所示。

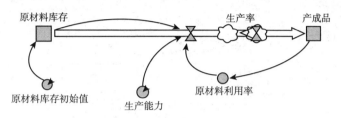

图 10 - 44　生产环节的系统动力学理论示意

　　各制造商的补货思路和消费者的订货思路类似：首先各制造商在一定时期内会产生补货的需求，接着会确认是否需要补货，若需要补货，则会在众多上级供应商中择优选择，确定最优供应商之后，向该供应商发送补货信息，然后将补货信息中的补货量作为已经补货的状态，用行动图表示如图 10 - 45 所示。

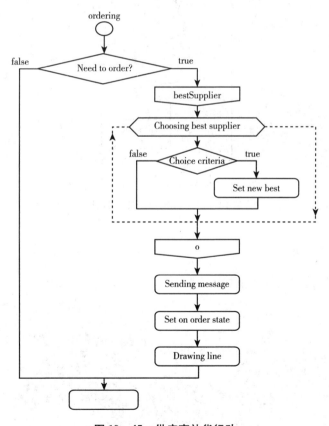

图 10 - 45　供应商补货行动

　　各制造商内部分为原材料库存控制（即补货管理）、产成品库存控制（即生产管理）、订单管理（即满足下级的需求）。在订单管理的接收需求中，各制造商的行动如下：首先各制造商会接收到来自下级的需求信息，接着会确认该信息来自下级消费者（或制造商），判断条件为：message instance of consumer，若判断正确，各制造商则会增加一个新需求到队列中。具体如图 10 - 46 所示。

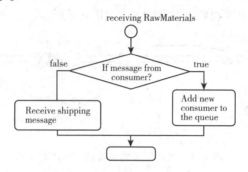

图 10 - 46　需求判断行动程序设计

各制造商订单管理的补货行动如图 10 - 47 所示：首先各制造商确认是否需要补货运输，如果需要进行运输行为，且产成品的数量大于订购队列中的数量，则需要进行补货。

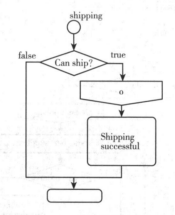

图 10 - 47　运输判断补货行动

10.2.3.4　模型分析

当消费者和各制造商的订货量均为 300 时，模型基本运行状况如图 10 - 48 所示。

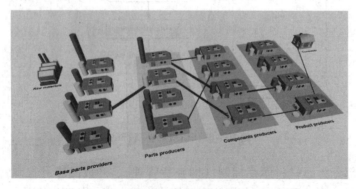

图 10 - 48　模型基本运行状况（订货量 300）

当消费者和各制造商的订货量均为 1000 时, 模型基本运行状况如图 10 - 49 所示。

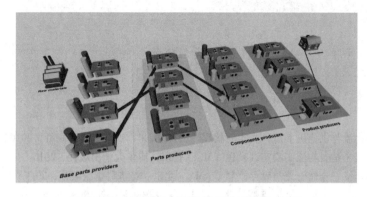

图 10 - 49   模型基本运行状况 (订货量 1000)

根据模型在不同订货量时的运行情况可以看出, 无论订货量为多少, 在柔性生产供应链中, 上游企业的原材料和产成品库存总是高于下游企业的原材料生产库存, 在运行模型中可以表示为代表零件供应商、部件制造商的原材料和产成品库存的圆柱体总是高于组合件和最终产品圆柱体的高度。这也是 "牛鞭效应" 在柔性生产供应链中的体现, 组合件制造商和最终产品制造商相对于部件制造商和零件供应商更接近消费者, 故能有效利用消费者的需求信息进行生产, 从而使得原材料和产成品库存得到有效控制。

另外根据模型在不同时间的运行来看, 在运行之初, 柔性生产供应链下游补货和满足需求的活动频率远远高于上游企业的相关活动, 但随着时间的推移, 柔性生产供应链上游补货和满足需求的相关活动频率高于下游企业。

思 考 题

1. AnyLogic™产品生命周期模型的作用是什么?
2. 如何根据产品的生命周期模型预测新产品的销售情况?
3. 生产供应链中, 上下游企业库存变化特征有哪些?
4. 订货商订货思路有哪些? 如何保障需求?

参考文献

［1］曹清玮．物流与供应链虚拟仿真实验教程［M］．杭州：浙江大学出版社，2016.

［2］陈丰照，梁子婧．物流实验实训教程［M］．北京：清华大学出版社，2016

［3］陈胜利，李楠．仓储管理与库存控制．［M］．北京：经济科学出版社，2015.

［4］崔介何．物流学概论［M］．5版．北京：北京大学出版社，2019

［5］方昶．AnyLogic 建模与仿真［M］．合肥：安徽师范大学出版社，2018.

［6］冯耕中．物流信息系统［M］．2版．北京：机械工业出版社，2020.

［7］傅莉萍．运输管理［M］．北京：清华大学出版社，2015.

［8］傅培华．现代物流综合实验［M］．杭州：浙江工商大学出版社，2009.

［9］何瑞春，赵敏，向万里．基于 AnyLogic 的系统建模与仿真［M］．北京：化学工业出版社，2020.

［10］黄辉．物流运营管理模拟实践教程［M］．北京：高等教育出版社，2009.

［11］贾争现，冯丽帆．配送中心规划与设计［M］．北京：机械工业出版社，2019.

［12］李联卫．物流案例与实训［M］．3版．北京：化学工业出版社，2020.

［13］刘华琼，张丽彩等．物流实验指导［M］．北京：清华大学出版社，2013.

［14］刘亮，陈永刚．复杂系统仿真的 Anylogic 实践［M］．北京：清华大学出版社，2019.

［15］刘峥．地方应用型本科院校校企合作人才培养模式探索——以物流管理专业为例［J］．高教探索，2017（3）：41－44.

［16］马向国．Flexsim 物流系统建模与仿真案例实训［M］．北京：化学工业出版社，2018.

［17］秦天保，周向阳．实用系统仿真建模与分析——使用 Flexsim［M］．2版．北京：清华大学出版社，2016.

［18］斯科特·凯勒，布赖恩·凯勒．供应链与仓储管理：选址、布局、配送、库存管理与安全防护［M］．北京：人民邮电出版社，2020.

［19］王成林．物流实践教学［M］．北京：中国物资出版社，2010.

［20］王术峰．运输管理［M］．北京：机械工业出版社，2018.

［21］于绍政，陈靖．Flexsim 仿真建模与分析［M］．沈阳：东北大学出版社，2018.

［22］张理，刘志萍．物流运输管理［M］．北京：清华大学出版社，2012.

［23］张小莉，王苗，罗文劼．数据结构预算法［M］．3版．北京：机械工业出版社，2014.